캐릭터 & 웹앱 모바일 콘텐츠를 위한

모션 그래픽 & 애니메이션

By 포토샵 애니메이트 애프터 이펙트

전소희 지음

BM (주)도서출판 성안당

생동감 넘치는 캐릭터와 웹&모바일 콘텐츠 애니메이션 제작 노하우

책 한 권으로 세 가지 프로그램을 한 번에 배워볼 수 있는 애니메이션 서적으로, 애니메이션에 필요한 기술들만 모아서 책 한 권으로 만들었습니다. 한 번쯤은 시도해보고 싶은데 어디서부터 시작해야 할지 모르겠고 전문 용어의 부담에 애니메이션이라는 장르는 어렵다라는 느낌을 쉽게 받습니다. 그래서 생각에만 그치고 결과물을 내지 못하는 일이 많습니다. 이 책에서는 애니메이션의 기초, 캐릭터 제작, 프로그램 사용법, 카메라 워크 등 애니메이션 제작 과정을 쉽고 빠르게 공부하기 위해 구상되어 있습니다.

스토리보드 제작부터 카메라 워크까지

이 책에서는 스토리보드 제작부터 카메라 워크까지 애니메이션의 제작 과정을 그대로 따라가면서 설명합니다. 스토리보드만 해도 애니메이션, 영화, CF 작업에 쓰일 정도로 활용도가 높습니다. 스토리보드에 사용되는 기본적인 용어만 알아도 기획자의 의도를 아주 자세히 알 수 있습니다. 이밖에도 캐릭터 제작 시 가장 힘들어하는 색상 고르기, 포토샵에서 애니메이션 캐릭터 제작하기가 포함되어 있어서 내가 만들어 보고 싶었던 이야기, 캐릭터 등을 제작해 볼 수 있습니다.

애니메이트와 애프터 이펙트를 동시에!

프리랜서 애니메이터로 활동하면서 가장 많이 사용하게 되었던 프로그램인 애니메이트와 애프터 이펙트를 이 책 한 권으로 배울 수 있습니다. 제공하는 캐릭터 소스 등을 활용해서 더욱 자유롭게 애니메이팅 연습을 해보면 도움이 많이 될 것입니다. 또한 두 개 프로그램을 동시에 배우면서 차이점을 알 수 있고 그 차이점으로 어떤 프로젝트가 어떤 프로그램에 적합할지 가늠해 볼 수 있는 눈이 생길 겁니다. 다양한 프로그램을 사용하면 참여할 수 있는 프로젝트가 많아지고 다양하고 풍부한 포트폴리오를 가질 수 있습니다.

전소희

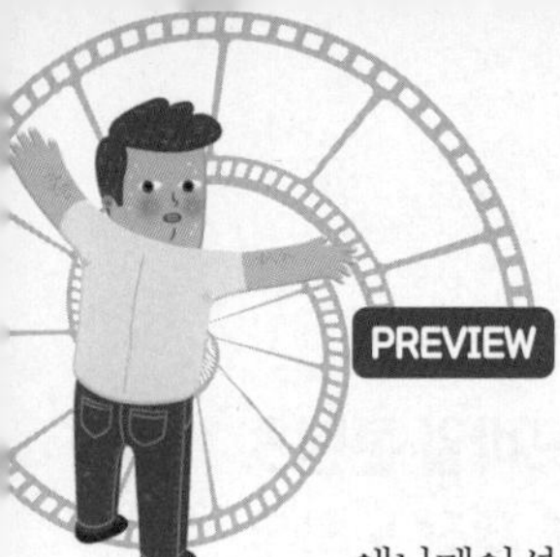

애니메이션을 처음 만드는 분들도 차근차근 따라하면서 포토샵과 애니메이트, 애프터 이펙트로 쉽게 제작할 수 있습니다. 이론을 공부하고 다양한 예제를 따라하면서 애니메이션을 제작해 보세요.

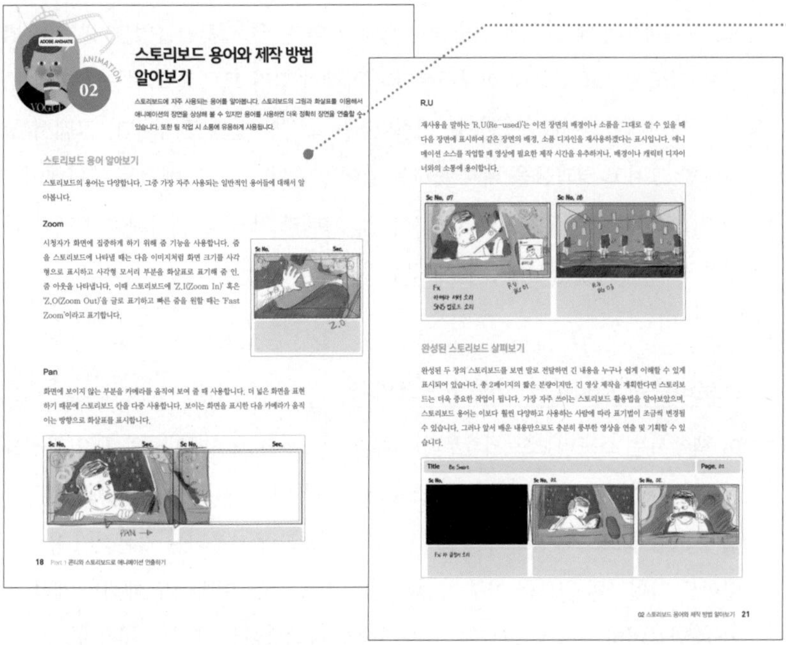

애니메이션 이론 학습하기

애니메이션의 기본이 되는 콘티와 스토리보드 제작 방법을 알아봅니다.

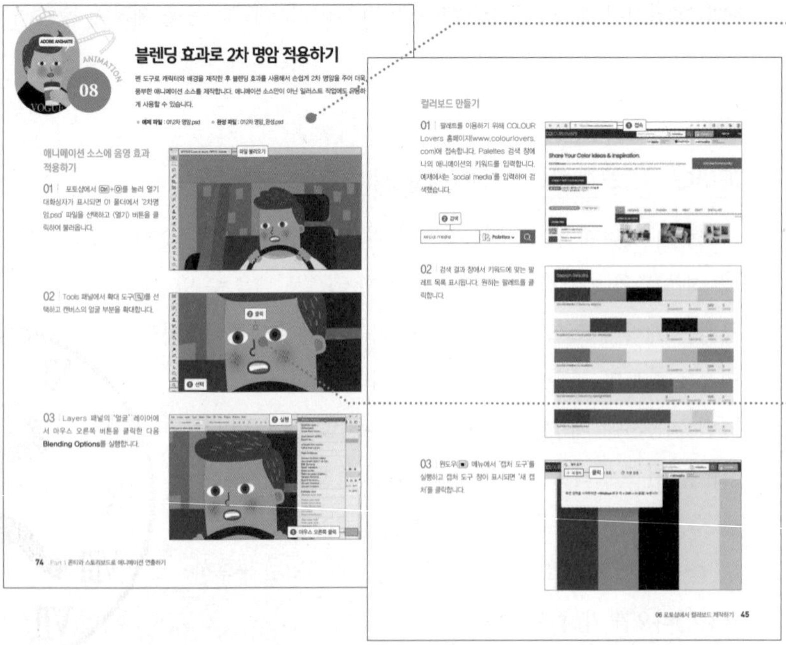

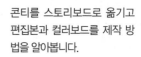

포토샵 작업 과정 알아보기

콘티를 스토리보드로 옮기고 편집본과 컬러보드를 제작 방법을 알아봅니다.

지시선

지시선을 표시하여 순서대로 따라할 수 있도록 구성하였습니다.

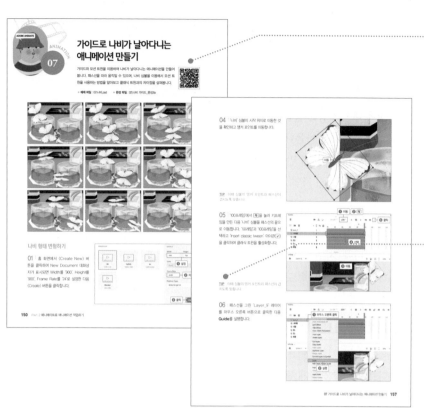

애니메이트 작업 과정 알아보기

어도비 애니메이트로 애니메이션 작업에 필요한 다양한 기능에 대해서 알아봅니다.

TIP

3D 제작 과정에서 알아두면 좋을 팁들을 담았습니다.

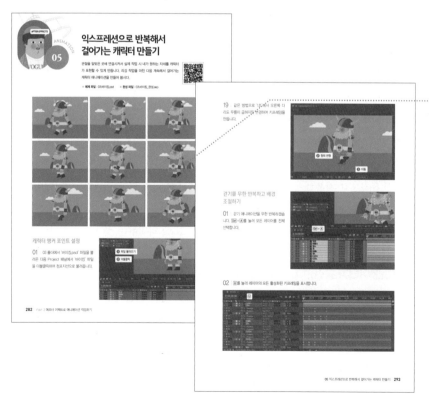

애프터 이펙트 작업 과정 알아보기

애프터 이펙트의 키프레임과 그래프를 사용하여 애니메이션 제작 방법을 알아봅니다.

지금까지 수업을 진행하며 받았던 질문들과 독자분들께서 궁금해하실 내용을 Q&A로 준비했습니다.

Q1. 자연스러운 움직임을 만들려면 몇 번 정도 연습해야 할까요?

A. 연습량에 대한 정답은 없습니다. 최대한 많이 다양한 동작을 만들어보면 내 방식으로 된 자연스러운 동작이 나옵니다. 사람들의 걸음걸이도 다양하듯 애니메이터들도 같은 동작이라도 조금씩 다르게 만들어냅니다. 내 취향으로 구성된 움직임에서 연습을 최대한 많이 하고 그 안에서 자연스러운 움직임의 애니메이션을 찾을 수 있습니다.

자연스러운 움직임에 대한 기준이 어렵다면 평소 좋아하는 애니메이션의 장면이나 애니메이션 동작이 들어간 영상을 느리게 재생해서 어떤 식으로 동작을 이어가는지 공부할 수도 있습니다. 자연스러운 움직임의 포인트는 속도의 조절이라고 생각합니다. 만들어진 애니메이션 동작의 속도를 공부하면 연습할 때 많은 도움이 될 것입니다.

Q2. 애니메이트와 애프터 이펙트 중 어떤 프로그램이 더 좋은가요?

A. 이 책을 통해 애니메이트와 애프터 이펙트에 익숙해지면 두 프로그램의 차이점과 강점이 다르다는 것을 알게 될 것입니다. 그러면 내가 만들려고 하는 애니메이션 영상에 어떤 프로그램이 더 작업하기 쉬운지 비교할 수 있습니다. 두 프로그램은 애니메이션을 만들기 적합한 프로그램이지만 자세히 들여다보면 성격이 다르므로 어느 것이 더 좋다고 하기보다는 작업하려는 작품에 더 적합한 프로그램을 사용하는 것이 좋습니다. 그리고 애니메이션 외주 작업할 때도 클라이언트가 요청하는 특정 프로그램이 있을 수가 있어 두 프로그램을 익혀두면 외주 작업 시에도 수월하게 작업을 진행할 수 있을 것입니다.

Q3. 프로그램 단축키를 외워두면 좋을까요?

A. 단축키를 외워서 손에 익혀두는 것을 추천합니다. 사용하는 프로그램의 단축키를 외워두면 실제로 작업시간이 단축됩니다. 작업시간이 짧아진다고 무조건 좋다기보다는 시간을 효율적으로 사용해서 애니메이션 작업을 해야 지치지 않게 됩니다. 애니메이션 작업은 섬세하고 시간이 걸리는 인내력이 필요한 작업이기 때문에 집중력이 중요한데 이때 단축키로 보다 빠르게 작업하고 수정할 수 있으므로 외워두는 것을 추천합니다.

Q4. 애니메이터가 되려면 자격증이 필요한가요?

A. 애니메이터 자격증은 따로 있지 않습니다. 보통은 관련 학과에서 공부하고 포트폴리오를 만들어서 회사에 지원한 후 프로젝트 일원이 되면서 애니메이터라는 직업을 갖게 됩니다. 이때 자격증은 필요하지 않으며, 포트폴리오를 확인합니다. 관련 학과에서도 포트폴리오에 들어갈 만한 자연스러운 애니메이션을 만들기 위해 작업하며 공부합니다.

관련 학과를 나오지 않아도 훌륭한 포트폴리오를 만든다면 프로젝트에 지원하여 애니메이터가 될 수 있습니다.

Q5. 애니메이션의 아이디어는 어디서 가져오나요?

A. 저의 경우는 주로 일상생활에서 오는 의문점이나 재밌었던 이야기를 애니메이션으로 만드는 것을 좋아합니다. 휴대폰으로 눈에 들어오는 장면을 찍어두거나 메모장에 떠오른 내용들을 그때그때 저장해 둡니다. 그 후에 인상적인 한 장면을 한 장의 그림으로 그려봅니다. 그 장면을 내 애니메이션의 핵심 장면이라 생각하고 장면의 앞, 뒤에 이야기의 살을 붙입니다. 계속 장면을 하나씩 상상해 보면 어느샌가 하나의 이야기가 되어 있습니다. 연출이 어렵게 느껴진다면 내가 상상한 이야기와 비슷한 느낌의 영화나 애니메이션을 참고합니다. 이런 장면에서는 어떤 연출을 하는지 장면의 길이는 어느 정도이며, 카메라의 앵글은 어떤지 확인하여 아이디어를 도출해 낼 수 있습니다.

Q6. 콘티 작업과 스토리보드는 어떻게 구성하나요?

A. 콘티를 그릴 때는 지우개를 사용하지 않으려 합니다. 굉장히 러프하게 떠오르는 모든 장면을 자유롭게 그리고 낙서하듯 시작합니다. 잘못 그린 것을 지우고 다시 콘티 작업을 진행하다 보면 지웠던 콘티가 다시 필요해질 때가 있어 지우개를 사용하지 않았습니다. 그래서 최대한 생각난 모든 그림을 지우지 않고 자유롭게 종이에 옮깁니다. 그 콘티들을 연결해서 스토리보드를 만듭니다.

저는 포스트잇을 자주 사용합니다. 포스트잇을 사용하면 장면의 순서를 보다 쉽게 변경할 수 있고 중간에 다른 장면을 끼워 넣고 싶을 때 한 장면을 그려서 손쉽게 넣어볼 수 있습니다. 포스트잇으로 어느 정도 끝난 콘티를 스토리보드로 옮기고 좀 더 정확하게 드로잉한 다음 머릿속에 상상하는 연출 기법이나 사운드 이펙트 등을 메모로 넣어둡니다.

Q7. 애니메이션을 배워두면 어디에 사용할 수 있나요?

A. 1인 미디어 시대에 영상 제작은 상당히 많은 곳에 사용할 수 있는 중요한 기술이 되었습니다. 유튜브 인트로를 짧은 애니메이션으로 사용할 수도 있고, 움직이는 이모티콘 제작에도 애니메이션 작업이 필요합니다. 정보를 전달하는 인포그래픽 또한 애니메이션 작업의 한 부분이며 크게는 단편, 혹은 장편 애니메이션 제작으로 영화제에 출품할 수 있습니다. 이 책을 통해 프로그램을 배우면서 내가 무엇을 만들려고 하는지 정하고, 그 용도에 따라 필요한 제작 기법들을 공부하면 더욱 재미있게 배울 수 있을 것입니다.

CONTENTS

이 책은 3개의 파트와 42 스텝으로 구성되어 있습니다. 애니메이션 제작 작업 과정에 맞게 구성된 설명에 따라 학습해 보세요.

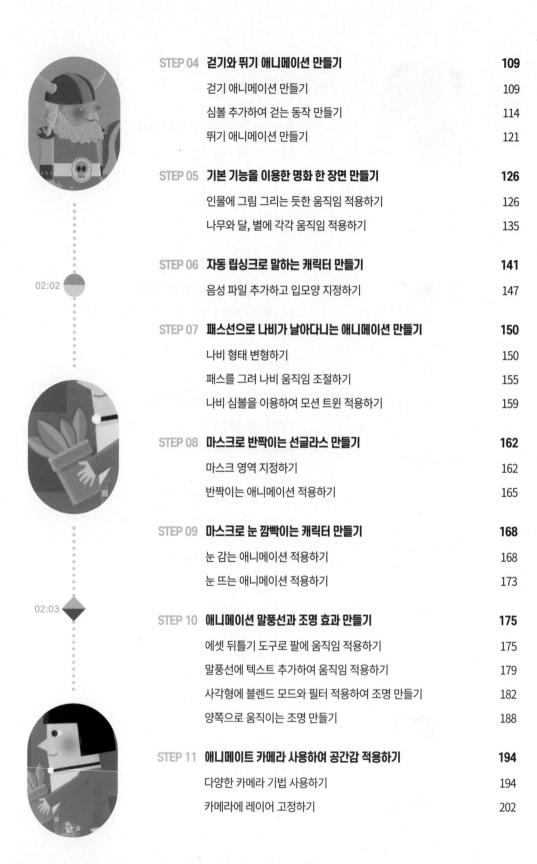

02:02

02:03

02:04

PART 3

애프터 이펙트로
애니메이션 작업하기

03:01

03:02

예제 파일 다운로드

1 성안당 홈페이지(http://www.cyber.co.kr)에 접속하여 회원가입한 뒤 로그인하세요.

2 메인 화면 중간의 (자료실)을 클릭한 다음 오른쪽 파란색 돋보기를 클릭하면 나오는 검색 창에 '모션 그래픽', '애니메이션' 등 도서명 일부를 입력하고 검색하세요.

3 검색된 목록을 클릭하고 들어가 다운로드 창 안의 예제 파일을 클릭하여 다운로드한 다음 찾기 쉬운 위치에 저장하고 압축을 풀어 사용하세요.

Part 1

콘티와 스토리보드로
애니메이션 연출하기

애니메이션 아이디어가 떠오르면 콘티와 스토리보드로 제작해서 연출과 스토리
텔링 작업을 합니다. 스토리보드로 애니메이션 제작 기간을 예상하거나 팀 작업
시 커뮤니케이션에 도움이 되는 제작 단계입니다. 간단하게 그린 콘티를 스토리
보드로 옮기고 스토리보드에 사용되는 용어를 알아봅니다.

콘티와 스토리보드 살펴보기

영상 제작의 시작이 되는 콘티와 스토리보드는 많은 사람에게 나의 아이디어를 손쉽게 전달할 수 있어 팀 작업의 소통에 유용하게 쓰입니다. 그뿐만 아니라 내가 작업하려는 영상의 모든 장면을 한눈에 볼 수 있어 재사용할 수 있는 그림들을 알 수 있으며, 장기적으로는 작업 시간 단축에 많은 도움이 됩니다.

콘티 알아보기

정해진 형식은 없지만 주로 작은 사각형에 러프 스케치로 나의 아이디어를 채워 나갑니다.
아직 스토리보드 단계가 아니기 때문에 자유롭게 아이디어를 옮길 수 있습니다.

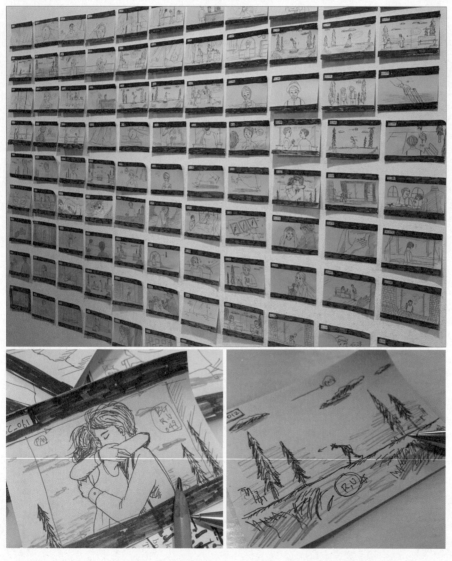

TIP 보통 주변에서 흔히 볼 수 있는 포스트잇을 활용하면 좋습니다. 장면의 순서를 자유롭게 변경하는 데에도 용이합니다.

스토리보드 알아보기

스토리보드 또한 정해진 형식은 없습니다. 콘티가 완성되면 스토리보드로 조금 더 자세히 스케치합니다. 다음 스토리보드 이미지는 제작된 이미지입니다. 이미지를 그대로 사용해도 좋고, 여러 번 작업해 보면서 나에게 맞는 스토리보드 형식을 찾아갈 수 있습니다. 스토리보드의 'Title'은 영상의 제목을, 'Page'는 스토리보드의 장수를 나타냅니다.

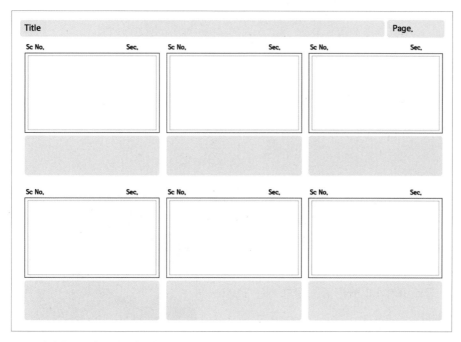

TIP 제작된 스토리보드는 정해진 틀이 없어서 여러 번 사용해 보고 수정해서 만든 가장 간편한 템플릿을 제공합니다. 01 폴더에서 '스토리보드.jpg' 파일을 불러와 사용할 수 있습니다.

스토리보드 칸을 자세히 살펴보겠습니다. 'Sc No'는 장면의 번호를, 'Sec'은 장면의 길이를 초 단위로 나타냅니다. 위의 흰색 칸은 장면의 이미지를 그려 넣으며, 아래 칸은 요구할 사운드 이펙트나 장면의 특이 사항을 메모할 수 있습니다.

TIP 장면의 길이가 정확할 필요는 없습니다. 캐릭터의 대사가 있다면 직접 말해 보면서 시간을 체크하거나 캐릭터 행동만 있다면 직접 몸을 움직여 보고 대략적인 시간을 적습니다. 이 부분은 애니메이션 작업에 들어갔을 때 만든 장면을 보고 유동적으로 조절합니다.

스토리보드 용어와 제작 방법 알아보기

스토리보드에 자주 사용되는 용어를 알아봅니다. 스토리보드의 그림과 화살표를 이용해서 애니메이션의 장면을 상상해 볼 수 있지만 용어를 사용하면 더욱 정확히 장면을 연출할 수 있습니다. 또한 팀 작업 시 소통에 유용하게 사용됩니다.

스토리보드 용어 알아보기

스토리보드의 용어는 다양합니다. 그중 가장 자주 사용되는 일반적인 용어들에 대해서 알아봅니다.

Zoom

시청자가 화면에 집중하게 하기 위해 줌 기능을 사용합니다. 줌을 스토리보드에 나타낼 때는 다음 이미지처럼 화면 크기를 사각형으로 표시하고 사각형 모서리 부분을 화살표로 표기해 줌 인, 줌 아웃을 나타냅니다. 이때 스토리보드에 'Z.I(Zoom In)' 혹은 'Z.O(Zoom Out)'을 글로 표기하고 빠른 줌을 원할 때는 'Fast Zoom'이라고 표기합니다.

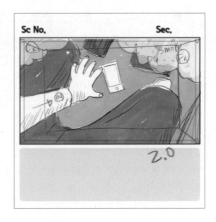

Pan

화면에 보이지 않는 부분을 카메라를 움직여 보여 줄 때 사용합니다. 더 넓은 화면을 표현하기 때문에 스토리보드 칸을 다중 사용합니다. 보이는 화면을 표시한 다음 카메라가 움직이는 방향으로 화살표를 표시합니다.

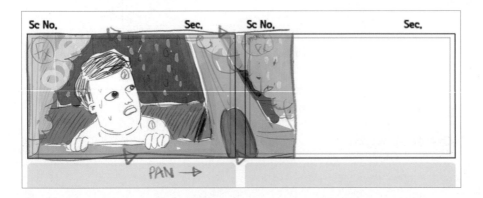

Pan Down의 경우 스토리보드의 아랫부분을 활용해서 화면을 길게 사용합니다. 마찬가지로 빠른 화면 이동의 경우 'Fast Pan'을 표기합니다.

In, Out

스토리보드는 간단히 화면을 설명하는 것이기 때문에 캐릭터의 모든 행동을 여러 장으로 그리기보다는 간단히 표기합니다. 예를 들어 장면의 시작에는 캐릭터의 팔이 보이지 않다가 잠시 후에 들어온다면, 팔에 들어오는 화살표를 그리고 'IN'으로 표기합니다. 'OUT'의 경우도 동일하게 표기하고 많은 개체가 움직인다면 IN, OUT에 숫자를 붙여 들어오고 나가는 순서를 표시합니다.

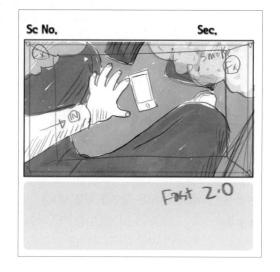

Fade In, Out

화면이 점점 어두워지거나 밝아지는 것을 말합니다. 'F.I(Fade In)', 'F.O(Fade Out)'으로 화면에 표시하며, 영상에 시청자가 집중할 수 있게 주로 영상의 시작과 끝에 사용합니다. 특정 색상의 페이드 효과를 원한다면 'Black F.I' 같이 색상을 적어 표시할 수 있습니다.

Dissolve

화면이 겹쳐지며 변환되는 것을 나타냅니다. 스토리보드 화면과 화면 사이에 X를 표시해줍니다. 공간의 큰 이동이나 시간의 흐름, 회상 등을 나타내고 싶을 때 보통 디졸브를 사용합니다. 화면 자체가 겹쳐지는 것뿐만 아니라 'Black Dissolve'라고 표시한다면 검은색 화면으로 전환되었다가 다음 화면이 나타나는 것을 의미합니다.

사운드 이펙트, 립싱크

스토리보드 위 칸에는 장면을 스케치하고, 아래 칸에는 장면에서 요구하는 특이 사항을 적습니다. 주로 사운드 이펙트에 대한 표시나 대사, 혹은 애니메이션 작업 시 꼭 지켰으면 하는 것을 메모합니다. 모든 장면을 채울 필요는 없고 감독이 연출상 꼭 필요한 사항을 적어 넣습니다.

R.U

재사용을 말하는 'R.U(Re-used)'는 이전 장면의 배경이나 소품을 그대로 쓸 수 있을 때 다음 장면에 표시하여 같은 장면의 배경, 소품 디자인을 재사용하겠다는 표시입니다. 애니메이션 소스를 작업할 때 영상에 필요한 제작 시간을 유추하거나, 배경이나 캐릭터 디자이너와의 소통에 용이합니다.

완성된 스토리보드 살펴보기

완성된 두 장의 스토리보드를 보면 말로 전달하면 긴 내용을 누구나 쉽게 이해할 수 있게 표시되어 있습니다. 총 2페이지의 짧은 분량이지만, 긴 영상 제작을 계획한다면 스토리보드는 더욱 중요한 작업이 됩니다. 가장 자주 쓰이는 스토리보드 활용법을 알아보았으며, 스토리보드 용어는 이보다 훨씬 다양하고 사용하는 사람에 따라 표기법이 조금씩 변경될 수 있습니다. 그러나 앞서 배운 내용만으로도 충분히 풍부한 영상을 연출 및 기획할 수 있습니다.

Title Be Smart

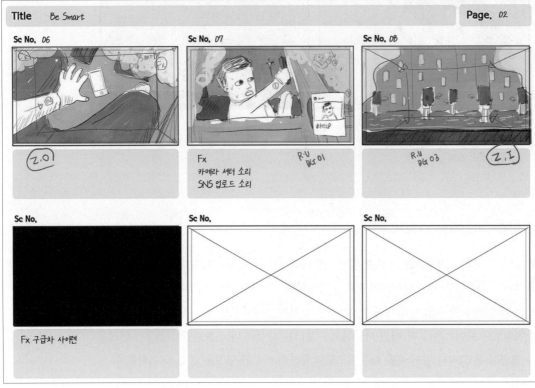

포토샵에서 가편집본 제작하기

완성된 스토리보드를 포토샵으로 옮겨 가편집본을 만듭니다. 장면의 길이, 화면 전환이나 사운드 파일을 넣어 영상의 최종본을 미리 예상해 볼 수 있습니다. 포토샵에서 제작하는 가편집본은 영상 프로그램을 사용하지 않아 가볍게 제작할 수 있습니다.

● **예제 파일** : 01\스토리보드_000~스토리보드_001.jpg, sc_02~sc_08.jpg
● **완성 파일** : 01\스토리보드_001_완성.psd

스토리보드 JPG 파일로 저장하기

01 │ 포토샵을 실행하고 메뉴에서 (New) → **Open**을 실행하여 01 폴더에서 '스토리보드_000.jpg' 파일을 불러옵니다.

TIP 준비된 스토리보드가 없다면 미리 만든 예제 파일의 스토리보드를 활용합니다. 따로 작업된 스토리보드가 있다면 포토샵으로 불러옵니다.

02 │ 사각형 선택 도구(▢)를 선택하고 스토리보드의 Sc No.01 장면 부분을 드래그합니다. Ctrl+C를 눌러 복사합니다.

03 Ctrl+N을 눌러 New Document 대화상자가 표시되면 〈Create〉 버튼을 클릭합니다.

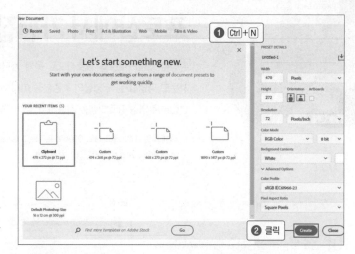

TIP 이때 복사된 장면 크기 그대로 새로운 캔버스가 만들어져 크기를 변경할 필요가 없습니다.

04 새로운 캔버스가 만들어지면 Ctrl+V를 눌러 스토리보드 장면을 붙여 넣습니다.

05 붙여 넣어진 스토리보드의 장면을 따로 저장하기 위해 메뉴에서 (**File**) → **Save a Copy**를 실행합니다.

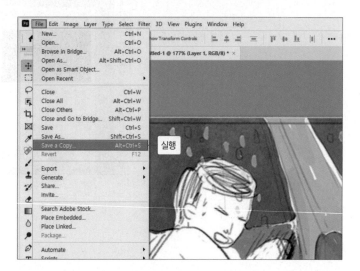

06 | Save a Copy 대화상자가 표시되면 파일 이름을 'sc_01', 파일 형식을 'JPEG'로 지정한 다음 〈열기〉 버튼을 클릭합니다. 01번 ~ 06번 과정과 같은 방법으로 제작한 스토리보드의 모든 장면을 JPEG 이미지로 저장합니다.

타임라인으로 가편집 영상 만들기

01 | 메뉴에서 **(File)** → **Open**을 실행하여 저장한 'sc_01.jpg' 파일을 불러옵니다.

02 | 메뉴에서 **(Window)** → **Timeline**을 실행합니다.

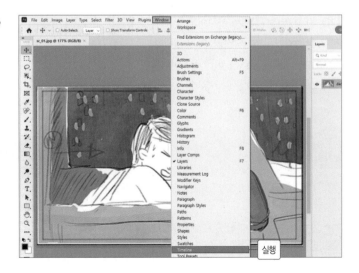

03 | Timeline 패널이 활성화되면 〈Create Video Timeline〉 버튼을 클릭합니다.

TIP 〈Create Video Timeline〉 버튼이 표시되지 않는다면 'V' 아이콘을 클릭한 다음 'Create Video Timeline'을 선택합니다.

04 | Timeline 패널에서 '+' 아이콘(➕)을 클릭합니다. 열기 대화상자가 표시되면 Shift를 누른 상태에서 저장한 나머지 스토리보드 이미지 파일을 모두 선택한 다음 〈열기〉를 클릭합니다.

TIP Shift를 누른 상태로 스토리보드 이미지 파일을 다중 선택하여 한 번에 불러오면 순차적으로 레이어에 배치됩니다. 저장한 스토리보드 이미지 파일이 없다면 04 폴더에서 'sc_02. jpg' ~ 'sc_08.jpg' 파일을 불러옵니다.

05 | Layers 패널에 순차적으로 이미지가 불러와진 것을 확인할 수 있습니다. Timeline 패널의 넓이는 하단 슬라이더를 드래그하여 늘리고 줄일 수 있습니다.

TIP 현재 시간 표시기(📍)를 드래그하여 스토리보드의 장면을 확인할 수 있습니다.

06 | Timeline 패널에서 'Drag To Apply' 아이콘(■)을 클릭한 다음 'Fade With Black'을 타임라인 첫 번째 장면의 앞부분으로 드래그합니다.

TIP Drag To Apply 살펴보기

❶ Fade : 투명하게 나타나거나 사라집니다.

❷ Cross Fade : 장면과 장면 사이에 드래그하면 두 개의 장면이 교차되어 나타납니다.

❸ Fade With Black : 장면의 시작 혹은 끝에 드래그하면 검은 화면으로 서서히 전환됩니다.

❹ Fade With White : 장면의 시작 혹은 끝에 드래그하면 흰 화면으로 서서히 전환됩니다.

❺ Fade With Color : 원하는 색상으로 지정한 후 장면의 시작과 끝에 드래그하면 서서히 화면을 전환할 수 있습니다.

❻ Duration : 화면 전환 효과의 길이를 조절할 수 있습니다.

❼ Color : Fade With Color 적용 시 원하는 색상을 지정할 수 있습니다.

TIP 연보라색 삼각형(▨)으로 화면에 효과가 적용된 것을 확인할 수 있습니다. 화면은 Spacebar 를 눌러 재생합니다. 마우스 포인터를 연보라색 삼각형의 오른쪽 끝으로 가져가 드래그하면 화면 전환 속도를 조절할 수 있습니다.

07 | 해당 sc_06 장면에 Zoom-Out 효과를 적용하기 위해 현재 시간 표시기를 드래그하여 이동합니다.

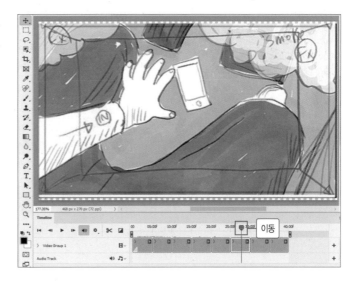

08 | 'sc_06'의 'Motion' 아이콘(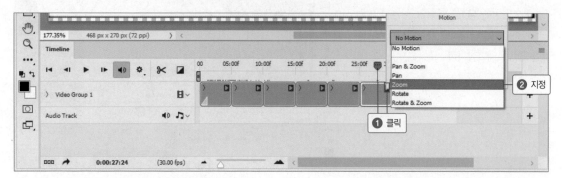)을 클릭한 다음 'Zoom'으로 지정합니다.

09 | Zoom을 'Zoom In'으로 지정하고 Enter 를 눌러 해당 효과를 적용합니다.

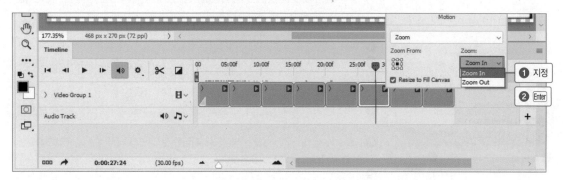

TIP 만들어 둔 스토리보드가 있다면 제작한 스토리보드의 내용과 효과에 따라 변경해서 적용합니다.

10 | Timeline 패널에서 Video Group 1의 '〉' 아이콘을 클릭하여 타임라인을 확장합니다.

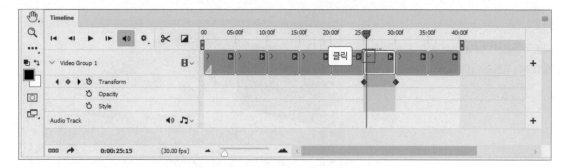

11 화면 효과의 타이밍을 조절하기 위해 키프레임을 드래그하여 간격으로 조절한 다음 **Spacebar**를 눌러 재생하면서 스토리보드 화면을 확인하면 Zoom In 될 때 화면이 조금 더 당겨져야 한다는 것을 알 수 있습니다.

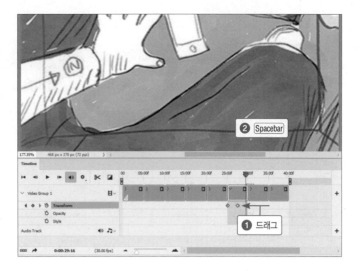

12 화면의 크기를 수정해야 하는 위치의 키프레임에 현재 시간 표시기를 드래그하여 이동합니다. 이동 도구(⊹)를 선택한 다음 옵션바에서 'Show Transform'를 체크 표시합니다. 이미지의 조절점을 드래그하며 스토리보드에 맞게 크기를 변경합니다.

TIP 스토리보드의 이미지 크기를 변경한 다음 'Show Transform'을 체크 해제합니다.

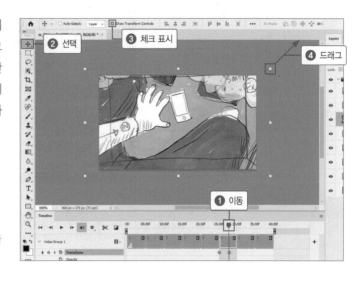

13 첫 번째 장면인 'Layer 0'의 'Motion' 아이콘(▣)을 클릭한 다음 'Pan'으로 지정합니다.

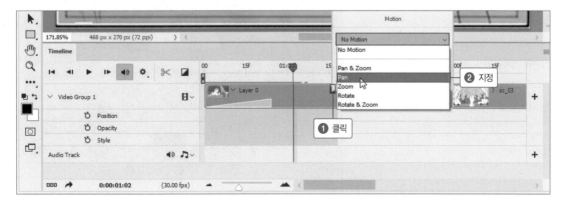

14 | [Enter]를 누르면 Pan의 키프레임이 생성된 것을 확인할 수 있습니다.

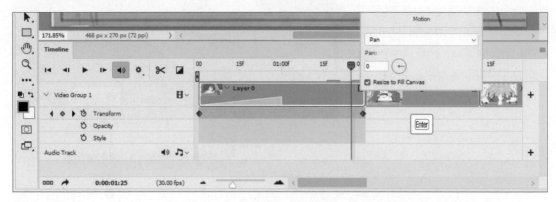

TIP 각도를 설정하여 Pan이 움직이는 방향을 지정할 수 있습니다.

15 | 오른쪽 키프레임으로 현재 시간 표시기를 이동한 다음 이동 도구(⊹)로 스토리보드를 오른쪽으로 드래그하여 이동합니다.

TIP 효과의 타이밍은 키프레임(◇ ◇)의 간격으로 조절하고 [Spacebar]를 눌러 재생하면서 확인할 수 있습니다.

16 | 'Layer 0' 레이어의 오른쪽 끝 점에 마우스 포인터를 위치하고 포인터가 변경되면 오른쪽 드래그하여 'End : 02:00, Duration : 02:00'으로 조절합니다. 나머지 장면도 같은 방식으로 길이를 줄이거나 늘립니다. [Spacebar]를 눌러 재생하면서 전체적인 타이밍을 자유롭게 조절합니다.

효과음 및 배경 음악 넣기

애니메이션 영상에 효과음 및 배경 음악을 넣어 영상을 더욱 풍부하게 만들 수 있습니다. 음악과 효과음에는 저작권이 있기 때문에 유튜브 오디오 라이브러리에 있는 저작권에 자유로운 파일을 사용합니다.

● **예제 파일** : 01\가편집본.psd, 배경음악.mp3　　● **완성 파일** : 01\가편집본_완성.mp4

애니메이션에 필요한 음원 파일 찾기

01 | YouTube 스튜디오에 접속하여 로그인한 다음 왼쪽 메뉴에서 '오디오 보관함'을 선택합니다. 'youtube.com/audiolibrary'에서 직접 오디오 보관함에 접속하거나 유튜브 오디오 라이브러리를 검색하고 해당 사이트로 접속합니다.

02 | 유튜브 오디오 보관함에는 (무료 음악), (음향 효과), (별표 표시) 탭이 있습니다. '무료 음악'은 배경에 사용할 수 있는 음원들이고, '음향 효과'는 애니메이션에 들어가는 타격음, 마찰음 등을 검색해서 찾을 수 있습니다.

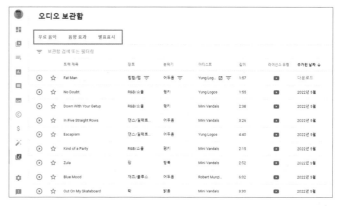

TIP '재생' 아이콘(ⓞ)을 클릭하여 미리 음원을 확인하고, 추가된 날짜에 마우스 포인터를 가져가 '다운로드'를 클릭하여 오디오를 다운로드할 수 있습니다. 원하는 음악을 다운로드해 봅니다.

다운로드한 배경 음악을 가편집본에 넣기

01 │ 포토샵을 실행하고 01 폴더에서 '가편집본.psd' 파일을 불러온 다음 Timeline 패널에서 Audio Track의 '+' 아이콘(+)을 클릭합니다.

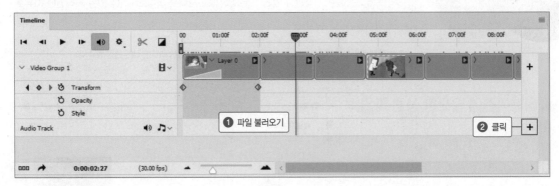

TIP 작업된 가편집본이 있다면 작업된 것을 활용해도 좋습니다.

02 │ 열기 대화상자가 표시되면 다운로드한 배경 음악 파일을 선택한 다음 〈열기〉 버튼을 클릭합니다.

03 │ 배경 음악이 스토리보드 영상 길이보다 길다면 현재 시간 표시기를 영상의 끝으로 드래그한 다음 'Split at Playhead' 아이콘(✂)을 클릭합니다. 잘린 배경 음악을 선택하고 Delete를 눌러 삭제합니다.

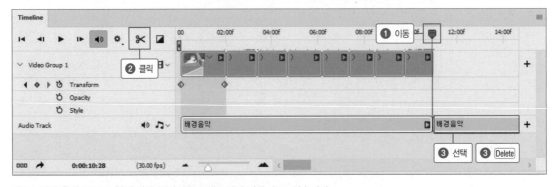

TIP 배경 음악 끝으로 현재 시간 표시기를 드래그하여 자를 수도 있습니다.

04 │ 배경 음악의 'Audio' 아이콘(▶)을 클릭하여 Volume, Fade In, Fade Out을 조절합니다.

❶ Volume : 음원 파일의 볼륨을 조절합니다.
❷ Fade In : 음원 파일의 시작 볼륨이 서서히 시작됩니다.
❸ Fade Out : 음원 파일의 끝 볼륨이 서서히 줄어듭니다.

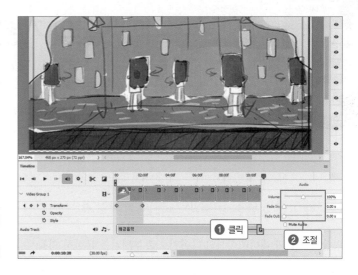

가편집본 영상 파일로 저장하기

01 │ 메뉴에서 (**File**) → **Export** → **Render Video**를 실행합니다.

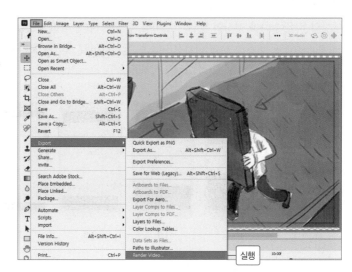

02 │ Render Video 대화상자가 표시되면 Name에 제목을 입력한 다음 〈Select Folder〉 버튼을 클릭하여 저장 위치를 지정합니다. 〈Render〉 버튼을 클릭하면 포토샵에서 만든 가편집본 영상이 저장됩니다.

TIP 가편집본은 애니메이션 작업 전 흐름을 확인하는 것이기 때문에 영상 크기 및 형식은 크게 상관이 없습니다. 일반적으로는 'Mp4'를 많이 사용합니다.

애니메이션의 기본 알아보기

애니메이션 영상을 제작할 때 사용하는 화면 비율과 애니메이션의 12가지 움직임 법칙을 알아봅니다. 화면 비율에 따라 영상의 목적이 달라질 수 있으며, 움직임의 12 법칙을 익히면 나타내고자 하는 애니메이션의 동작을 제작할 수 있습니다.

애니메이션의 영상 비율과 프레임 살펴보기

영상의 비율과 애니메이션의 타이밍으로 분위기를 무한히 확장시킬 수 있습니다.

애니메이션 영상의 비율

영상의 비율에 따라 영상의 분위기도 바뀔 수 있습니다. 일반적으로 16:9 비율의 영상을 많이 사용하지만, 필요에 의해 영상의 비율을 조절하면서 다양한 콘텐츠를 만들어 낼 수 있습니다.

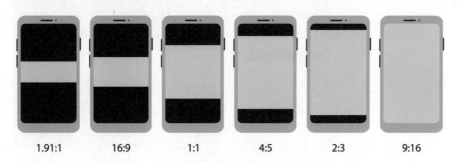

| 1.91:1 | 16:9 | 1:1 | 4:5 | 2:3 | 9:16 |

1.19:1	16:9	1:1	4:3	4:5	2:3	9:16
	1600×900					900×1200
	1440×810					900×1600
	1366×768					810×1440
	1280×720					768×1366
	1200×900		1280×960			720×1280
	1024×576		1152×864			576×1024
1200×628	960×540	1200×1200	1024×768	600×750	320×480	540×960
	900×506	900×900	800×600			506×900
	760×480	600×600	640×480			480×760
	720×405		400×300			405×720
	640×360					360×640
	480×270					270×480
	320×180					180×320

초당 프레임 알아보기

1초의 프레임 개수를 '프레임 레이트(Frame Rate)'라고 하며, 1프레임은 쉽게 말해 1장의 사진을 뜻합니다. 1초당 15장의 사진을 이어붙이면 15fps, 30장의 사진을 이어 붙이면 30fps입니다. 1초의 프레임 개수가 많을수록 자연스러운 모션을 만들 수 있습니다.

애니메이션 영상에 자주 쓰이는 프레임은 24fps, 29.97fps, 30fps입니다. 개인 작업에서의 프레임 레이트는 자유롭게 지정할 수 있지만, 후에 팀 작업 혹은 TV 방송용 애니메이션에 참여한다면 프로젝트마다 프레임 레이트가 지정되어 있습니다.

애니메이션의 12가지 기본 법칙 알아보기

프랭크 토마스, 올리 존스턴이 만든 12가지 애니메이션의 기본 원칙은 말 그대로 12가지 애니메이션의 기본 원칙에 대해 다루며, 디즈니의 제 13 애니메이션 법칙으로도 알려져 있습니다. 애니메이션의 12가지 기본 법칙은 완전히 정해진 법칙은 아니지만, 애니메이션에 생동감을 불어넣기 위한 기본적인 이론으로 실제 작업 시 이론적인 배경이 학습되어 있지 않은 경우 어떻게 해결해야 할지 모르거나 작업물이 자연스럽지 못하게 되는 것을 방지하기 위해 숙지하면 좋은 법칙입니다. 예시와 함께 알아보며 실제 작업 시 활용하여 자유롭게 변경해 봅시다.

❶ Squash and Stretch(탄성)
물체의 변형 후 다시 본래 상태로 돌아가는 모습을 말합니다. 원래 형태와 속도에 의해 변형되는 모양은 움직임의 핵심적인 동작이 됩니다.

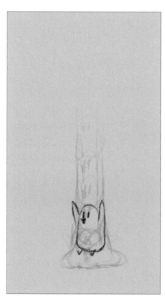

❷ Anticipation(사전 동작)

핵심 동작을 하기 전에 나타나는 사전 동작은 어떤 동작
을 자연스럽게 표현하기 위해 만들어집니다. 무성 영화에
서의 찰리 채플린이 소리가 없는 상황에서도 표현을 잘하
기 위해 사전 동작에 더 힘을 실었다는 말이 있습니다.

❸ Staging(연출)

애니메이션의 특정 상황을 나타내기 위한 배경이나 소품
을 말합니다. 이야기를 진행시키는 장치로도 사용됩니다.

❹ Straight Ahead/Pose to Pose(제작 방식과 관련)

'Straight Ahead'는 동작을 한 장씩 차례대로 그려 나가는 것을 말하며, 'Pose to Pose'는
키프레임에 해당되는 자세를 만든 다음 중간 자세를 채워 가는 형식을 말합니다.

❺ Follow Through & Overlapping Action(관성의 법칙)

움직이는 물체가 멈췄을 때 그에 따른 물체의 남은 움직임을 말합니다. 메인 개체는 멈추지만 남은 개체는 더 느리게 멈춰지게 되면 캐릭터의 생동감이 극대화됩니다.

❻ Slow In & Slow Out(속도 조절)

우리가 보고 듣고 느끼는 모든 물체는 처음부터 100%의 힘을 가지고 끝까지 유지하지 않습니다. 점진적으로 힘을 내고, 힘이 줄어들며 멈춥니다. 'Ease In & Ease Out'이라고도 하며, 이 단어는 애니메이션 작업 프로그램의 필수 기능입니다.

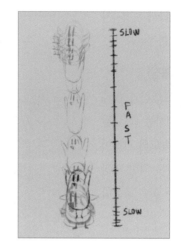

❼ Arcs(반원 혹은 호)

캐릭터는 관절로 이루어져 있습니다. 그 축으로 운동하기 때문에 곡선의 움직임으로 만드는 것이 자연스럽습니다.

❽ Secondary Action(부차적인 움직임)

Follow Through와 구분되어 있습니다. 'Follow Through'는 메인 운동성에 종속되어 특별한 의도 없이 움직이고, 'Secondary Action'은 의도를 가지고 행동이나 기분을 나타내는 부차적인 움직임입니다.

⑨ Timing(시간의 흐름)

애니메이션은 한 장의 정지된 이미지의 간격을 조정하며 시간의 흐름을 나타내는 것입니다.

1프레임마다 그림을 그려 적용하면 느린 동작이 되고, 다수의 프레임마다 그림을 그려 적용하면 빠른 동작이 됩니다. 이 과정을 타이밍을 조절한다고 칭하는데, 어떻게 표현하느냐에 따라서 시청자가 받는 느낌이 많이 달라집니다.

⑩ Exaggeration(과장)

말하려는 의도를 표현하기 위해 과장된 형태로 변형하는 것을 말합니다. 외형이나 속도의 과정이 있을 수 있으며, 너무 과한 과장으로 형태가 바뀌는 것은 조심합니다.

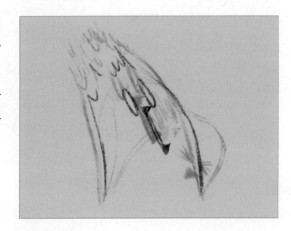

⑪ Solid Drawing(입체감 표현)

기본적인 투시, 볼륨감, 명암 등을 이야기합니다. 장면에서 애니메이션이 진행될 때 이 요소들이 무너지지 않도록 합니다.

⑫ Appeal(표현)

만들려는 이야기와 캐릭터를 매력적으로 보이게 합니다. 다양한 표현과 움직임으로 공감과 흥미를 일으켜야 하며, 캐릭터의 성격이나 역할을 쉽게 이해할 수 있도록 합니다.

포토샵과 애니메이트, 애프터 이펙트 알아보기

어도비 사의 포토샵, 애니메이트, 애프터 이펙트 프로그램의 활용 용도를 알아보고, 작업할 때 적합한 방법을 찾아 애니메이션을 진행해 봅시다.

어도비 포토샵

포토샵은 사진 편집 프로그램으로 유명했지만, 현재 디지털 페인팅의 중요한 프로그램으로 자리 잡고 있습니다. 애니메이션의 소스를 만드는데 자주 사용되는 프로그램으로 애니메이트와 애프터 이펙트 모두에 활용할 수 있습니다.

어도비 애니메이트

몇 년 전까지 어도비 플래시(Adobe Flash)라는 이름으로 된 웹용 프로그램이었으나, 애니메이션에 적합한 기능이 많고 가벼운 프로그램이라는 특징 때문에 애니메이션 작업에 많이 활

용되었습니다. 직접적인 드로잉이 쉽고 간편하게 되어 있어서 애니메이션뿐만 아니라 이모
티콘 작업에도 적합합니다.

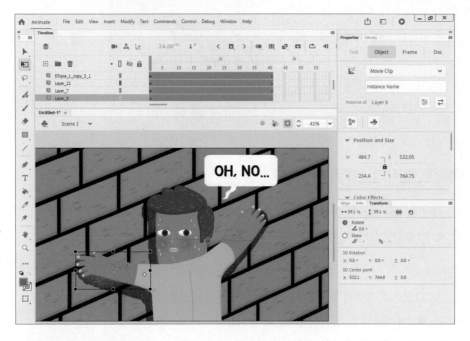

어도비 애프터 이펙트

애프터 이펙트는 애니메이션 기능보다 영상의 화려한 효과를 줄 수 있는 프로그램으로 더 많
이 알려져 있습니다. 그러나 기본 기능만 활용해도 간단한 애니메이션 작업을 손쉽게 할 수
있습니다. 어도비 애니메이트보다 무거운 프로그램이지만 애니메이션 작업 후 효과를 바로
적용할 수 있습니다.

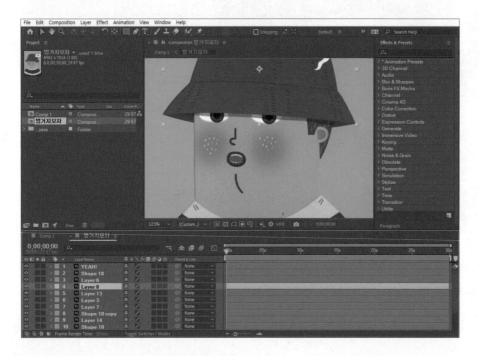

포토샵에서 컬러보드 제작하기

컬러보드는 애니메이션 작업 과정에서 전체적인 색감을 확인하고 장면에서 중요하다고 생각하는 것을 강조하는 단계입니다. 이 단계에서 색상을 정해두면 캐릭터, 배경 디자인 단계에서 많은 시간을 빼앗기지 않습니다. 포토샵에서 애니메이션에 필요한 캐릭터와 배경 소스를 제작하고 애니메이션하기 쉽게 소스를 분절합니다. 캐릭터와 배경을 디자인할 때 필요한 색상 선택의 노하우를 알아봅니다.

● **예제 파일** : 01\스토리보드_002.jpg, 팔레트.jpg   ● **완성 파일** : 01\스토리보드_완성.jpg

나만의 작업 환경 설정하기

01 │ 포토샵을 실행합니다. 〈Open〉 버튼을 클릭하고 01 폴더에서 '스토리보드_002. jpg' 파일을 선택한 다음 〈열기〉 버튼을 클릭합니다.

02 │ 포토샵의 기본 인터페이스입니다. 원하는 작업 환경으로 변경하겠습니다.

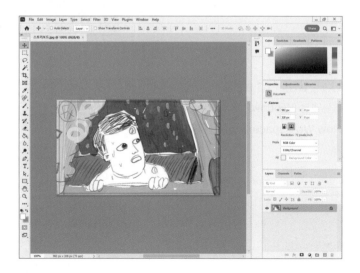

03 사용하지 않는 패널에서 '패널 메뉴' 아이콘(■)을 클릭하고
'Close' 또는 'Close Tab Group'을 선택합니다.

04 예제에서는 History, Layers 패널
만 남겨두고 모두 닫아주었습니다. 추후 필
요한 패널을 더할 수 있습니다.

05 설정한 작업 환경을 저장하겠습니다.
메뉴에서 (**Window**) → **Workspace** →
New Workspace를 실행합니다.

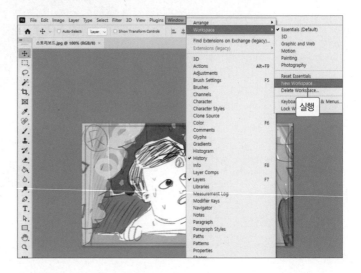

06 New Workspace 대화상자가 표시되면 Name에 이름을 입력하고 〈Save〉 버튼을 클릭합니다.

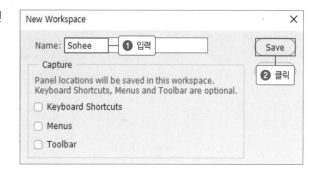

07 옵션바에서 '☑' 아이콘을 클릭하면 저장한 설정을 확인할 수 있습니다.

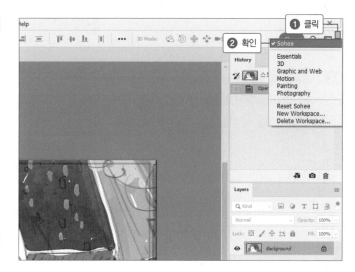

TIP 여러 가지 설정을 저장해 두고 필요 시 빠르게 변경할 수 있습니다.

편리하게 단축키 설정하기

01 애니메이션 소스 작업에 자주 사용되는 Smart Object를 단축키로 설정하겠습니다. 메뉴에서 (**Edit**) → **Keyboard Shortcuts**를 실행합니다.

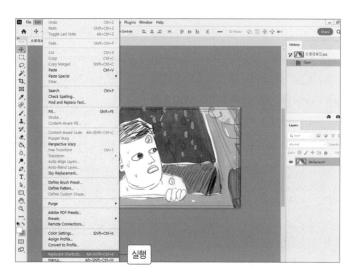

TIP Smart Object
두 개 이상의 레이어를 묶는 오브젝트로 원본의 이미지를 파괴하지 않고 변형할 수 있어서 애니메이션 소스 작업에 유용하게 쓰입니다.

02 │ Keyboard Shortcuts and Menus 대화상자가 표시되면 'Layer'를 클릭합니다.

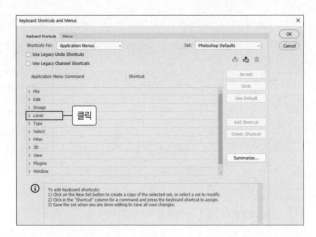

03 │ Layer 항목의 Smart Objects → Convert to Smart Object의 단축키를 선택하고 Shift+Ctrl +1을 눌러 설정을 변경한 다음 〈OK〉 버튼을 클릭합니다.

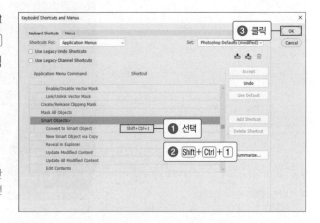

TIP 기존의 단축키가 멀어서 가장 가까운 거리의 단축키를 조합했습니다. 다른 설정이 편하다면 나에게 편한 단축키로 설정해도 무관합니다.

04 │ Smart Object의 단축키를 사용하겠습니다. Layer 패널의 'New Layer' 아이콘(回)을 클릭하여 새 레이어를 만들고 Shift+Ctrl+1을 누릅니다. 레이어에 폴더 아이콘이 표시되면 Smart Object가 적용된 것을 알 수 있습니다.

컬러보드 만들기

01 | 팔레트를 이용하기 위해 COLOUR Lovers 홈페이지(www.colourlovers.com)에 접속합니다. Palettes 검색 창에 나의 애니메이션의 키워드를 입력합니다. 예제에서는 'social media'를 입력하여 검색했습니다.

02 | 검색 결과 창에서 키워드에 맞는 팔레트 목록 표시됩니다. 원하는 팔레트를 클릭합니다.

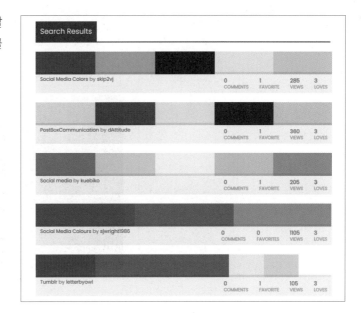

03 | 윈도우(⊞) 메뉴에서 '캡처 도구'를 실행하고 캡처 도구 창이 표시되면 '새 캡처'를 클릭합니다.

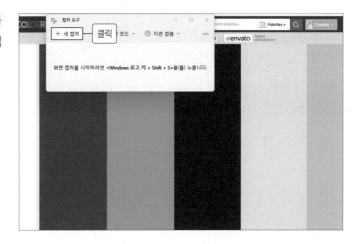

04 화면에 있는 팔레트를 드래그하여 캡처 영역을 지정합니다.

05 Ctrl+S를 눌러 원하는 위치에 '팔레트'를 저장합니다.

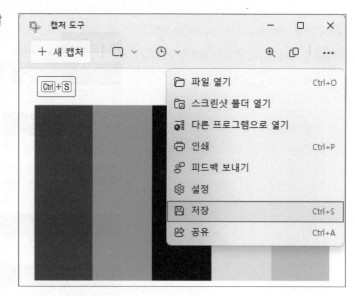

06 포토샵 홈 화면에서 〈Open〉 버튼을 클릭합니다. 열기 대화상자가 표시되면 01 폴더에서 '스토리보드.jpg', '팔레트.jpg' 파일을 선택하고 〈열기〉 버튼을 클릭합니다.

TIP 준비된 스토리보드와 팔레트 파일을 사용해도 좋습니다.

07 메뉴에서 (Window) → Arrange → 2-up Vertical을 실행하여 작업 창을 2개로 분할합니다.

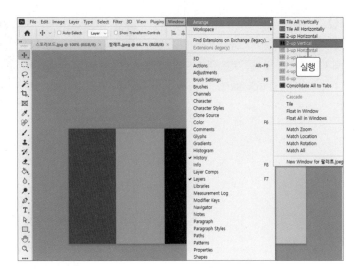

08 Tools 패널에서 확대 도구(🔍)를 선택합니다. 옵션바의 〈Fit Screen〉 버튼을 클릭하여 두 이미지를 모두 화면에 맞춥니다.

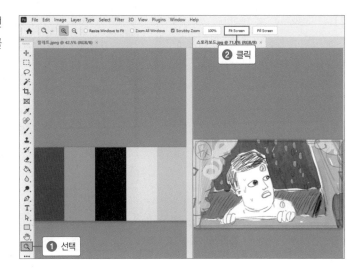

09 '스토리보드.jpg' 작업 창의 Layer 패널에서 'Background' 레이어를 더블클릭합니다. New Layer 대화상자가 표시되면 〈OK〉 버튼을 클릭하여 레이어의 잠금을 해제합니다.

10 Layer 패널에서 'New Layer' 아이콘(□)을 클릭하여 'Layer 1' 레이어를 만듭니다. 'Layer 0' 레이어를 위로 드래그하여 가장 상단으로 이동합니다.

11 'Layer 0'을 선택하고 Layer 패널 위에 있는 목록을 'Multiply'로 지정하여 블렌딩 모드를 변경합니다.

12 Tools 패널에서 스포이트 도구(☒)를 선택합니다. '팔레트.jpeg' 작업 창에서 두 번째 컬러를 클릭하여 색상을 지정합니다.

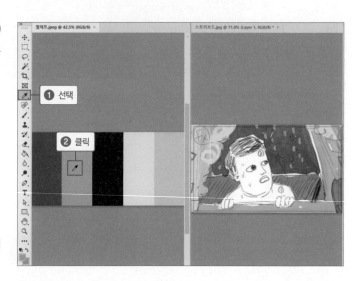

TIP Tools 패널에서 지정한 컬러로 전경색이 변경되었는지 확인합니다.

13 | Tools 패널에서 브러시 도구(✐)를 선택합니다. '스토리보드.jpg' 작업 창의 Layers 패널에서 'Layer 1' 레이어를 선택하고 채색합니다.

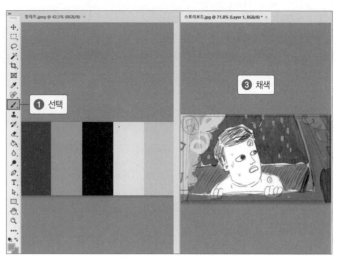

TIP Brush Tool 살펴보기

옵션바에서 'Toggle the Brush' 아이콘(☑)을 클릭하여 Brush Settings 패널 표시하고 브러시 값을 조절할 수 있습니다.

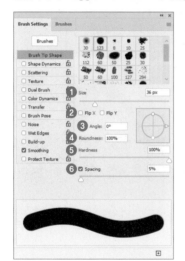

❶ Size : 브러시 사이즈를 조절합니다.
❷ Flip X/Flip Y : X, Y 축으로 브러시를 반전시킵니다.
❸ Angle : 브러시 각도를 조절합니다.
❹ Roundness : 브러시 둥글기를 조절합니다.
❺ Hardness : 브러시 강도를 조절합니다.
❻ Spacing : 브러시 간격을 조절합니다.

14 | Layers 패널에서 'New Layer' 아이콘(回)을 클릭하여 'Layer 2' 레이어를 만듭니다.

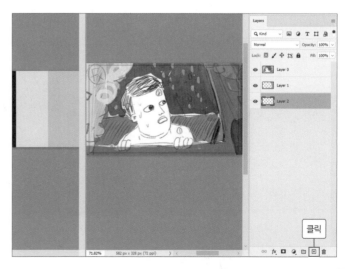

15 Tools 패널에서 스포이트 도구()를 선택합니다. '팔레트.jpeg' 작업 창의 첫 번째 컬러를 클릭하여 색상을 지정합니다.

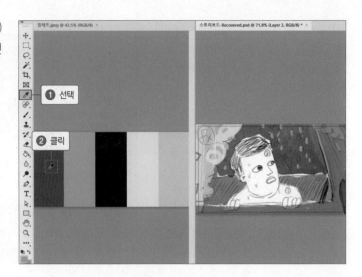

16 Tools 패널에서 브러시 도구()를 선택하고 '스토리보드.jpg' 작업 창의 Layers 패널에서 'Layer 2' 레이어를 선택하고 채색합니다.

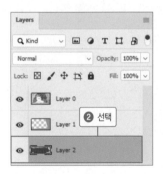

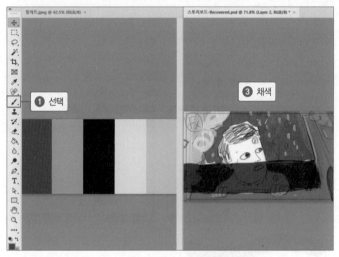

17 Layers 패널에서 'New Layer' 아이콘()을 클릭하여 'Layer 3' 레이어를 만듭니다.

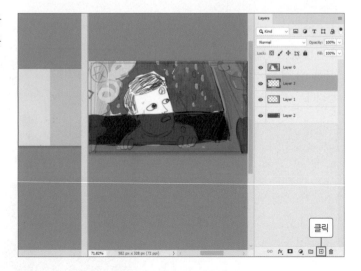

18 │ Tools 패널에서 스포이트 도구(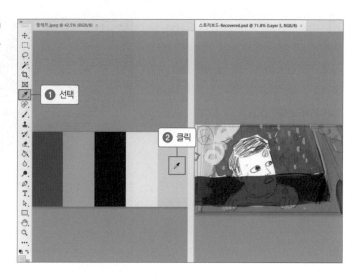)를 선택하고 '팔레트.jpeg' 작업 창에서 팔레트의 마지막 컬러를 클릭하여 색을 지정합니다.

19 │ Tools 패널에서 브러시 도구(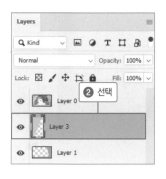)를 선택하고 '스토리보드.jpg' 작업 창의 Layers 패널에서 'Layer 3' 레이어를 선택하고 연기를 채색합니다.

20 │ 같은 방법을 반복해서 장면을 채색합니다. 꼭 팔레트의 색상만 사용할 필요는 없습니다. 어울릴만한 색상을 지정하고 러프하게 채색합니다.

TIP 채색할 때 같은 색상끼리 한 레이어에 있도록 채색합니다.

21 │ 색상을 자세히 조절하겠습니다. Layers 패널에서 'Layer 1' 레이어를 선택하고 'Create new fill or adjustment layer' 아이콘(⬤)을 클릭한 다음 **Hue/Saturation**을 실행합니다.

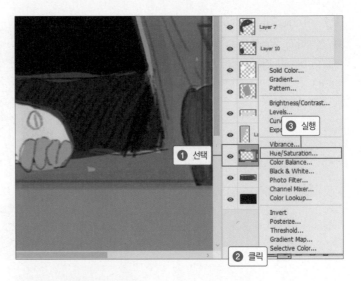

22 │ 'Layer 1' 레이어 위에 'Hue/Saturation' 보정 레이어가 만들어지고 Properties 패널이 표시됩니다.

23 │ 표시된 Properties 패널에서 'This adjustment affects all layers below' 아이콘(▣)을 클릭하여 'Layer 1' 레이어에만 색상 조절이 적용되도록 합니다.

TIP 'Hue/Saturation 1' 레이어에 '![]' 아이콘이
생성되면서 하위 레이어에만 색상 조절 가능하다는
표시가 됩니다. 'Hue/Saturation 1' 레이어를 Alt 를
누른 상태로 클릭해도 같은 기능이 적용됩니다.

TIP Hue/Saturation 살펴보기
❶ Hue : 색상을 조절합니다.
❷ Saturation : 채도를 조절합니다.
❸ Lightness : 밝기를 조절합니다.

24 | 'Hue', 'Saturation', 'Lightness'
슬라이더를 드래그하여 원하는 색상을 찾아
조절합니다.

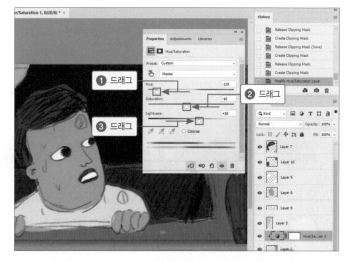

25 | 마음에 드는 색상으로 조절되면 메
뉴에서 (**File**) → **Save a copy**를 실행합
니다.

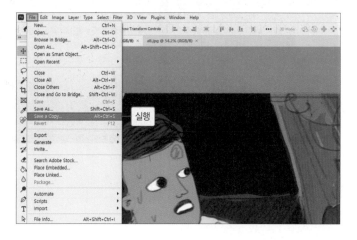

26 | Save a copy 대화상자가 표시되면 파일 형식을 'JPEG(*JPG,*JPEG,*JPE)'로 지정하고 〈저장〉 버튼을 클릭합니다.

27 | 내가 만든 스토리보드의 모든 장면을 같은 방법으로 채색하면 애니메이션의 전체적인 색감과 분위기를 한 번에 확인할 수 있습니다.

펜 도구로 애니메이션 캐릭터 제작하기

펜 도구을 사용해서 캐릭터를 애니메이션 작업에 용이하게 관절을 나누어 제작합니다. 관절마다 레이어가 나누어져 있는 것이 더욱 부드러운 애니메이션 액팅에 좋지만 무거운 파일이 형성되므로 화면마다 필요한 정도의 관절을 나누도록 미리 계획하는 것이 중요합니다.

● **예제 파일** : 01\스토리보드_컬러.jpg　　● **완성 파일** : 01\스토리보드_컬러_완성.psd

이미지 크기와 색상 지정하기

01 │ 포토샵을 실행하고 〈Open〉 버튼을 클릭합니다. 열기 대화상자가 표시되면 01 폴더에서 '스토리보드_컬러.jpg' 파일을 선택하고 〈열기〉 버튼을 클릭합니다.

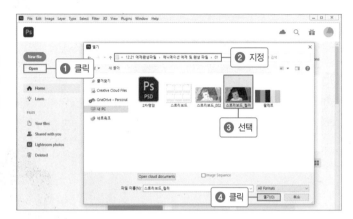

02 │ 해당 이미지의 크기를 화면 비율에 맞게 변경하기 위해 메뉴에서 (**Image**) → **Image Size**를 실행합니다.

03 │ Image Size 대화상자가 표시되면 'do not constrain aspect radio' 아이콘 (🔗)을 클릭하여 비활성화합니다.

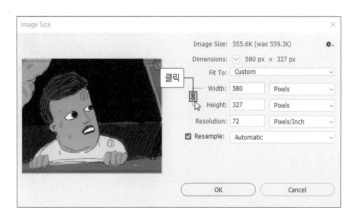

TIP 원하는 정확한 이미지 크기로 변경하기 위해 해제합니다.

04 | Width를 '1920', Height를 '1080'으로 설정하고 〈OK〉 버튼을 클릭합니다.

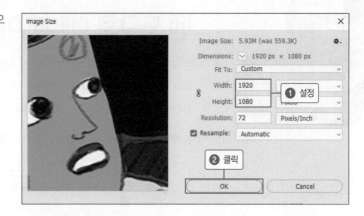

05 | Tools 패널에서 확대 도구(🔍)를 선택하고 옵션바에서 〈Fit Screen〉 버튼을 클릭하여 이미지를 화면에 맞춥니다.

06 | Layers 패널에서 'New Layer' 아이콘(🔲)을 클릭하여 새로운 레이어를 만듭니다.

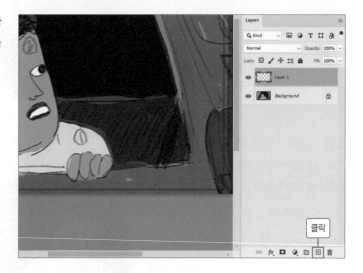

07 | Tools 패널에서 펜 도구(◢.)를 선택합니다. 옵션바에서 Pick tool mode가 'Shape'로 지정되어 있는지 확인하고 Fill의 색상 상자를 클릭합니다.

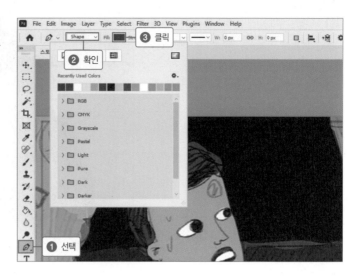

08 | 'Color Picker' 아이콘(■)을 클릭합니다. Color Picker (Fill Color) 대화상자가 표시되면 얼굴을 클릭하여 얼굴 색상으로 색을 지정하고 〈OK〉 버튼을 클릭합니다.

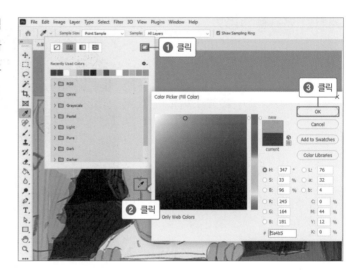

09 | 옵션바에서 Stroke의 색상 상자를 클릭하고 'No Color' 아이콘(▱)을 선택하여 외곽선은 나타나지 않게 합니다.

<u>**TIP**</u> 혹은 원하는 캐릭터 디자인에 따라 외곽선을 지정합니다.

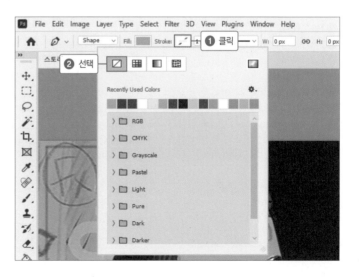

10 │ 펜 도구(✐)로 캐릭터를 그려보겠습니다. 확대 도구(🔍)를 선택하고 캔버스를 여러 번 클릭하여 확대합니다.

캐릭터 얼굴형 그리기

01 │ Tools 패널에서 펜 도구(✐) 선택하고 캔버스에서 캐릭터의 얼굴 모양에 맞게 얼굴선을 클릭하여 앵커 포인트를 만듭니다.

TIP Pan Tool 드로잉 살펴보기
펜 도구를 사용하면 곡선과 직선을 직관적으로 그릴 수 있습니다.
❶ Pen Tool : 일반적인 펜 도구입니다.
❷ Freeform Pen Tool : 자유로운 선 그리기 펜 도구입니다.
❸ Curvature Pen Tool : 두 개 이상의 앵커 포인트를 생성하면 자동으로 곡선으로 변경됩니다.
❹ Add Anchor Point Tool : 앵커 포인트를 생성합니다.
❺ Delete Anchor Point Tool : 앵커 포인트를 삭제합니다.
❻ Convert Point Tool : 핸들의 방향과 각도를 조절합니다.

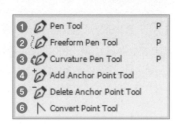

02 | 그림과 같이 클릭하여 두 번째 앵커 포인트를 만든 상태로 얼굴선 방향에 맞춰 드래그하여 핸들과 앵커 포인트를 만듭니다.

03 | 같은 방법으로 얼굴선을 따라 앵커 포인트를 만듭니다. 클릭한 상태로 얼굴 곡선의 방향에 따라 드래그하여 핸들을 만듭니다.

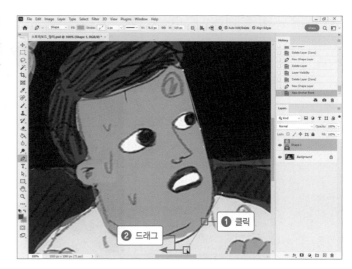

04 | 같은 방법으로 얼굴선을 따라 캐릭터의 얼굴을 그립니다.

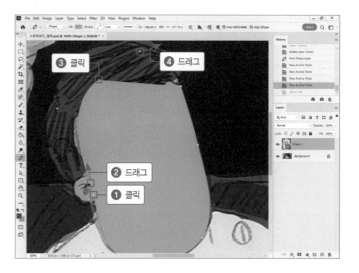

05 │ 같은 방법으로 첫 번째 앵커 포인트를 클릭하여 얼굴 모양 형태를 완성합니다.

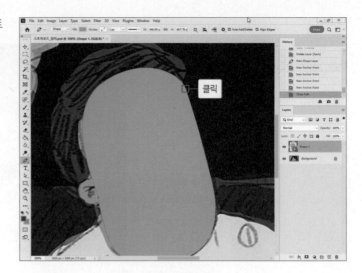

06 │ 얼굴 형태를 수정하겠습니다. Tools 패널에서 직접 선택 도구(▸)를 선택하고 수정이 필요한 포인트를 클릭하면 핸들이 표시됩니다. 핸들이나 앵커 포인트를 클릭 드래그하여 얼굴의 모양을 다듬습니다.

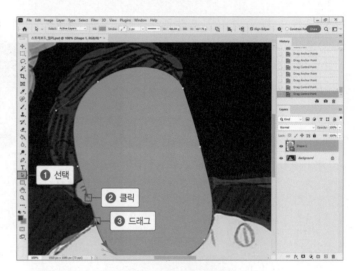

07 │ 얼굴 모양이 완성되었다면 Layers 패널에서 얼굴을 그린 레이어의 이름을 더블클릭하고 '얼굴'을 입력하여 레이어 이름을 변경합니다.

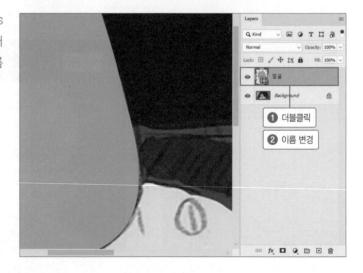

펜 도구로 캐릭터 눈 그리기

01 | 캐릭터의 눈을 그리기 위해서 '얼굴'
레이어를 숨기겠습니다. Layers 패널에서
'얼굴' 레이어의 '눈' 아이콘(◉)을 클릭하여
보이지 않게 만듭니다.

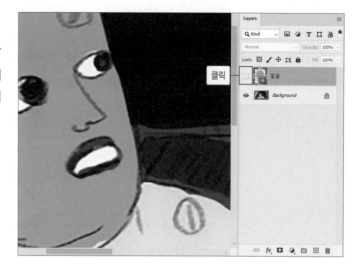

02 | Tools 패널에서 확대 도구(🔍)로 화
면을 여러 번 클릭해서 확대하고 다시
Tools 패널에서 펜 도구(✐)를 선택합니다.

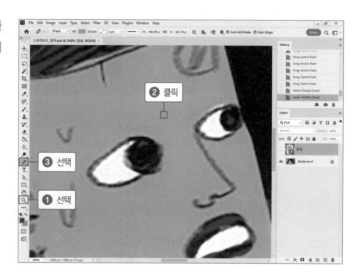

03 | 옵션바에서 Fill의 색상 상자를 클릭
합니다.

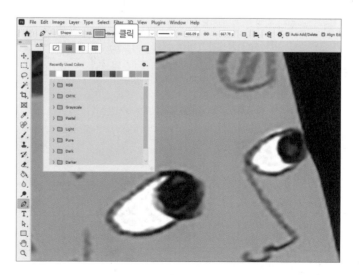

04 | 'Color Picker' 아이콘(🔲)을 클릭합니다. Color Picker (Fill Color) 대화상자가 표시되면 눈의 흰자 부분을 클릭하여 색상을 지정하고 〈OK〉 버튼을 클릭합니다.

05 | 눈 모양에 맞춰 클릭하여 첫 번째 앵커 포인트를 만듭니다.

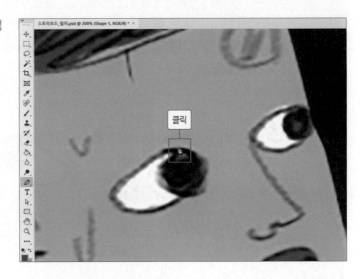

06 | 눈 모양에 맞춰 클릭하여 두 번째 앵커 포인트를 만든 상태로 드래그하여 핸들을 만듭니다.

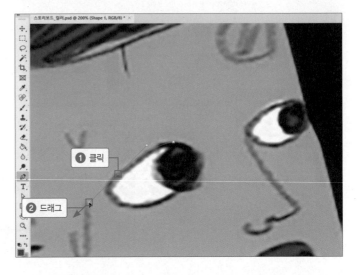

07 같은 방법으로 눈 모양을 클릭과 드래그하여 맞춰 그립니다.

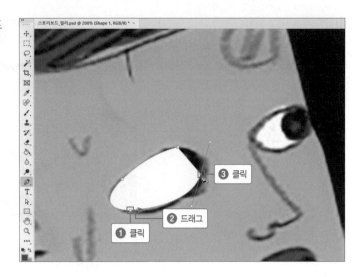

08 다시 첫 번째 앵커 포인트를 클릭하여 눈 모양을 닫아 완성합니다.

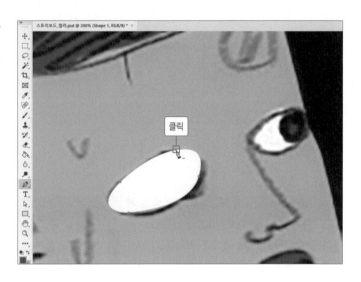

09 펜 도구(⬗)로 그린 캐릭터의 눈 모양은 직접 선택 도구(⬈)를 선택하여 수정합니다. 수정이 필요한 앵커 포인트를 클릭하면 핸들이 나타납니다. 핸들이나 앵커 포인트를 클릭, 드래그하여 눈 모양을 다듬습니다.

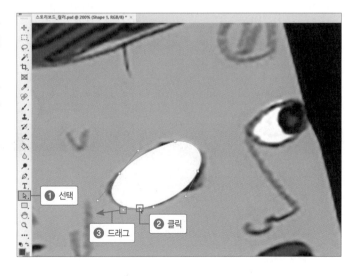

10 눈 모양이 완성되면 Layers 패널에서 레이어 이름을 더블클릭하고 '눈'으로 입력하여 변경합니다.

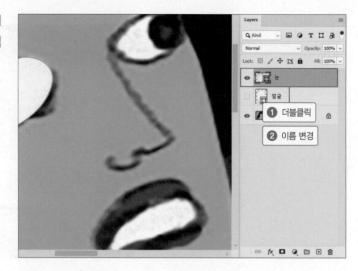

11 캐릭터 눈동자를 만들겠습니다. Tools 패널에서 사각형 도구(▢)를 길게 클릭하여 표시되는 원형 도구(◯)를 선택합니다.

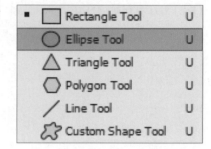

12 옵션바에서 Fill의 색상 상자를 클릭하고 'Color Picker' 아이콘(▢)을 클릭합니다. Color Picker (Fill Color) 대화상자가 표시되면 캐릭터의 눈동자를 클릭하여 색상을 지정한 다음 〈OK〉 버튼을 클릭합니다.

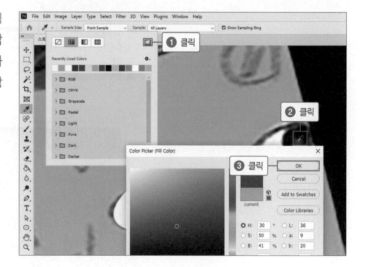

13 Shift를 누른 상태로 드래그하여 정원형의 눈동자를 만듭니다.

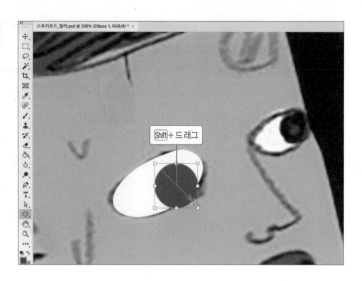

14 Tools 패널에서 선택 도구(⊕)를 선택하고 눈동자의 위치를 조절합니다.

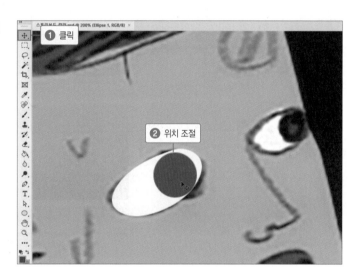

15 눈동자 동공을 만들기 위해 Layers 패널에서 눈동자를 그린 'Ellipse 1' 레이어를 'New Layer' 아이콘(�)으로 드래그하여 레이어를 복제합니다.

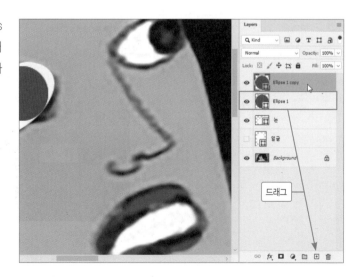

16 | 'Ellipse 1', 'Ellipse 1 copy' 레이어 이름을 각각 '눈동자', '동공'으로 변경합니다.

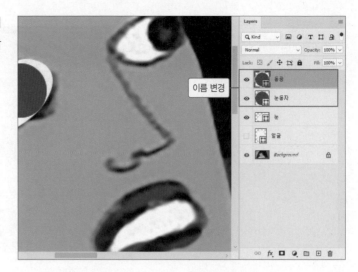

17 | '동공' 레이어의 아이콘을 더블클릭하여 Color Picker (Solid Color) 대화상자를 표시합니다.

18 | 색상을 '짙은 갈색(#3f3123)'으로 지정하고 〈OK〉 버튼을 클릭합니다.

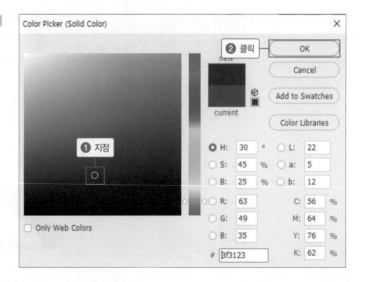

19 [Ctrl]+[T]를 눌러 자유 변형을 활성화합니다. [Alt]를 누른 상태로 드래그하여 '동공' 레이어 크기를 줄입니다.

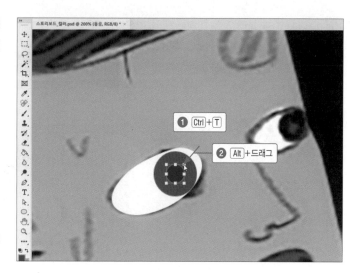

TIP [Alt]를 누른 상태로 드래그하면 정원형 모양이 변형되지 않습니다.

20 반대편 눈으로 복사하겠습니다. Layers 패널에서 [Shift]를 누른 상태로 '눈', '눈동자', '동공' 레이어를 클릭하여 다중 선택합니다.

21 Tools 패널에서 선택 도구(⊕)를 선택합니다. [Alt]를 누른 상태로 해당 레이어를 드래그하여 반대편 눈 위치로 이동하여 레이어를 복제합니다.

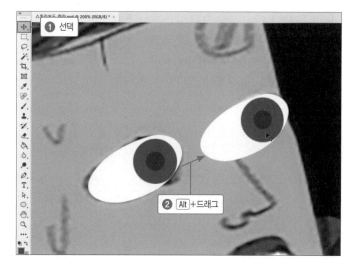

22 [Ctrl]+[T]를 눌러 자유 변형을 활성화하여 크기를 조절합니다. Tools 패널의 직접 선택 도구([R.])을 선택하고 눈 모양을 다듬습니다.

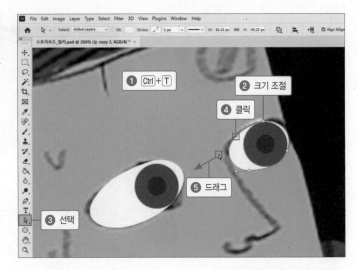

캐릭터 입 그리기

01 클리핑 마스크 기능을 사용하여 캐릭터 입을 만들겠습니다. Tools 패널에서 펜 도구([∅.])를 선택합니다. 옵션바에서 Stroke의 색상 상자를 클릭하고 'Solid Color' 아이콘([■])을 선택합니다.

02 'Color Picker' 아이콘([■])을 클릭하고 Color Picker 대화상자가 표시되면 입술을 클릭하여 색상을 지정합니다. 색상이 지정되면 〈OK〉 버튼을 클릭합니다.

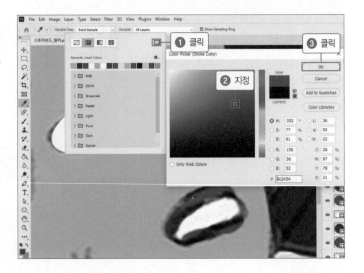

03 | Fill의 색상 상자를 클릭하고 'Color Picker' 아이콘(■)을 클릭합니다.

04 | Color Picker 대화상자가 표시되면 입안을 클릭하여 색상을 지정합니다. 색상이 지정되면 〈OK〉 버튼을 클릭합니다.

05 | 펜 도구(✎)로 입술 모양을 클릭해서 앵커 포인트를 만듭니다.

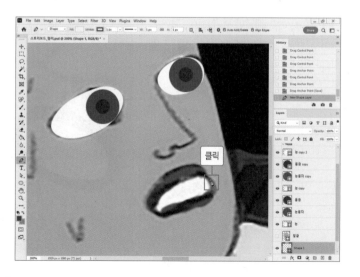

06 펜 도구를 이용해서 '얼굴', '눈'을 만들었던 방법과 같은 방법으로 클릭 드래그하여 '입'을 만듭니다.

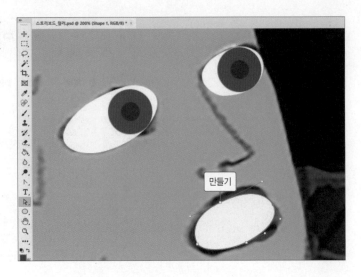

07 옵션바에서 Stroke를 '10px'로 설정하여 변경합니다.

08 Layers 패널에서 'New Layer' 아이콘(回)을 클릭하여 새 레이어를 만듭니다.

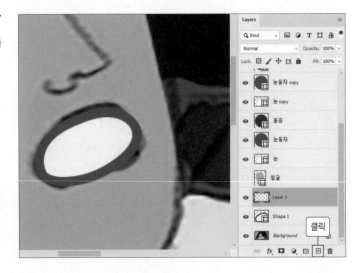

09 옵션바에서 Stroke의 색상 상자를 클릭하고 'No Color' 아이콘()을 선택하여 색상을 없앱니다.

10 Fill의 색상 상자를 클릭하고 'Color Picker' 아이콘(□)을 클릭합니다. Color Picker (Fill Color) 대화상자가 표시되면 입술 색상을 클릭하여 색상을 지정합니다.

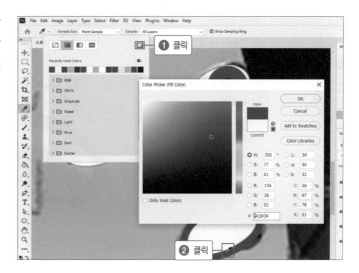

11 색상을 입술보다 조금 짙은 색상으로 지정하고 〈OK〉 버튼을 클릭합니다.

12 펜 도구(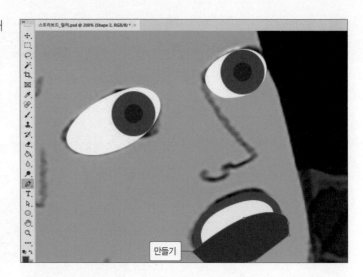)로 캐릭터의 입안에 해당하는 모양을 만듭니다.

13 만든 레이어에서 마우스 오른쪽 버튼을 클릭한 다음 **Create Clipping Mask**를 실행합니다.

14 Clipping Mask 레이어가 만들어진 것을 확인할 수 있습니다.

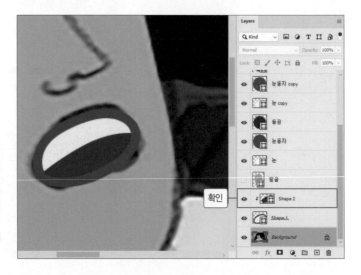

TIP 클리핑 마스크(Clipping Mask)
클리핑 마스크를 사용하면 아래 레이어에 위 레이어를 마스크 할 수 있습니다. 아래 레이어와 위 레이어의 내용이 겹쳐지는 부분을 제외하고는 모두 숨겨집니다.

15 | Shift를 누른 상태로 '입'에 해당되는 레이어를 다중 선택합니다. 선택된 레이어에서 오른쪽 마우스 클릭한 다음 **Convert to Smart Object**를 실행합니다.

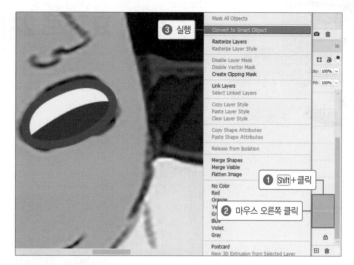

TIP 앞서 설정한 포토샵 단축키 Ctrl + Shift + 1을 눌러 사용할 수도 있습니다.

16 | 변경된 레이어의 이름을 '입'으로 변경합니다.

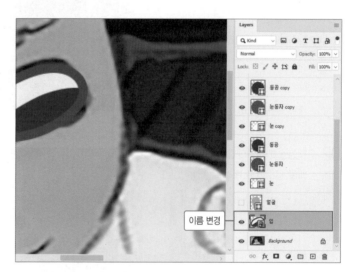

17 | 같은 방법을 반복해서 애니메이션의 캐릭터와 화면 구성 요소를 제작합니다.

블렌딩 효과로 2차 명암 적용하기

펜 도구로 캐릭터와 배경을 제작한 후 블렌딩 효과를 사용해서 손쉽게 2차 명암을 주어 더욱 풍부한 애니메이션 소스를 제작합니다. 애니메이션 소스만이 아닌 일러스트 작업에도 유용하게 사용할 수 있습니다.

● **예제 파일** : 01\2차 명암.psd　　● **완성 파일** : 01\2차 명암_완성.psd

애니메이션 소스에 음영 효과 적용하기

01 ┃ 포토샵에서 Ctrl+O를 눌러 열기 대화상자가 표시되면 01 폴더에서 '2차명암.psd' 파일을 선택하고 〈열기〉 버튼을 클릭하여 불러옵니다.

02 ┃ Tools 패널에서 확대 도구(🔍)를 선택하고 캔버스의 얼굴 부분을 확대합니다.

03 ┃ Layers 패널의 '얼굴' 레이어에서 마우스 오른쪽 버튼을 클릭한 다음 **Blending Options**를 실행합니다.

04 Layer Style 대화상자가 표시되면 'Inner Shadow'를 체크 표시합니다.

체크 표시

05 Opacity를 '25%', Angle을 '-41°', Distance를 '10px', Choke를 '8%', Size를 '9px'로 설정하고 'Use Global Light'를 체크 표시 해제한 다음 〈OK〉 버튼을 클릭합니다.

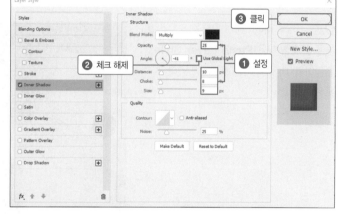

TIP 'Use Global Light'를 체크 표시 해제하면 각 레이어마다 다른 앵글로 Inner Shadow를 표현할 수 있습니다.

06 '얼굴' 레이어에 음영 효과가 적용된 것을 확인할 수 있습니다.

애니메이션 소스에 음영 효과 적용하기

01 한번 적용한 효과를 다른 레이어에 적용하겠습니다. Layers 패널의 '얼굴' 레이어에서 마우스 오른쪽 버튼을 클릭한 다음 **Copy Layer Style**을 실행합니다.

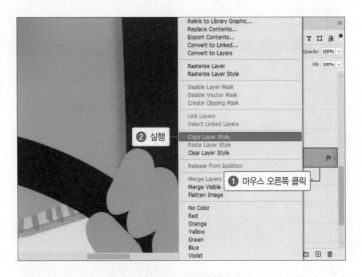

02 '머리' 레이어에서 오른쪽 마우스 버튼을 클릭한 다음 **Paste Layer Style**을 실행하면 '머리' 레이어에도 음영 효과가 적용됩니다.

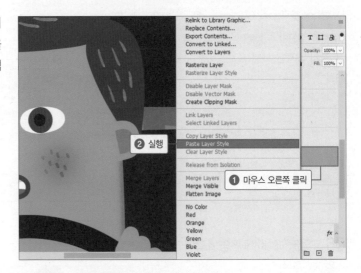

03 '손' 레이어처럼 각자 다른 레이어가 묶인 Smart Object에도 같은 효과를 적용하겠습니다. '손' 레이어의 'Smart Object thumbnail' 아이콘(⬚)을 더블클릭합니다.

04 새 작업 창에서 '손' 레이어의 Smart Object가 불러와집니다. Shift를 누른 상태로 모든 레이어를 클릭하여 다중 선택합니다.

05 레이어에서 마우스 오른쪽 버튼을 클릭한 다음 **Paste Layer Style**을 실행합니다.

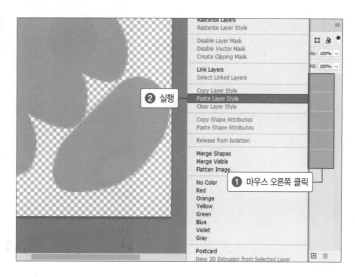

06 손가락마다 음영이 생긴 것을 확인할 수 있습니다. Ctrl+S를 눌러 저장하고 해당 작업 창의 'X'를 클릭하여 닫습니다.

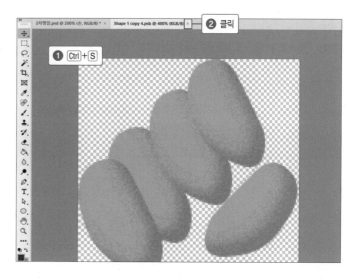

07 '2차명암.psd' 작업 창으로 돌아옵니다. Layers 패널의 '눈' 레이어에서 마우스 오른쪽 버튼을 클릭한 다음 **Paste Layer Style**을 실행합니다.

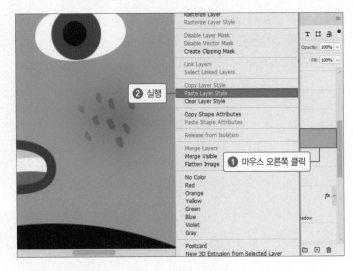

08 적용된 음영 효과를 조금 더 진하게 수정하겠습니다. '눈' 레이어의 'Effects'를 더블클릭합니다.

09 Layer Style 대화상자가 표시되면 Inner Shadow 항목을 원하는 대로 설정하고 〈OK〉 버튼을 클릭합니다.

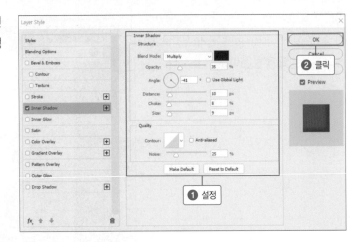

10 설정을 변경한 '눈' 레이어에서 마우스 오른쪽 버튼을 클릭한 다음 **Copy Layer Style**을 실행합니다.

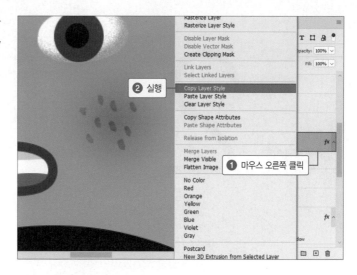

11 반대쪽 '눈' 레이어에서 마우스 오른쪽 버튼을 클릭한 다음 **Paste Layer Style**을 실행하여 같은 효과를 적용합니다.

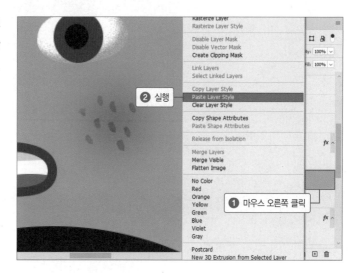

12 같은 방법으로 2차 음영을 모두 적용하여 애니메이션 소스 만들기를 완성합니다.

Part 2

애니메이트로 애니메이션
작업하기

어도비 애니메이트로 애니메이션 작업에 필요한 모든 기능에 대해서 알아봅니다.
다른 합성 프로그램을 사용하지 않아도 어도비 애니메이트만으로 충분히 이펙
트 효과, 3D, 카메라 움직임까지 나타낼 수 있습니다.

애니메이트 설치 및 작업 알아보기

어도비 애니메이트 프로그램을 설치하고 인터페이스에 대해서 알아봅니다. 내가 원하는 작업 환경으로 변경, 저장하는 방법과 애니메이션 소스를 불러오는 방법에 대해 알아봅니다.

애니메이트 설치하기

01 어도비 홈페이지(adobe.com/kr)에 접속합니다. 메뉴에서 '도움말 및 지원'을 클릭한 다음 〈다운로드 및 설치〉 버튼을 클릭합니다.

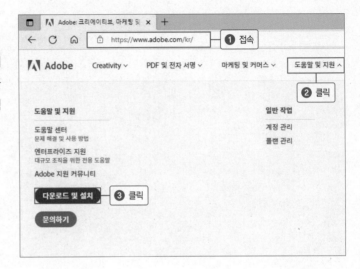

02 Creative Cloud 모든 앱의 〈다운로드〉를 클릭하여 설치합니다.

03 Creative Cloud Desktop에서 '계정'을 클릭한 다음 '환경 설정'을 클릭합니다.

04 '앱'을 선택하고 기본 설치 언어를 'English(International)'로 지정한 다음 〈완료〉 버튼을 클릭합니다.

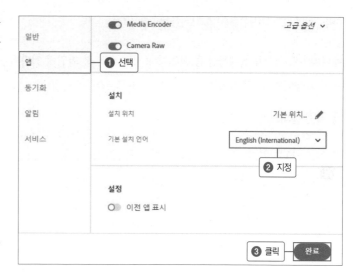

TIP 기본 설치 언어를 선택하지 않으면 자동으로 한글 프로그램으로 설치됩니다.

05 Animate의 〈설치〉 버튼을 클릭합니다.

06 설치가 완료되어 애니메이트를 실행하면 로딩 화면이 표시된 다음에 애니메이트가 표시됩니다.

애니메이트 인터페이스 살펴보기

애니메이트를 처음 실행하면 홈 화면이 표시됩니다. 홈 화면의 인터페이스와 작업 화면에 있는 패널들을 알아보겠습니다.

홈 화면 살펴보기

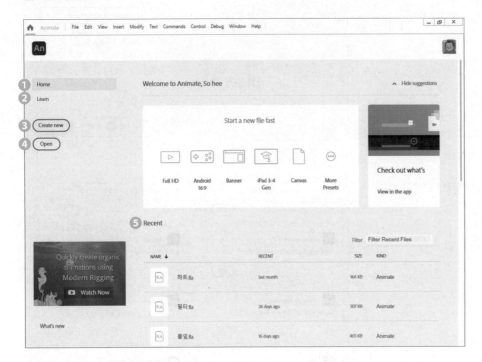

1 **Home** : 홈 화면을 표시합니다.

2 **Learn** : 애니메이트에서 제공하는 튜토리얼을 확인할 수 있습니다.

3 **Create New** : 새 작업을 만듭니다.

4 **Open** : 기존 작업을 불러올 수 있습니다.

5 **Recent** : 최근 작업을 확인할 수 있습니다.

New Document 대화상자 살펴보기

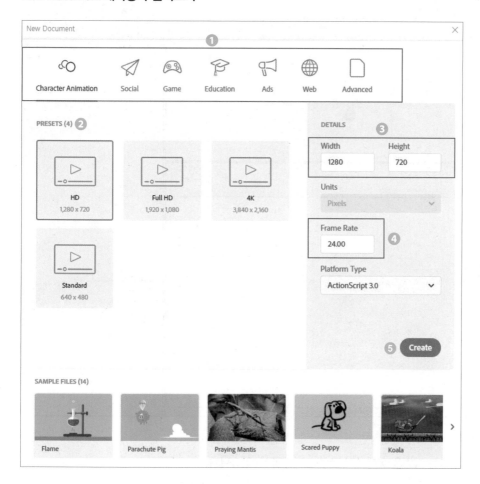

❶ **용도별 프리셋 :** 캐릭터 애니메이션부터 게임, 교육, 웹 등 다양한 용도의 프리셋을 선택합니다.

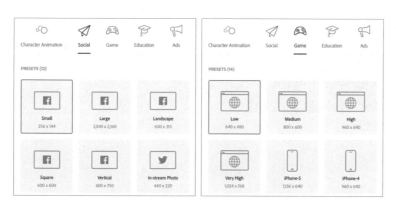

❷ **PRESETS :** 미리 설정된 화면 크기별로 프리셋을 선택합니다.

❸ **Width, Height :** 화면의 가로와 세로 크기를 설정합니다.

❹ **Frame Rate :** 프레임의 수를 설정합니다.

❺ **Create :** 클릭하면 새 스테이지가 만들어집니다.

작업 화면 살펴보기

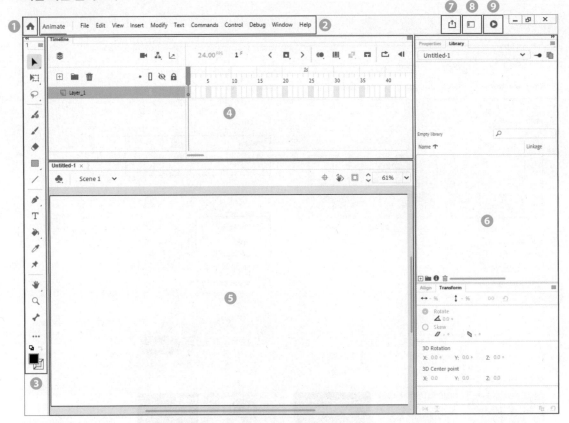

❶ **Home :** 애니메이트를 처음 실행하면 표시되는 홈 화면으로 돌아갑니다.

❷ **메뉴 :** 메뉴에서 원하는 기능을 실행하여 작업에 적용할 수 있습니다.

❸ **Tools 패널 :** 작업을 위한 도구들을 선택할 수 있으며, 여러 가지 도구를 이용해서 움직임을 만들 수 있습니다.

❹ **Timeline 패널 :** 키프레임과 심볼을 이용해서 애니메이션을 제작하고 타임라인의 길이를 조절하며 애니메이션의 타이밍을 만듭니다.

❺ **스테이지 :** 애니메이션 소스를 불러와 직접적으로 움직임을 주면서 결과물을 확인합니다.

❻ **패널 :** 애니메이션 작업에 필요한 여러 가지 패널을 표시할 수 있습니다.

❼ **Quick share and publish :** 애니메이션을 공유합니다.

❽ **Workspaces :** 작업 환경 설정을 변경합니다.

❾ **Test Movie :** 애니메이션의 미리 보기를 제공합니다.

나만의 작업 환경 설정하기

01 | 홈 화면에서 〈Create new〉 버튼을 클릭하여 새 작업을 시작하거나 〈Open〉 버튼을 클릭하여 기존 작업 파일을 불러올 수 있습니다. 새 스테이지를 만들기 위해 〈Create new〉 버튼을 클릭합니다.

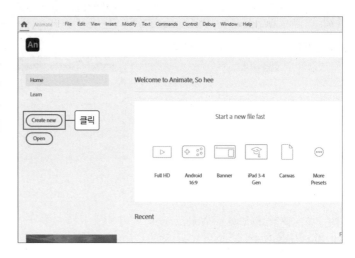

02 | New Document 대화상자가 표시되면 Width를 '1280', Height를 '720', Frame Rate를 '24'로 설정하여 HD 크기의 스테이지를 만든 다음 〈Create〉 버튼을 클릭합니다.

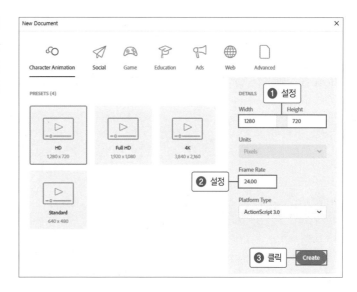

03 | 새 스테이지가 만들어지면 기본 환경 그대로 사용해도 좋고, 나만의 작업 환경을 설정할 수도 있습니다.

04 | 메뉴의 (Window) → Workspaces → **Classic**을 실행하여 해당 작업 환경으로 변경할 수 있습니다.

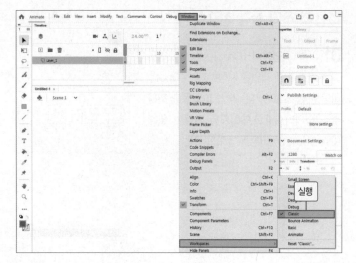

TIP 메뉴에서 (Window) → Workspaces 의 작업 환경을 하나씩 실행하여 나에게 편한 작업 환경으로 변경할 수 있습니다.

05 | 사용하지 않는 패널은 패널 이름에서 마우스 오른쪽 버튼을 클릭한 다음 **Close**를 실행하여 닫습니다.

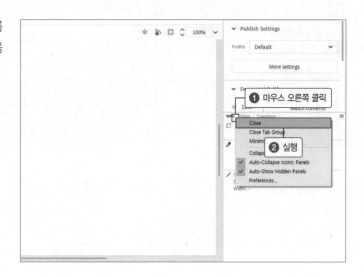

06 | 오른쪽 상단에 'Workspaces' 아이콘(◱)을 클릭한 다음 New Workspace에 '애니메이션' 또는 내가 저장하고 싶은 이름을 입력하여 나만의 작업 환경 설정을 저장합니다. 이름을 입력한 다음 'Save Workspace' 아이콘(凷)을 클릭하여 저장합니다.

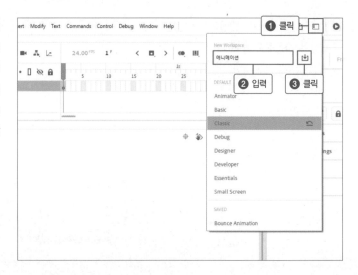

07 │ 작업 환경을 다시 되돌리고 싶다면 오른쪽 상단의 'Workspaces' 아이콘(▣)을 클릭하여 저장된 기본 작업 환경 또는 저장한 작업 환경을 선택하여 손쉽게 설정할 수 있습니다.

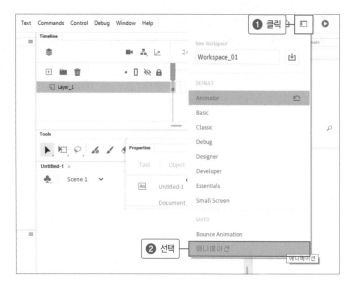

애니메이션 소스 불러오기

01 │ 메뉴에서 **(File)** → **Import** → **Import to Stage**를 실행합니다.

● **예제 파일** : 02\하트.psd

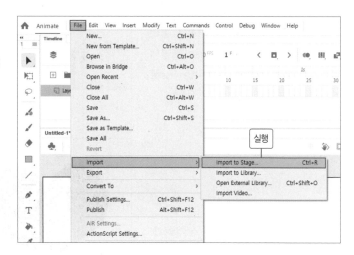

02 │ Import 대화상자가 표시되면 02 폴더에서 '하트.psd' 파일을 선택하고 〈열기〉 버튼을 클릭합니다.

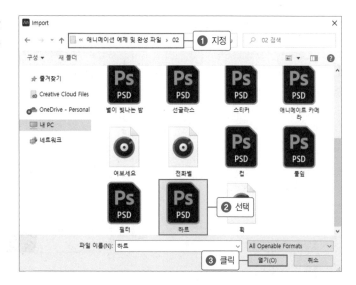

03 Import "하트.psd" to Stage 대화상자가 표시되면 'Noise' 레이어가 선택된 상태에서 Import this image layer as를 'Bitmap image with editable layer styles'로 선택하고 Compression을 'Lossless'로 지정합니다. 'Eyes' 레이어와 'Body' 레이어도 같은 방법으로 변경한 다음 〈Import〉 버튼을 클릭합니다.

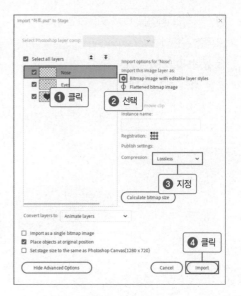

TIP 해당 설정은 불러온 psd 파일이 깨지지않고 그대로 불러오게 만드는 설정입니다.

04 소스가 삽입되면 Ctrl+A를 눌러 전체 선택합니다. Properties 패널의 'Object'에서 Instance behavior를 'Graphic'으로 지정합니다.

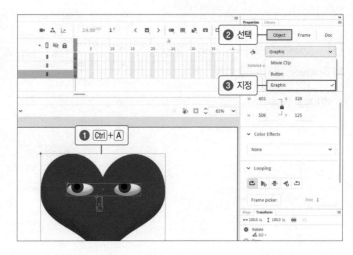

TIP 불러온 소스는 'Movie Clip' 심볼로 지정되어 있습니다. 애니메이션 작업에서는 'Graphic' 심볼로 변경하여 사용합니다.

편리하게 단축키 설정하기

01 메뉴에서 (**File**) → **Keyboard Shortcuts**를 실행합니다.

02 | Keyboard Shortcuts 대화상자가 표시되면 검색창에 단축키를 등록하고 싶은 기능을 검색합니다. 여기에서는 'Duplicate'를 입력합니다. Symbol → Duplicate Symbol의 Shortcut을 선택하고 F1 을 누른 다음 〈OK〉 버튼을 클릭하여 단축키 설정을 마칩니다.

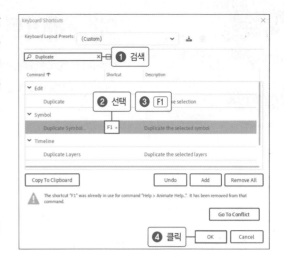

TIP 자주 사용하는 기능은 모두 Keyboard Shortcuts에서 나만의 단축키로 설정할 수 있습니다.

03 | 원하는 레이어를 선택한 다음 설정된 단축키인 F1 을 누르면 Duplicate Symbol 대화상자가 표시되면서 해당 기능이 실행되는 것을 확인할 수 있습니다.

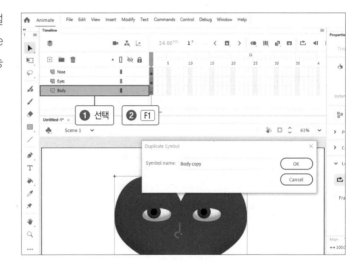

TIP 자주 사용하는 단축키
• 심볼 만들기 : F8
• 심볼 쪼개기 : Ctrl + B
• 키프레임 만들기 : F6
• 키프레임 삭제 : 마우스 오른쪽 버튼 클릭한 다음 Clear Keyframe, Shift + F6
• 빈 키프레임 : F7
• 레이어 생성 및 삭제 : F5 , Shift + F5
• 심볼을 각 레이어로 분배 : 마우스 오른쪽 버튼 클릭한 다음 distribute to layer 실행
• 자유 변형 도구 : Q
• 재생 : Enter
• 한 프레임씩 이동 : ◁ , ▷

애니메이트 기초 기능 알아보기

어도비 애니메이트에서 가장 많이 사용하는 타임라인에 대해서 알아봅니다. 타임라인에서
타이밍을 조절하는 것으로 캐릭터의 움직임이 다르게 느껴질 수 있게 합니다.

심볼과 속성 알아보기

어도비 애니메이트에서 모션 트위닝 기능을 사용해 개체를 움직이려면 개체가 반드시 심
볼화되어 있어야 합니다. 심볼은 'Movie Clip', 'Graphic', 'Button'으로 나누어지는데,
애니메이션 작업에서는 'Graphic' 심볼을 자주 사용합니다.

Movie Clip	필터와 블렌드 모드 같은 효과를 주기 위한 심볼로 사용
Graphic	심볼 안의 애니메이션이 가능하여 애니메이션 작업에 적합
Button	마우스 오버로 클릭할 수 있는 버튼을 만들어 홈페이지 작업 등에 사용

TIP 심볼 속성은 원하는 심볼을 클릭한 다음 Properties 패널의 (Object) 탭에서 확인할 수 있습니다.
심볼 이름은 Intance of, 심볼 재생 방법은 Looping에서 확인할 수 있습니다.

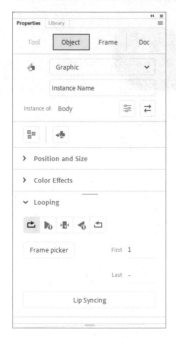

Timeline 패널 활용하기

01 애니메이션 프레임을 늘리려면 Timeline 패널에서 '30프레임'을 선택하고 마우스 오른쪽 버튼을 클릭한 다음 **Insert Frame**을 실행합니다.

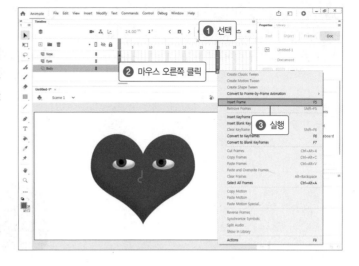

TIP 단축키 F5를 눌러 프레임을 늘릴 수도 있습니다.

02 애니메이션 프레임을 줄이고 싶은 만큼 타임라인을 드래그합니다. 마우스 오른쪽 버튼을 클릭한 다음 **Remove Frames**를 실행합니다.

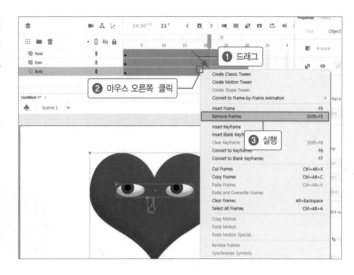

TIP 단축키 Shift + F5를 눌러 프레임을 줄일 수도 있습니다.

03 빈 키프레임 만들기 위해 비우고 싶은 키프레임 위치에서 마우스 오른쪽 버튼을 클릭한 다음 **Convert to Blank Keyframes**를 실행합니다.

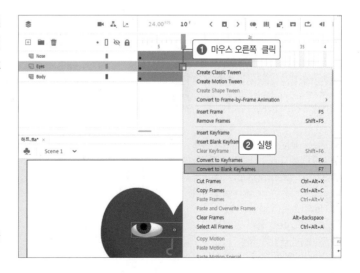

TIP 단축키 F7을 눌러 빈 키프레임을 만들 수도 있습니다.

04 | 빈 키프레임을 마우스 오른쪽 버튼으로 클릭한 다음 **Clear Keyframe**을 실행하여 빈 키프레임을 삭제할 수 있습니다.

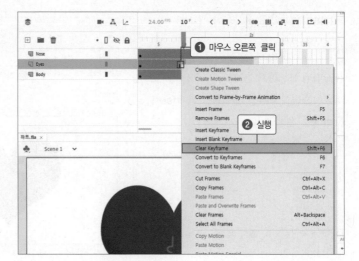

TIP 단축키 Shift + F6을 눌러 빈 키프레임을 삭제할 수도 있습니다.

05 | 키프레임의 간격을 조절하고 싶은 만큼 프레임을 드래그한 다음 프레임의 끝을 앞뒤로 드래그하여 간격을 조절할 수 있습니다.

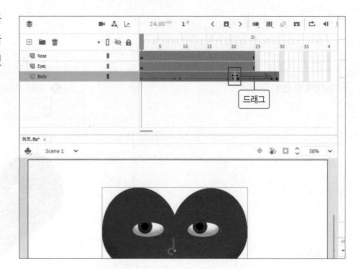

TIP Timeline 패널 이해하기

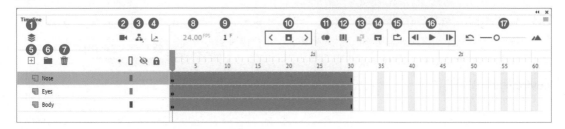

❶ View only Active Layer : 현재 사용 중인 레이어만 보기
❷ Add Camera : 카메라 켜기
❸ Show Parenting view : 레이어 페어런트 뷰 켜기
❹ Invoke layer depth panel : 레이어 심도
❺ New Layer : 레이어 추가
❻ New Folder : 폴더 만들기
❼ Delete : 레이어 삭제
❽ Frame Rate : 현재 작업 파일 프레임

9 Current Frame : 현재 타임 인디케이터가 위치한 프레임

10 Backward to previous keyframe/Insert keyframe/Forward to next keyframe : 이전 키프레임, 키프레임 생성, 다음 키프레임

11 Onion Skin : 어니언 스킨

12 Edit Multiple Frames : 여러 개의 레이어를 동시에 수정

13 Insert classic tween : 레이어 트윈 적용

14 Center Frame : 타임라인 중앙에서 보기

15 Loop : 반복 재생

16 Step back one frame, Play/Step forward one frame : 이전 프레임, 재생, 다음 프레임

17 Resize timeline view : 타임라인 간격 조절

심볼 형태 조절하기

애니메이트에는 위치, 기울기, 크기, 회전 값을 따로 설정하기보다는 심볼 자체를 직접적으로 변경합니다. 심볼의 위치는 선택 도구(▶), 기울기, 크기, 회전은 자유 변형 도구(▣)를 사용하거나 Transform 패널에서 조절합니다.

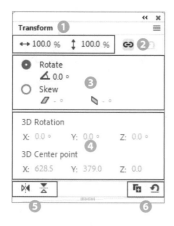

1 **Scale Width/Scale Height :** 가로, 세로의 크기를 조절합니다.

2 **Constrain :** 크기 조정 비율을 잠그거나 풀 수 있습니다.

3 **Rotate/Skew :** 회전 및 기울기를 조절합니다.

4 **3D Rotation/3D Center point :** 3D 심볼일 때 X, Y, Z 값을 조절합니다.

5 **Flip Selection Horizontally/Flip Selection Vertically :** 상하 또는 좌우로 반전합니다.

6 **Duplicate Selection and Transform/Remove Transform :** Transform 값을 반전하거나 Transform 값을 삭제합니다.

레이어 페어런트하기

과거 지원하지 않았던 레이어 페어런트는 레이어를 다른 레이어에 종속시켜 따로 키프레임
을 만들지 않아도 속해 있는 레이어의 움직임을 따라가게 만드는 기능입니다.

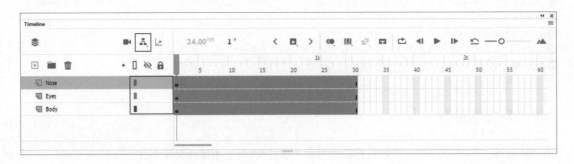

01 │ Timeline 패널의 'Show Parenting view' 아이콘(⬚)을 클릭합니다.

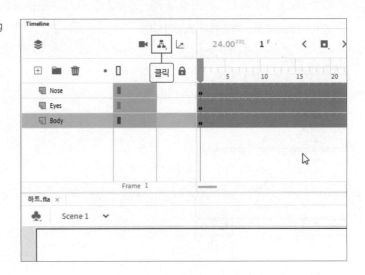

02 │ 'Eyes' 레이어의 회색 부분을 'Body' 레이어의 회색 부분으로 드래그합니다.

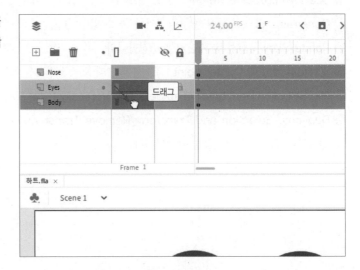

03 │ 'Eyes' 레이어가 'Body' 레이어에
페어런트된 것을 확인할 수 있습니다.

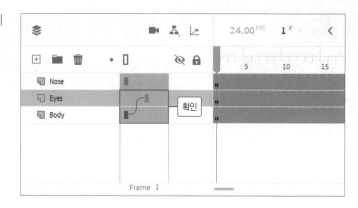

04 │ 같은 방법으로 'Nose' 레이어를
'Body' 레이어에 페어런트합니다.

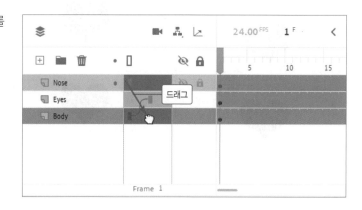

05 │ 'Body' 심볼을 움직이면 나머지 레
이어가 페어런트되었는지 확인할 수 있습
니다.

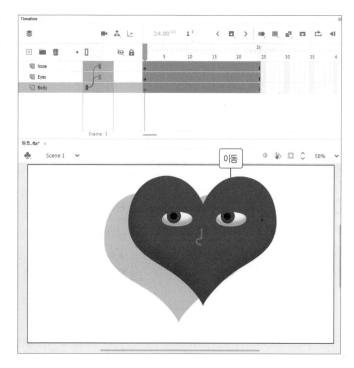

03

바운싱 애니메이션 만들기

기본 동작인 바운싱 애니메이션을 만들어 봅니다. 팅기는 듯한 바운싱 애니메이션의 움직임을 잘 익히면 모든 동작에 활용할 수 있습니다.

● **예제 파일** : 02\하트.psd   ● **완성 파일** : 02\하트_완성.fla

심볼 움직임 만들기

01 │ 새 스테이지를 만든 다음 메뉴에서 **(File)** → **Import** → **Import to Stage**를 실행하여 02 폴더에서 '하트.psd' 파일을 불러옵니다.

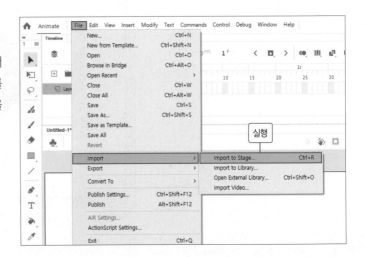

02 Import "하트.psd" to Stage 대화상자가 표시되면 'Nose' 레이어가 선택된 상태에서 Import this image layer as를 'Bitmap image with editable layer styles'로 선택하고 Compression을 'Lossless'로 지정합니다. 'Eyes' 레이어와 'Body' 레이어도 같은 방법으로 설정한 다음 〈Import〉 버튼을 클릭합니다.

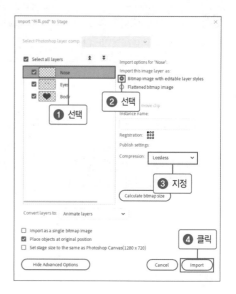

03 Ctrl+A를 눌러 하트를 전체 선택한 다음 Properties 패널의 〔Object〕 탭을 선택하고 'Graphic'으로 지정합니다.

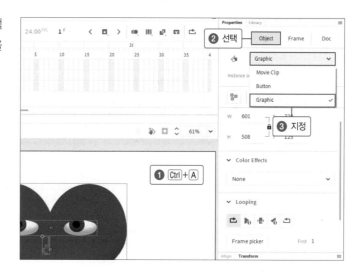

04 모든 레이어의 '25프레임'까지 드래그합니다. 마우스 오른쪽 버튼을 클릭한 다음 **Insert Frame**을 실행합니다.

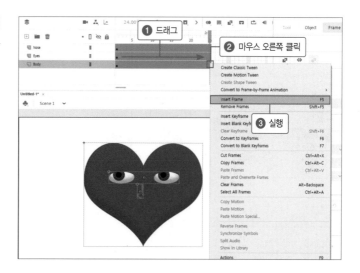

05 Timeline 패널의 'Show Parenting view' 아이콘(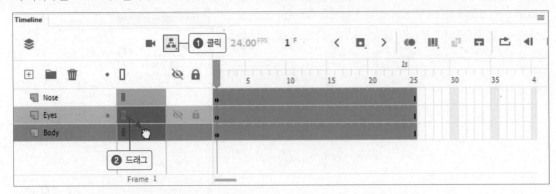)을 클릭하여 'Eyes' 레이어의 회색 부분을 'Body' 레이어의 회색 부분으로 드래그합니다.

06 같은 방법으로 'Nose' 레이어의 회색 부분을 'Body' 레이어의 회색 부분으로 드래그하여 레이어를 페어런트합니다.

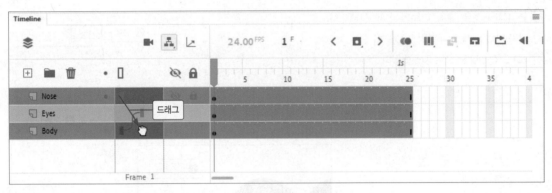

07 'Body' 심볼을 선택하고 Transform 패널에서 Scale Width를 '30%', Scale Height를 '30%'로 설정합니다.

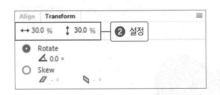

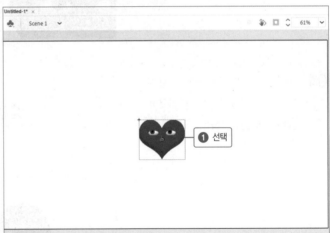

08 | Tools 패널에서 자유 변형 도구()를 선택하고 'Body' 심볼의 앵커 포인트를 하단 가운데로 이동합니다.

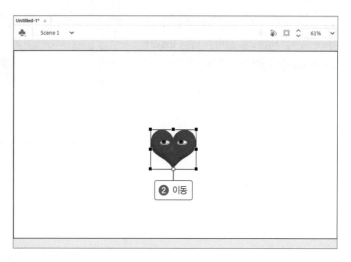

09 | Tools 패널에서 선택 도구(▶)를 선택하고 'Body' 심볼을 스테이지 하단 가운데로 이동합니다.

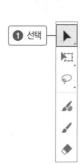

10 | Timeline 패널에서 'Body' 레이어의 '25프레임'을 마우스 오른쪽 버튼으로 클릭한 다음 **Insert Keyframe**을 실행합니다. 25프레임에 키프레임을 만들어집니다.

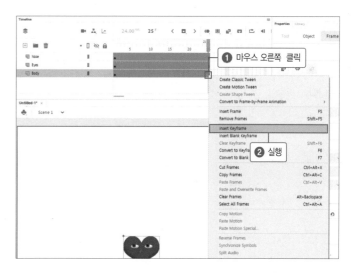

11 | 'Body' 레이어의 '13프레임'을 마우스 오른쪽 버튼으로 클릭한 다음 **Insert Keyframe**을 실행하여 키프레임을 만듭니다.

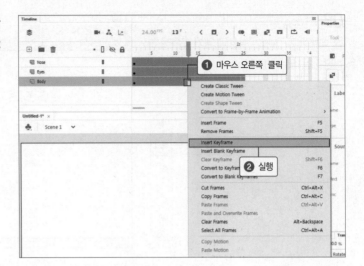

12 | 현재 시간 표시기를 '13프레임'으로 이동하고 'Body' 심볼을 스테이지 상단 가운데로 이동합니다.

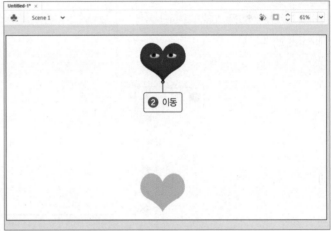

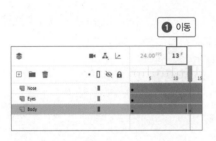

13 | 'Body' 레이어의 전체 프레임을 선택합니다. 마우스 오른쪽 버튼을 클릭한 다음 **Create Insert classic tween**을 실행합니다.

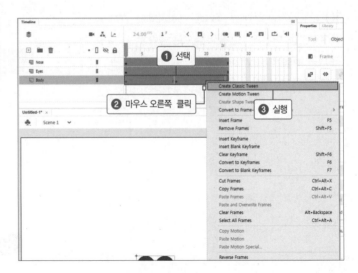

14 | Enter를 눌러 바운싱 애니메이션을 재생하여 확인합니다.

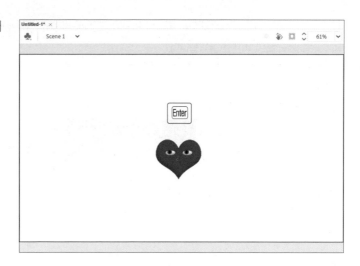

그래프로 심볼 속도 조절하기

01 | '1프레임'부터 '13프레임'까지 클래식 트윈에 해당되는 키프레임을 선택한 다음 Properties 패널에서 Tweening의 〈Classic Ease〉 버튼을 클릭합니다.

02 | Classic Ease 창이 표시되면 〈Ease Out〉 탭을 선택하고 'Quad'를 더블클릭하여 적용합니다.

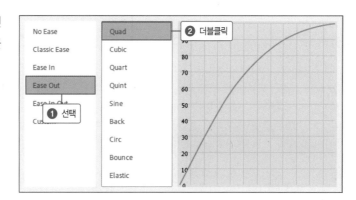

03 '13프레임'부터 '25프레임'까지 클래식 트윈에 해당되는 키프레임을 선택한 다음 Properties 패널에서 Tweening 의 〈Classic Ease〉 버튼을 클릭합니다.

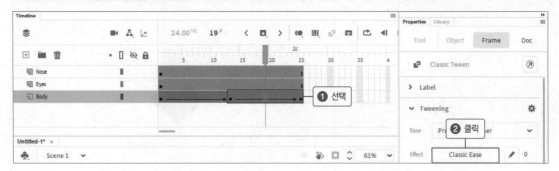

04 Classic Ease 창이 표시되면 〈Ease In〉 탭을 선택하고 'Quad'를 더블클릭하여 적용합니다.

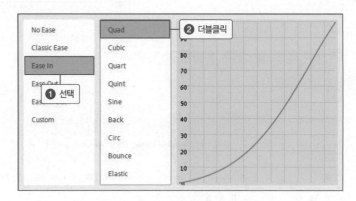

05 Enter를 눌러 재생하면서 그래프로 속도를 조절한 애니메이션을 확인합니다.

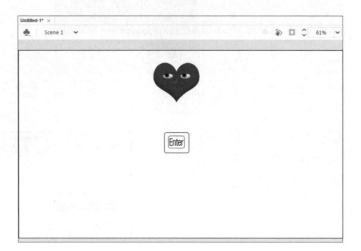

자연스러운 움직임을 위한 그래프 활용하기

01 | Timeline 패널에서 'Onion Skin' 아이콘(■)을 클릭하고 '1프레임'부터 '13프레임'까지 보이게 길이를 조절합니다.

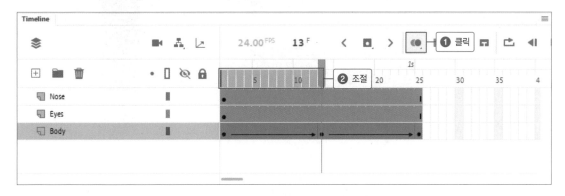

02 | 적용된 그래프와 함께 확인하면 심볼 움직임의 시작 속도는 빠르고 끝의 속도는 느린 것을 확인할 수 있습니다.

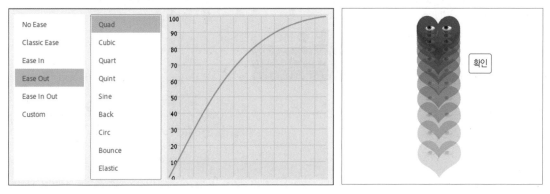

TIP 그래프의 선이 가파르면 심볼의 움직임이 빨라지고, 선이 완만하면 심볼의 움직임이 느려집니다.

03 | '13프레임'부터 '25프레임'까지 Onion Skin을 조절합니다.

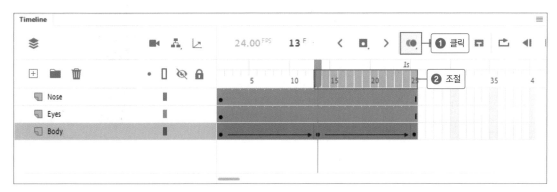

04 적용된 그래프와 함께 확인하면 심볼 움직임의 시작 속도는 느리고 끝의 속도는 빨라진 것을 확인할 수 있습니다.

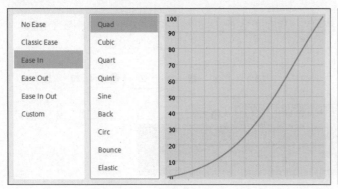 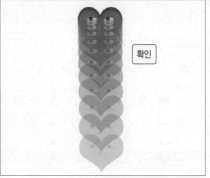

05 '1프레임'부터 '13프레임'까지 선택한 다음 Properties 패널에서 Tweening의 〈Quad Ease-In-Out〉 버튼을 클릭합니다.

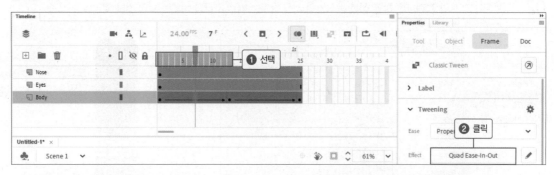

06 Classic Ease 창이 표시되면 (Ease In Out) 탭을 선택하고 'Quad'를 더블클릭하여 적용합니다. 심볼의 시작과 끝은 느리고 중간은 빠른 것을 확인할 수 있습니다.

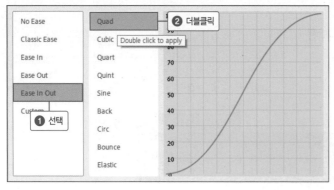 

07 | Classic Ease 창의 'Custom'에서 'New'를 더블클릭하여 내가 원하는 속도의 그래프를 만들 수 있습니다.

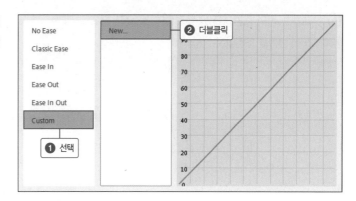

08 | Custom Ease 대화상자가 표시되면 아래의 대각선 조절점을 클릭하여 흰색 핸들을 표시합니다.

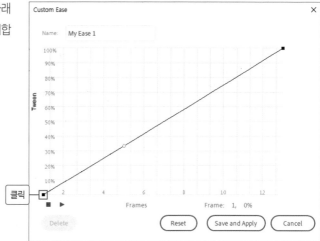

09 | 흰색 핸들을 드래그하여 그래프의 모양을 조절합니다.

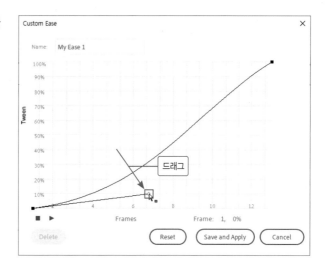

10 그래프 선의 중간 지점을 클릭하면 조절점이 추가되어 핸들을 조절할 수 있습니다.

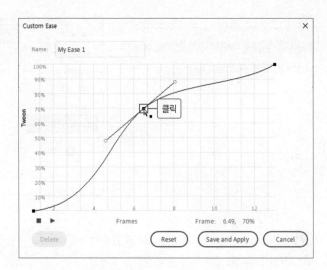

11 Name에 그래프의 이름을 입력할 수 있고 〈Save and Apply〉 버튼을 클릭하여 저장할 수 있습니다.

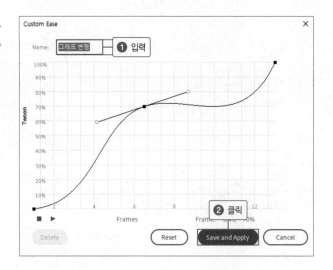

12 저장된 그래프는 Classic Ease 창의 (Custom) 탭을 선택하여 확인할 수 있습니다.

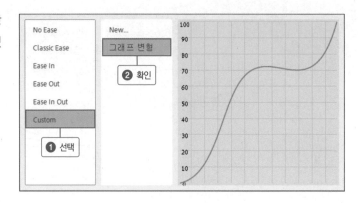

걷기와 뛰기 애니메이션 만들기

걷기 애니메이션은 자주 사용되는 모션 중 하나로, 애니메이션 포트폴리오에 필수로 들어가는 동작입니다. 자연스럽게 걷는 모션을 배우고 걷기 애니메이션의 심볼을 이용해서 뛰기 애니메이션을 만들어 봅니다.

● **예제 파일** : 02\걷기 뛰기.psd　● **완성 파일** : 02\걷기 뛰기_완성.fla

걷기 애니메이션 만들기

01 | 홈 화면에서 〈Create New〉 버튼을 클릭하여 New Document 대화상자가 표시되면 Width를 '1280', Height를 '720', Frame Rate를 '24'로 설정한 다음 〈Create〉 버튼을 클릭합니다.

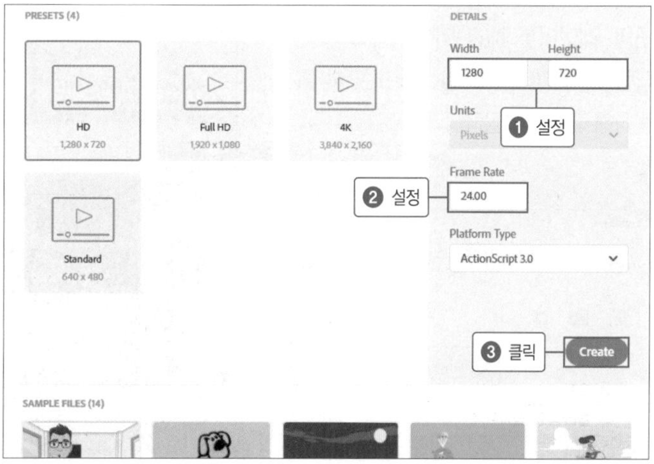

02 메뉴에서 (**File**) → Import → **Import to Stage**를 실행하여 02 폴더에서 '걷기 뛰기.psd' 파일을 불러옵니다.

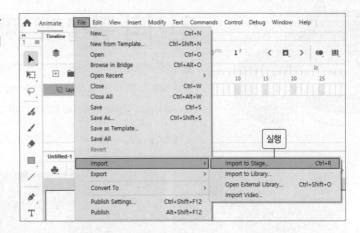

03 Import "걷기 뛰기.psd" to Stage 대화상자가 표시되면 Shift 를 누른 상태로 모든 레이어를 클릭하여 선택합니다. Import these image layers as를 'Bitmap image with editable layer styles'로 선택하고 Compression을 'Lossless'로 지정한 다음 〈Import〉 버튼을 클릭합니다.

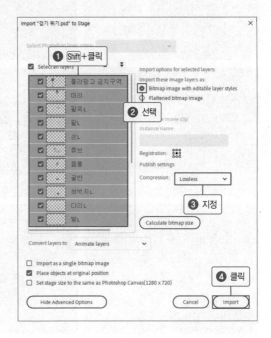

04 Timeline 패널에서 '플라밍고_금지구역' 레이어를 '배경' 레이어 위로 이동한 다음 두 레이어의 'Lock' 아이콘(🔒)을 클릭하여 레이어를 잠급니다.

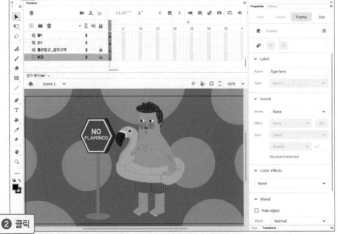

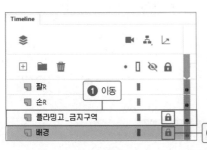

05 [Ctrl]+[A]를 눌러 캐릭터를 전체 선택하고 Properties 패널에서 (Object) 탭을 선택한 다음 'Graphic'으로 지정합니다.

TIP 'Movie Clip' 심볼도 충분히 애니메이션 작업을 할 수 있지만, Movie Clip은 필터와 이펙트에 주로 사용하는 것으로 'Graphic' 심볼 사용을 추천합니다.

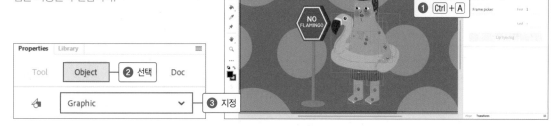

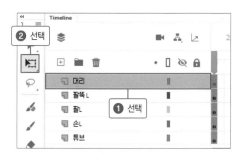

06 Timeline 패널에서 '머리' 레이어를 선택하고 Tools 패널에서 자유 변형 도구([□])를 선택한 다음 앵커 포인트를 캐릭터의 목 부분으로 이동합니다.

07 같은 방법으로 '팔뚝L' 레이어와 '팔뚝R' 레이어의 앵커 포인트를 캐릭터의 어깨 위치로 이동합니다.

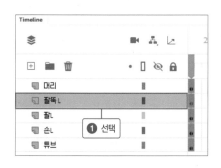

08 │ '팔L' 레이어와 '팔R' 레이어의 앵커 포인트를 캐릭터의 팔꿈치로 이동합니다.

09 │ '손L' 레이어와 '손R' 레이어의 앵커 포인트를 캐릭터의 손목으로 이동합니다.

10 │ '허벅지L' 레이어와 '허벅지R' 레이어의 앵커 포인트를 캐릭터의 골반으로 이동합니다.

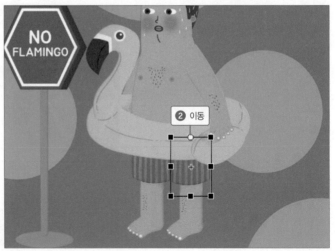

11 | '다리ㄴ' 레이어와 '다리R' 레이어의 앵커 포인트를 캐릭터의 무릎으로 이동합니다.

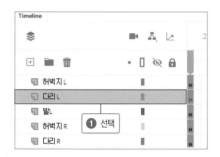

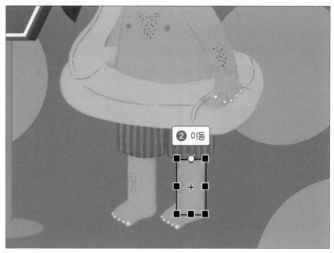

12 | '발ㄴ' 레이어와 '발R' 레이어의 앵커 포인트를 캐릭터의 발목으로 이동합니다.

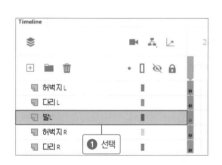

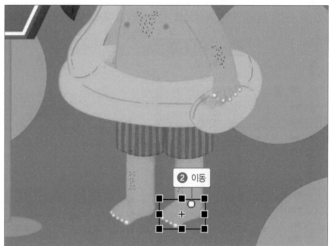

13 | '몸통' 레이어의 앵커 포인트를 캐릭터의 골반으로 이동합니다.

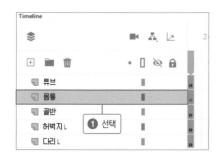

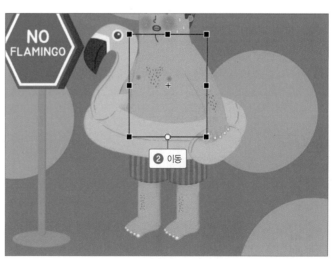

14 | Timeline 패널에서 'Show Parenting View' 아이콘(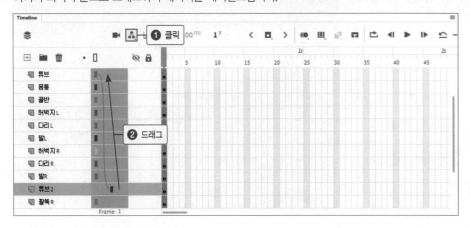)을 클릭합니다. '튜브2' 레이어의 회색 부분을 '튜브' 레이어의 회색 부분으로 드래그하여 레이어를 페어런트합니다.

15 | '튜브' 레이어의 회색 부분을 '몸통' 레이어의 회색 부분으로 드래그하여 페어런트합니다.

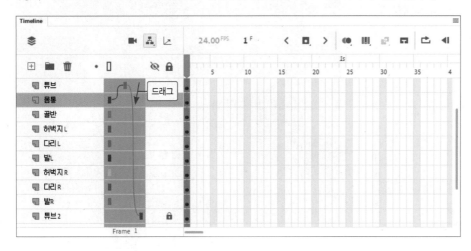

심볼 추가하여 걷는 동작 만들기

01 | 'New Layer' 아이콘(▥)을 클릭하여 새 레이어를 만듭니다.

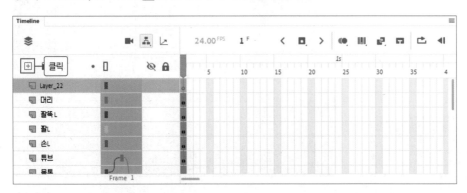

02 Tools 패널에서 사각형 도구(▣)를
선택하여 사각형을 그립니다. `F8`을 눌러
Convert to Symbol 대화상자가 표시되면
Name에 '걷기'를 입력한 다음 〈OK〉 버튼
을 클릭합니다.

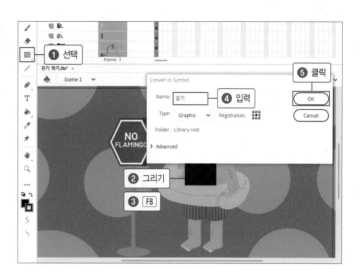

03 `Shift`를 누른 상태로 새 레이어를 제
외한 나머지 레이어를 모두 클릭하여 선택
합니다. 마우스 오른쪽 버튼을 클릭한 다음
Copy Layers를 실행합니다.

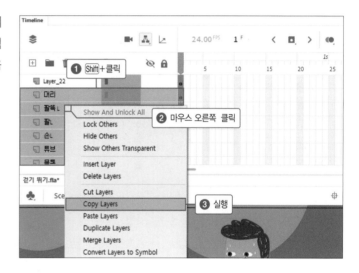

04 '걷기' 심볼을 더블클릭하여 심볼 안
으로 들어갑니다. 'Layer_1' 레이어를 마
우스 오른쪽 버튼으로 클릭한 다음 **Paste
Layers**를 실행합니다.

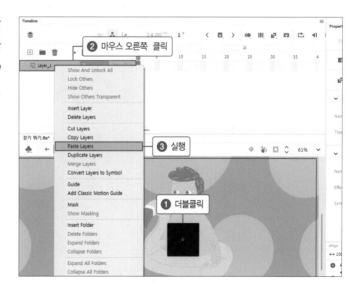

05 심볼을 만들기 위해 그린 사각형은 Delete를 눌러 삭제합니다. 상단에서 'Scene 1'을 클릭하여 해당 심볼 밖으로 빠져나옵니다.

TIP 혹은 개체가 없는 빈 공간을 더블클릭하면 해당 심볼 밖으로 빠져나올 수 있습니다.

06 '걷기' 심볼에 해당되는 'Layer_22' 레이어와 배경에 해당되는 '플라밍고_금지구역' 레이어, '배경' 레이어를 제외하고 나머지 레이어는 모두 삭제합니다. 'Layer_22' 레이어의 이름을 더블클릭하여 '걷기'로 변경합니다.

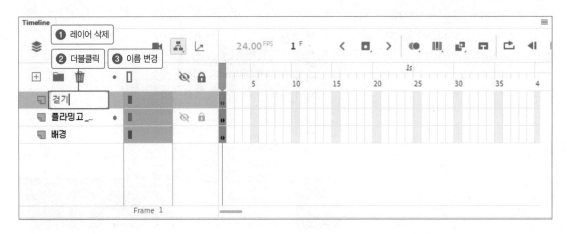

07 '걷기' 심볼을 더블클릭하여 해당 심볼 안으로 들어갑니다. 레이어를 선택하며 캐릭터의 자세를 그림과 같이 회전하여 걷기 시작하는 자세로 만듭니다.

08 | Timeline 패널에서 현재 시간 표시기를 '25프레임'으로 이동하고 F5 를 눌러 프레임을 늘립니다.

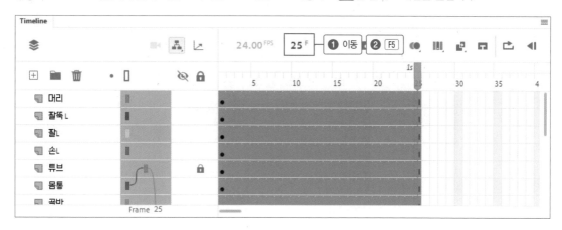

09 | Shift 를 누른 상태로 모든 레이어를 클릭하여 선택하고 '13프레임'과 '25프레임'에서 각각 F6 을 눌러 키프레임을 만듭니다.

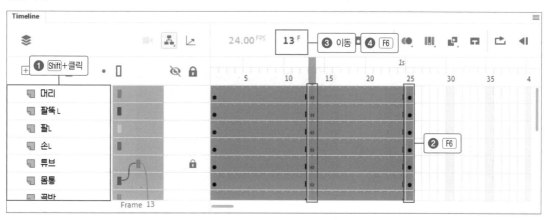

10 | '13프레임'에서 캐릭터의 자세를 그림과 같이 변경합니다. '1프레임'과 '25프레임'에서는 팔과 다리가 방향이 '13프레임'과 반대가 되도록 만듭니다.

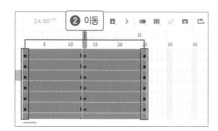

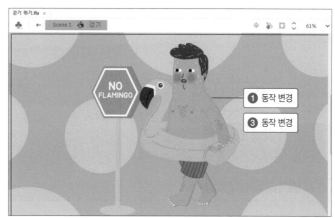

11 | 모든 레이어의 '5프레임'부터 '20프레임'까지 선택합니다. 마우스 오른쪽 버튼을 클릭한 다음 **Create Insert classic tween**을 실행합니다.

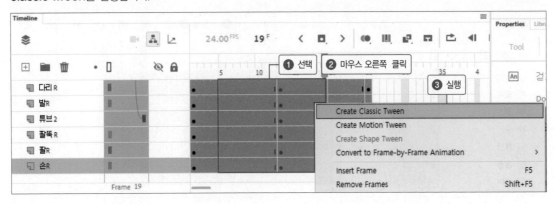

12 | '7프레임'과 '19프레임'에서 각각 F6을 눌러 키프레임을 만듭니다.

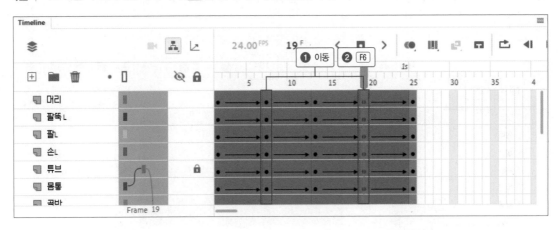

13 | 뒤에서 앞으로 오는 다리가 굽혀지도록 '7프레임'과 '19프레임'에서 캐릭터 중간 동작을 만듭니다.

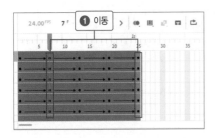

TIP 지금까지 각 키프레임에 적용한 동작은 다음과 같습니다.

| 1프레임 | 7프레임 | 13프레임 | 19프레임 | 25프레임 |

14 스테이지 상단에서 'Scene 1'을 클릭하여 '걷기' 심볼 밖으로 나옵니다. '75프레임'에서 [F5]를 눌러 프레임을 늘립니다.

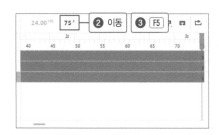

15 화면 보기를 '25%'로 지정한 다음 '걷기' 심볼을 스테이지 밖으로 이동합니다.

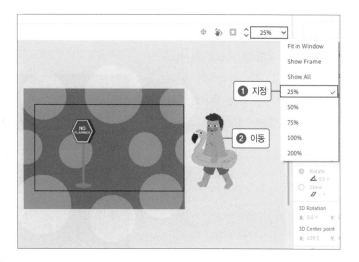

16 │ '75프레임'에서 F6을 눌러 키프레임을 만든 다음 스테이지 안으로 '걷기' 심볼을 이동합니다.

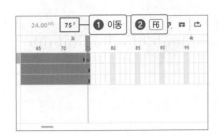

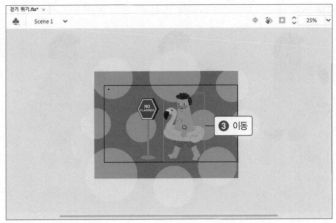

17 │ '걷기' 레이어에서 마우스 오른쪽 버튼으로 클릭한 다음 **Create Insert classic tween**을 실행합니다.

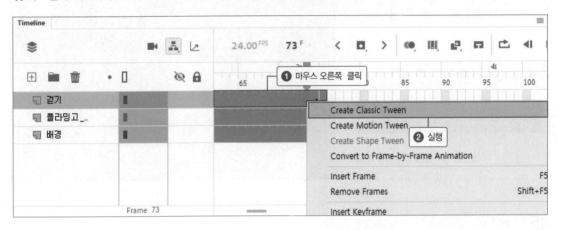

18 │ Enter를 눌러 걷기 애니메이션을 재생하여 확인합니다. 다리가 바닥에 끌리는 것 같다면 캐릭터가 들어오는 위치를 변경하여 자연스럽게 동작을 수정합니다.

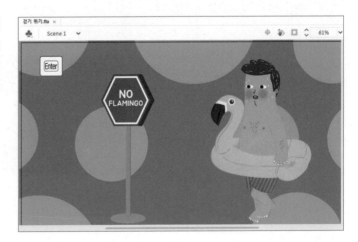

뛰기 애니메이션 만들기

01 | 메뉴에서 (**Window**) → **Scene**을
실행합니다.

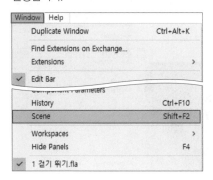

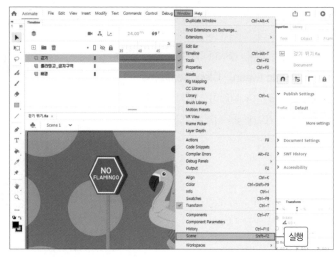

TIP 이전 걷기 애니메이션 예제를 이어서 진행하거나 02 폴더에서 '뛰기.fla' 파일을 불러옵니다.

02 | Scene 패널이 표시되면 'Scene 1'을 더블클릭하여 장면의 이름
을 '걷기'로 변경합니다.

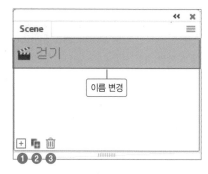

TIP Scene 패널 알아보기
❶ Add Scene(□) : 새로운 장면을 만듭니다.
❷ Duplicate Scene(▣) : 장면을 복사합니다.
❸ Delete Scene(▥) : 장면을 삭제합니다.

03 | 'Duplicate Scene' 아이콘(▣)을 클릭하여 장면을 복사합니다.
복사된 '걷기 copy' 장면의 이름을 '뛰기'로 변경하고 애니메이션을 제작
합니다.

04 '걷기' 레이어의 '67프레임'에서 '75 프레임'까지 드래그하여 선택합니다. 마우스 오른쪽 버튼을 클릭한 다음 **Remove Insert classic tween**과 **Clear Keyframe**을 실행하여 걷기 애니메이션에 사용된 클래식 트윈과 키프레임을 삭제합니다.

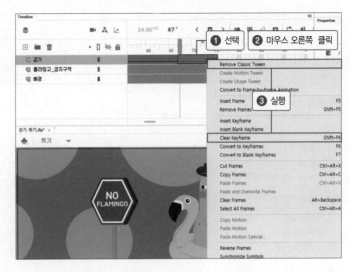

05 '걷기' 심볼을 더블클릭하여 심볼 안으로 들어갑니다. 마우스 오른쪽 버튼으로 심볼을 클릭한 다음 **Duplicate Symbol**을 실행합니다.

06 Duplicate Symbol 대화상자가 표시되면 Symbol name에 '뛰기'를 입력한 다음 〈OK〉 버튼을 클릭합니다.

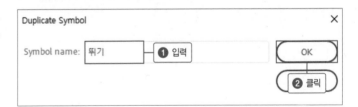

07 | '뛰기' 심볼을 더블클릭하여 심볼 안으로 들어갑니다.

모든 레이어의 '1프레임'을 제외한 모든 프레임을 드래그하여 선택합니다. 마우스 오른쪽 버튼을 클릭한 다음 **Remove Insert classic tween**과 **Clear Keyframe**을 실행하여 걷기 애니메이션에 적용된 클래식 트윈과 키프레임을 삭제합니다.

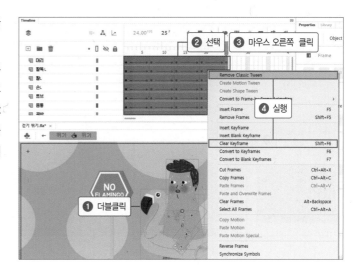

08 | 모든 레이어의 '19프레임'부터 '25'프레임까지 드래그하여 선택합니다. 마우스 오른쪽 버튼을 클릭한 다음 **Remove Frame**을 실행하여 타임라인에 총 18프레임만 남도록 설정합니다.

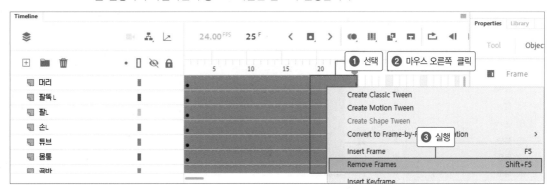

09 | Tools 패널에서 자유 변형 도구(⬚)를 선택하고 '1프레임'에서 달리는 것처럼 캐릭터의 자세를 변경합니다. 모든 레이어의 마지막 '18프레임'에서 F6을 눌러 키프레임을 만듭니다.

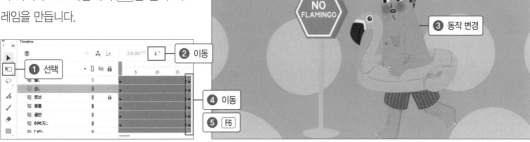

10 | '9프레임'에서 F6 을 눌러 키프레임을 만든 다음 팔과 다리를 반대로 하여 달리기 자세를 변경합니다.

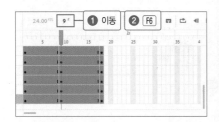

11 | Shift 를 누른 상태로 모든 레이어를 클릭하여 선택합니다. 마우스 오른쪽 버튼을 클릭한 다음 **Create Insert classic tween**을 실행합니다.

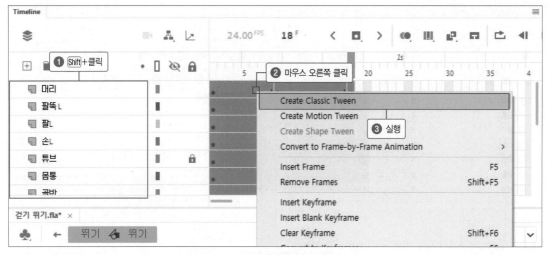

TIP 지금까지 각 키프레임에 적용한 동작은 다음과 같습니다.

1프레임, 18 프레임	7프레임	13프레임	19프레임

12 | '1프레임'에서 '뛰기' 심볼을 스테이지 밖으로 이동합니다. '25프레임'에서 F6 을 눌러 키프레임을 만들고 레이어를 마우스 오른쪽 버튼으로 클릭한 다음 **Create Insert classic tween**을 실행합니다.

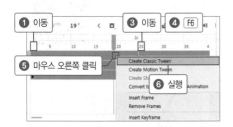

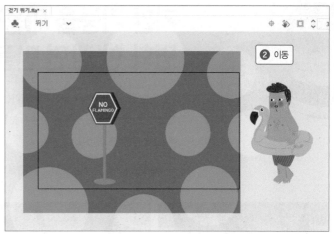

13 | 모든 레이어의 '25프레임' 뒤에 있는 프레임을 드래그하여 선택하고 마우스 오른쪽 버튼을 클릭한 다음 **Remove Frames**를 실행하여 삭제합니다.

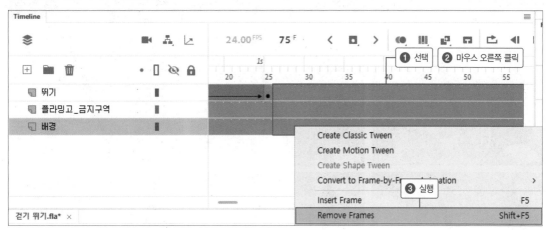

14 | Enter 를 눌러 뛰기 애니메이션을 재생하여 캐릭터의 발이 끌리지 않는지 확인합니다. 캐릭터의 위치를 조절해 가면서 자연스러운 동작으로 만듭니다.

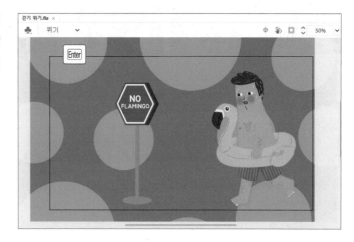

기본 기능을 이용한 명화 한 장면 만들기

기본 기능만 잘 사용해도 쉽게 애니메이션의 한 장면을 만들 수 있습니다. 걷기와 뛰기에 사용된 심볼을 만들어 눈길을 사로잡는 명화 느낌의 애니메이션을 제작해 봅니다.

● **예제 파일** : 02\별이 빛나는 밤.fla　　● **완성 파일** : 02\별이 빛나는 밤_완성.fla

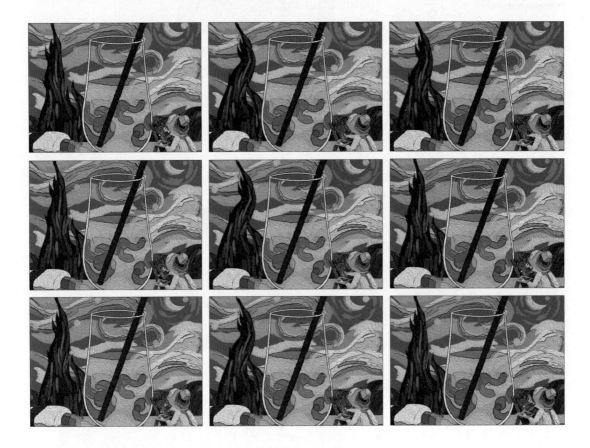

인물에 그림 그리는 듯한 움직임 적용하기

01 홈 화면에서 〈Create New〉 버튼을 클릭하여 New Document 대화상자가 표시되면 Width를 '700', Height를 '700', Frame Rate를 '24.00'으로 설정한 다음 〈Create〉 버튼을 클릭합니다.

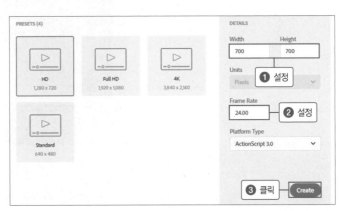

02 메뉴에서 (File) → Import → Import to Stage를 실행하여 02 폴더에서 '별이 빛나는 밤.psd' 파일을 불러옵니다.

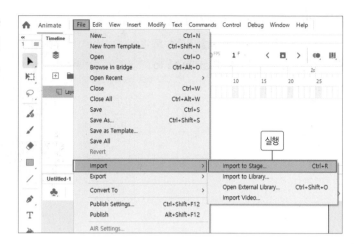

03 Import "별이 빛나는 밤.psd" to Stage 대화상자가 표시되면 Shift를 누른 상태로 모든 레이어를 클릭하여 선택합니다. Import these image layers as를 'Bitmap image with editable layer styles'로 선택하고 Compression을 'Lossless'로 지정한 다음 (Import) 버튼을 클릭합니다.

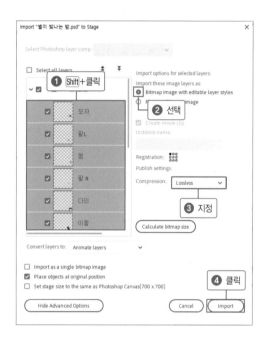

04 '반 고흐' 폴더에서 Shift를 누른 상태로 인물을 그린 레이어를 모두 클릭하여 선택하고 F8을 누릅니다. Convert to Symbol 대화상자가 표시되면 Name에 '반 고흐'를 입력한 다음 (OK) 버튼을 클릭합니다.

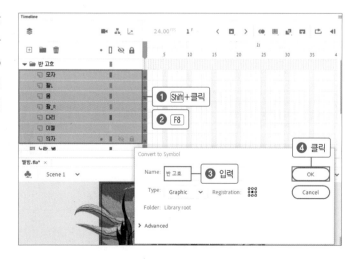

05 | '반 고흐' 심볼을 각각의 레이어로 분리하여 움직일 수 있게 심볼을 마우스 오른쪽 버튼으로 클릭한 다음 **Distribute to Layers**를 실행합니다.

06 | '반 고흐' 레이어의 이름이 변경되면 레이어를 폴더 위로 드래그하여 폴더 밖으로 이동합니다. 기존 '반 고흐' 폴더를 선택하고 'Delete' 아이콘(🗑)을 클릭하여 삭제합니다. 폴더 삭제 경고 창이 표시되면 〈Yes〉 버튼을 클릭합니다.

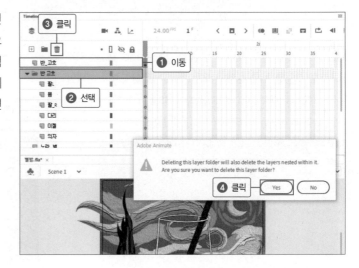

07 | Shift 를 누른 상태로 '반 고흐' 레이어를 제외한 나머지 레이어를 클릭하여 모두 선택합니다. Properties 패널에서 (Object) 탭을 선택하고 'Graphic'으로 지정합니다.

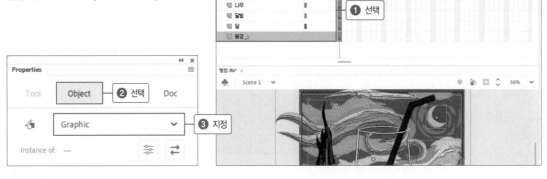

08 | '100프레임'에서 F5 를 눌러 프레임을 늘립니다.

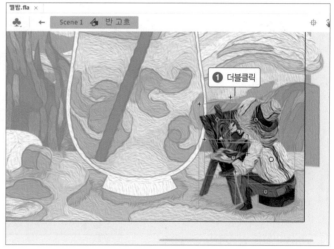

09 | '반 고흐' 심볼을 더블클릭하여 심볼 안으로 들어갑니다. 같은 방법으로 '100프레임'에서 F5 를 눌러 프레임을 늘려 심볼 밖 레이어와 동일하게 만듭니다.

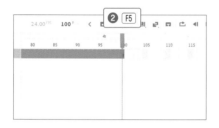

10 | 심볼 안에서 인물 애니메이션을 제작해 봅니다. Tools 패널에서 돋보기 도구(🔍)를 선택한 다음 인물 부분을 클릭하여 확대합니다. 인물 전체 심볼을 선택한 상태에서 마우스 오른쪽 버튼을 클릭한 다음 **Distribute to Layers**를 실행합니다.

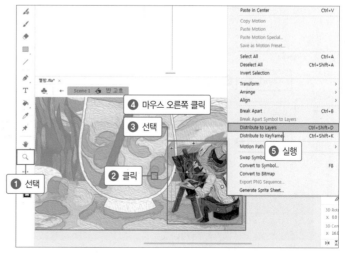

11 │ Tools 패널에서 자유 변형 도구([□])를 선택하고 각 레이어의 앵커 포인트를 애니메이션에 용이하게 이동합니다.

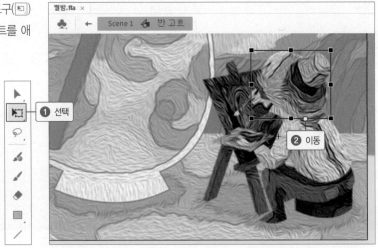

TIP 인물의 앵커 포인트를 변경할 때 몸의 가장 기본이 되는 골반을 중심으로 변경합니다. 혹은 관절이 시작되는 부분으로 앵커 포인트를 변경하면 애니메이션 작업이 훨씬 수월합니다.

'머리' 레이어 앵커포인트   '몸' 레이어 앵커 포인트   '팔L' 레이어 앵커포인트   '팔R' 레이어 앵커포인트

12 │ Shift 를 누른 상태로 모든 레이어를 클릭하여 선택한 다음 Properties 패널에서 (Object) 탭을 선택하고 'Graphic'으로 지정합니다.

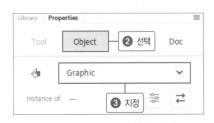

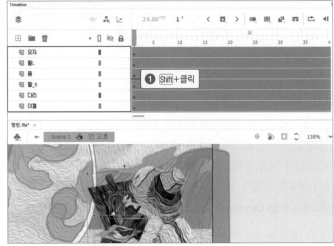

13 │ '다리' 레이어, '이젤' 레이어, '의자' 레이어는 사용하지 않기 때문에 'Lock' 아이콘(🔒)을 클릭하여 해당 레이어를 잠급니다.

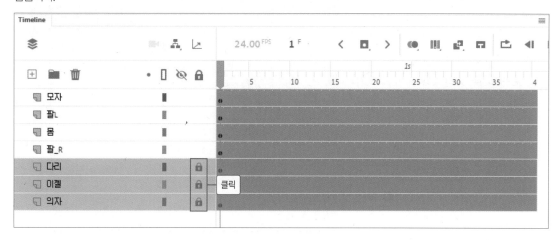

14 │ 'Show Parenting view' 아이콘(🔥)을 클릭하고 '모자' 레이어, '팔L' 레이어, '팔R' 레이어를 '몸' 레이어로 드래그 하여 페어런트합니다.

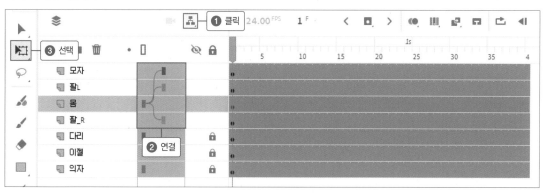

15 │ 자유 변형 도구(🔳)로 '몸' 레이어를 움직여 나머지 레이어가 '몸' 레이어에 붙어 있는지 확인합니다.

16 | '팔 R' 심볼을 더블클릭하여 심볼 안으로 들어갑니다. '팔' 심볼이 선택된 상태로 F8을 눌러 Convert to Symbol 대화상자가 표시되면 Name에 '그림 그리는 팔'을 입력한 다음 〈OK〉 버튼을 클릭합니다. 자유 변형 도구(▦)로 '그림 그리는 팔'의 앵커 포인트를 관절이 시작되는 방향으로 이동합니다.

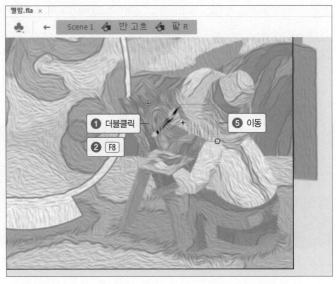

17 | 그림을 그리는 팔 애니메이션을 만들기 위해 '25프레임'에서 F5를 눌러 프레임을 늘린 다음 F6을 눌러 키프레임을 만듭니다.

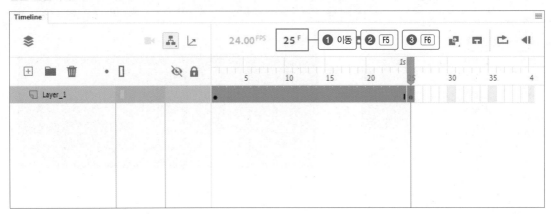

18 | '13프레임'에서 F6을 눌러 키프레임을 만든 다음 자유 변형 도구(▦)와 선택 도구(▨)로 그림 그리는 팔의 중간 자세를 만듭니다.

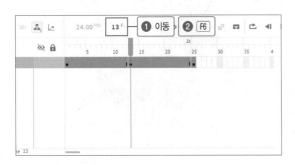

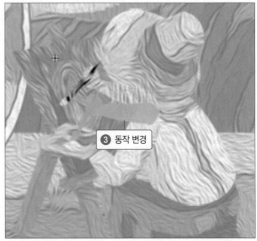

19 '13프레임'에서 '25프레임'까지 드래그하여 선택합니다. 마우스 오른쪽 버튼을 클릭한 다음 **Create Insert classic tween**을 실행합니다.

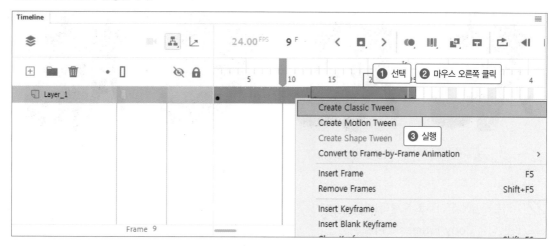

20 '7프레임'에서 '20프레임'까지 드래그하여 선택한 다음 Properties 패널에서 Tweening의 〈Classic Ease〉 버튼을 클릭합니다. Classic Ease 대화상자가 표시되면 (Ease In Out) 탭을 선택하고 'Quad'를 더블클릭합니다.

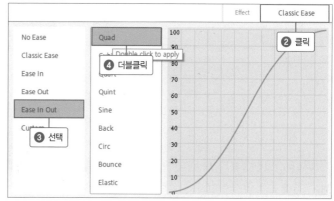

21 상단에서 '반 고흐'를 클릭하여 심볼 밖으로 나옵니다. '몸' 레이어를 선택하고 F6을 눌러 키프레임을 만든 다음 몸을 움직이면서 그림을 그리는 자세를 만듭니다.

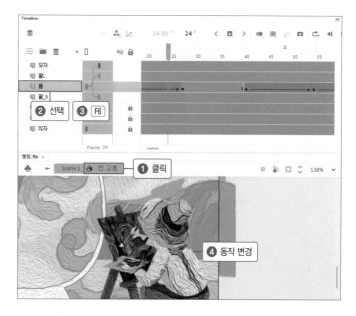

TIP 계속해서 움직일 필요는 없고 움직임이 쉬는 구간은 클래식 트윈 없이 만들어 봅니다. 그림 그리는 팔과 마찬가지로 클래식 트윈에 Classic Ease 그래프를 자유롭게 적용합니다.

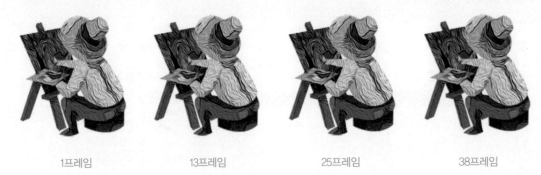

1프레임   13프레임   25프레임   38프레임

22 키프레임에서 마우스 오른쪽 버튼을 클릭한 다음 **Copy Frames**와 **Paste Frames**를 실행하여 시작과 끝의 동작이 일치하게 복사 및 붙여 넣기해 그림 그리는 애니메이션을 만듭니다.

TIP [Alt]를 누른 상태로 키프레임을 드래그해도 복사가 가능합니다.

TIP '반 고흐' 심볼은 총 100프레임입니다. 이 심볼은 100프레임이 계속 반복되기 때문에 첫 번째 동작과 마지막 동작이 일치해야 화면에서 튀어 보이지 않습니다. 시작과 끝의 동작이 일치하도록 키프레임을 복사해서 사용하는 것이 편리합니다.

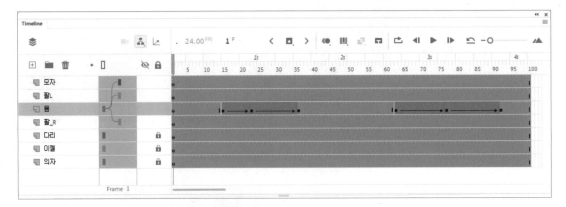

나무와 달, 별에 각각 움직임 적용하기

01 에셋 뒤틀기 도구(📌)로 흔들리는 나무 애니메이션을 만들어 봅니다. 상단에서 'Scene 1'을 클릭하여 심볼 밖으로 빠져 나옵니다. '나무' 심볼을 더블클릭하여 심볼 안으로 들어갑니다.

02 에셋 뒤틀기 도구(📌)로 나무 하단을 클릭한 다음 그대로 나무 위로 올라가며 뼈대와 조인트를 만듭니다.

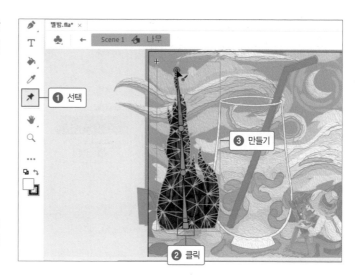

TIP 조인트는 접합부라는 의미입니다. 조인트를 움직이면 조인트 주변의 심볼이 움직이는 것을 알 수 있습니다.

03 '25프레임'에서 F5를 눌러 프레임을 늘린 다음 F6을 눌러 키프레임을 만듭니다.

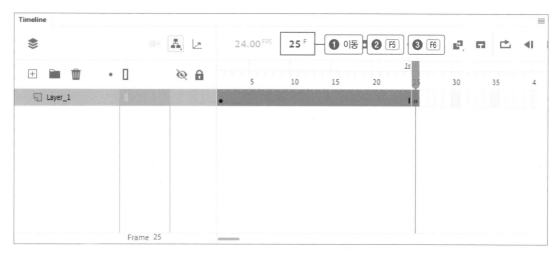

04 '13프레임'에서 F6을 눌러 키프레임을 만든 다음 뼈대와 조인트를 이동하면서 흔들리는 나무의 중간 형태를 만듭니다. '7프레임'에서 '17프레임'까지 드래그하여 선택하고 'Insert classic tween' 아이콘(📑)을 클릭하여 클래식 트윈을 활성화합니다.

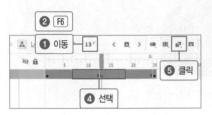

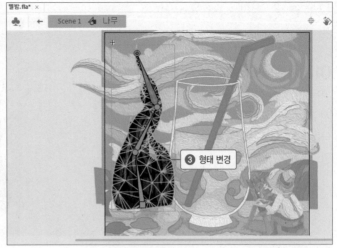

05 클래식 트윈을 적용한 '7프레임'에서 '17프레임'이 선택된 상태로 Properties 패널에서 Tweening의 〈Classic Ease〉 버튼을 클릭합니다. Classic Ease 대화상자가 표시되면 (Ease In Out) 탭을 선택하고 'Quad'를 더블클릭합니다.

06 달빛이 천천히 돌아가는 애니메이션을 만들어 봅니다. '달빛' 심볼을 더블클릭하여 심볼 안으로 들어갑니다. '100프레임'에서 F5를 눌러 프레임을 늘리고 F8을 눌러 Convert to Symbol 대화상자가 표시되면 Name에 '달빛2'를 입력한 다음 〈OK〉 버튼을 클릭하여 저장합니다.

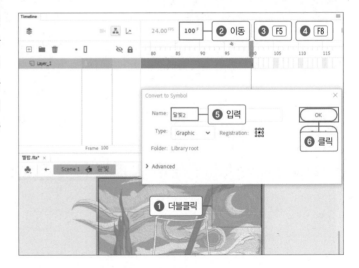

07 | '100프레임'에서 F6을 눌러 키프레임을 만듭니다. '1프레임'~'99프레임' 사이에서 마우스 오른쪽 버튼을 클릭한 다음 **Create Insert classic tween**을 실행합니다.

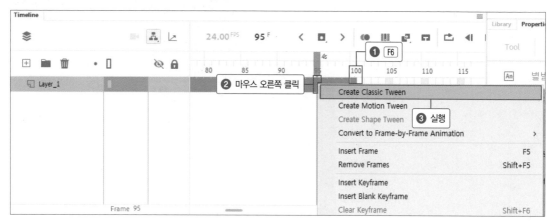

08 | 클래식 트윈이 적용된 '1프레임' 에서 '99프레임' 사이를 드래그하여 선택하고 Properties 패널에서 Rotate를 'Clockwise'로 지정합니다.

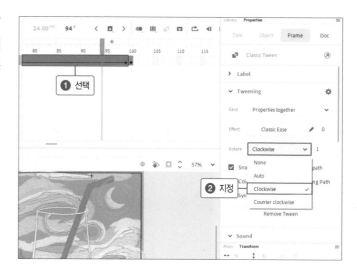

TIP Rotate 알아보기

❶ None : 회전 값을 사용하지 않습니다.
❷ Auto : 회전 값을 자동으로 적용합니다.
❸ Clockwise : 시계 방향으로 회전합니다.
❹ Counter clockwise : 반시계 방향으로 회전합니다.

09 노란 별이 반짝이는 애니메이션을 만들어 봅니다. '노란 별' 심볼을 더블클릭하여 심볼 안으로 들어갑니다. '노란 별' 이미지가 선택된 상태에서 F8을 눌러 Convert to Symbol 대화상자가 표시되면 Name에 '별'을 입력하고 〈OK〉 버튼을 클릭합니다.

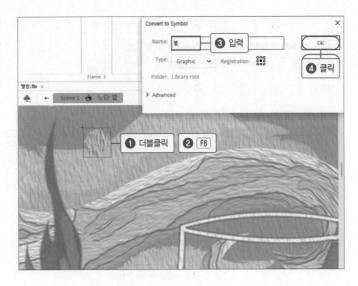

10 '20프레임'에서 F5를 눌러 프레임을 늘린 다음 F6을 눌러 키프레임을 만듭니다.

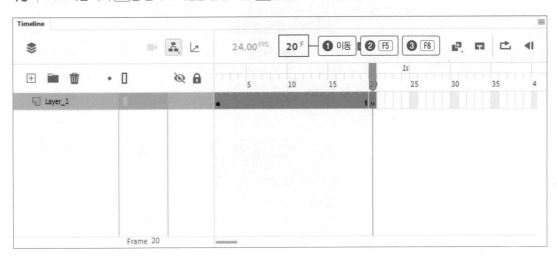

11 '10프레임'에서 '19프레임'을 선택하고 'Insert classic tween' 아이콘(⬚)을 클릭하여 클래식 트윈을 활성화합니다. '10 프레임'에서 F6을 눌러 키프레임을 만든 다음 '별' 심볼을 자유 변형 도구(⬚)로 크기를 줄입니다.

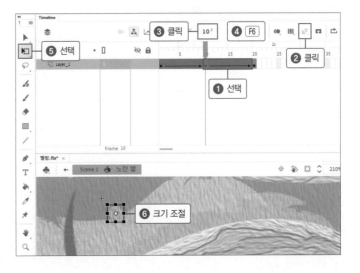

TIP 이때 Shift를 누른 상태에서 크기를 줄이면 정비례로 크기가 줄어듭니다.

12 │ '10프레임'에서 '별' 심볼을 선택한 다음 Properties 패널에서 Color Effects 를 'Alpha'로 지정합니다. Alpha 슬라이더 가 표시되면 '50%'로 설정합니다.

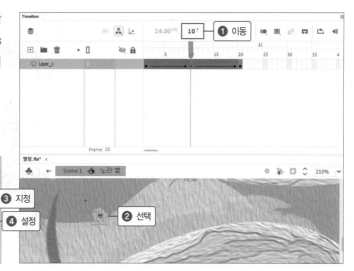

TIP Color Effects 항목 알아보기

❶ Brigthness : 심볼의 명도를 조절합니다.
❷ Tint : 심볼에 색상을 지정하며, 지정 색상을 기준으로 투명도와 RGB 값을 조절합니다.
❸ Advanced : 심볼의 투명도와 RGB 값을 조절합니다.
❹ Alpha : 심볼의 투명도를 조절합니다.

13 | 상단에서 'Scene 1'을 클릭하여 심볼 밖으로 빠져나온 다음 [Alt]를 누른 상태로 '별' 심볼을 드래그하여 여러 개로 복사합니다.

TIP 클래식 트윈이 적용되지 않았다면 한 레이어에 여러 개의 심볼이 있을 수 있습니다.

14 | 별이 모두 같은 속도로 반짝이고 있기 때문에 무작위로 반짝이게 만들어 봅니다. '별' 심볼을 하나 선택하고 Properties 패널의 'Object'에서 Looping의 First를 '13'으로 설정합니다. 나머지 '별' 심볼도 선택하여 20 이하의 숫자를 무작위로 설정하면 명화 느낌의 애니메이션이 완성되었습니다.

TIP '별' 심볼은 총 20프레임으로 되어 있기 때문에 프레임 수에 맞게 심볼 시작 프레임을 Looping으로 설정할 수 있습니다.

TIP Looping 항목 알아보기

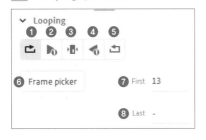

❶ Play graphic in loop : 심볼 반복 재생
❷ Play graphic once : 한 번만 반복
❸ Play single frame for the graphic : 심볼 멈춤
❹ Play graphic reverse once: 역으로 한 번만 반복
❺ Play graphic in reverse loop : 역 재생
❻ Frame picker : 심볼 안의 프레임과 키프레임을 확인할 수 있습니다.
❼ First : 심볼의 시작 프레임을 설정할 수 있습니다.
❽ Last : 심볼의 끝 프레임을 설정할 수 있습니다.

ADOBE ANIMATE

ANIMATION

06

자동 립싱크로 말하는 캐릭터 만들기

캐릭터가 전화를 받고 말하는 애니메이션을 만듭니다. 전화벨과 립싱크
음원을 넣어서 더욱 풍성하게 만들기 위해 립싱크와 동시에 음원 삽입 방
법을 배워 봅니다.

● **예제 파일** : 02\립싱크-여보세요.psd, 여보세요.mp3, 전화벨.mp3
● **완성 파일** : 02\립싱크-여보세요_완성.fla

01 | 홈 화면에서 〈Create New〉 버
튼을 클릭하여 New Document 대화상
자가 표시되면 Width를 '1280', Height를
'720', Frame Rate를 '24'로 설정한 다음
〈Create〉 버튼을 클릭합니다.

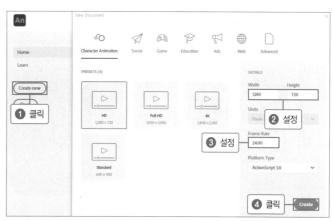

02 | 메뉴에서 (File) → Import → Import to Stage를 실행하여 02 폴더에서 '립싱크-여보세요.psd' 파일을 불러옵니다.

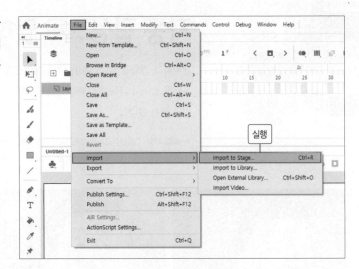

03 | Import "립싱크-여보세요.psd" to Stage 대화상자가 표시되면 Shift를 누른 상태로 모든 레이어를 클릭하여 선택합니다. Import these image layers as를 'Bitmap image with editable layer styles'로 선택하고 Compression을 'Lossless'로 지정한 다음 〈Import〉 버튼을 클릭합니다.

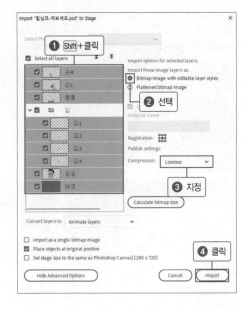

04 | Ctrl+A를 눌러 캐릭터를 전체 선택한 다음 Properties 패널의 (Object) 탭을 선택하고 'Graphic'으로 지정합니다.

05 립싱크 애니메이션을 위한 '입' 심볼을 만들어 봅니다. '입' 폴더에서 '입1' 레이어 ~ '입4' 레이어를 모두 선택하고 F8 을 누릅니다.

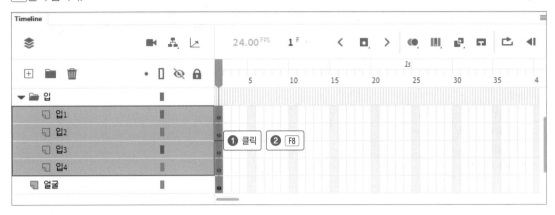

06 Convert to Symbol 대화상자가 표시되면 Name에 '입'을 입력한 다음 〈OK〉 버튼을 클릭합니다. 만든 '입' 심볼은 Properties 패널의 Looping에서 'Play graphic in loop' 아이콘(🔁)을 클릭합니다.

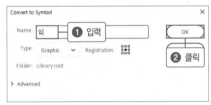

07 '입' 심볼을 더블클릭하여 심볼 안으로 들어갑니다. 여러 개의 '입' 심볼들을 모두 선택하고 마우스 오른쪽 버튼을 클릭한 다음 **Distribute to Keyframes**를 실행합니다. 심볼이 프레임에 배치되면 상단에서 'Scene 1'을 클릭하여 심볼 밖으로 빠져나옵니다.

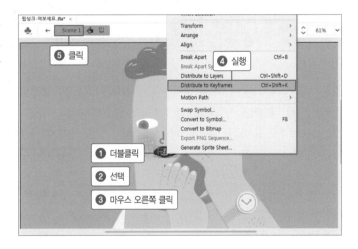

08 비어 있는 '입' 폴더와 '입2' 레이어 ~ '입4' 레이어는 'Delete' 아이콘(🗑)을 클릭하여 삭제합니다.

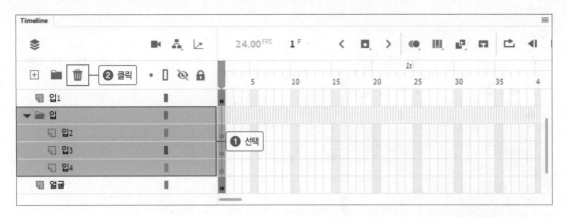

09 자유 변형 도구(▣)로 각 레이어의 앵커 포인트를 변경합니다. 앵커 포인트는 관절이 시작되는 방향으로 변경합니다. '얼굴' 레이어의 앵커 포인트는 목 방향, '몸통' 레이어는 허리 방향, '손 R' 레이어와 '손 L' 레이어는 팔꿈치 방향으로 변경합니다.

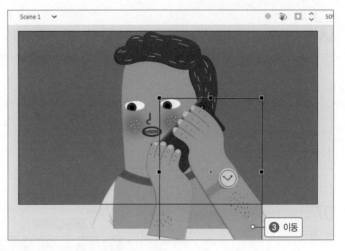

10 'Show Parenting view' 아이콘(🖧)을 클릭한 다음 '입1' 레이어의 회색 부분을 클릭합니다. Set parent 창이 표시되면 '얼굴' 레이어를 선택하여 '입1' 레이어를 '얼굴' 레이어로 페어런트합니다. '얼굴' 레이어의 회색 부분을 클릭하여 Set parent 창이 표시되면 '몸통' 레이어를 선택해서 '얼굴' 레이어를 '몸통' 레이어에 페어런트합니다.

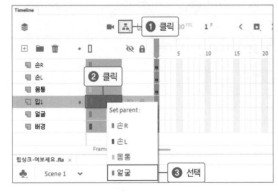

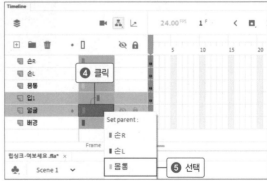

11 | 전화를 받는 캐릭터 애니메이션을 만들기 위해 '75프레임'에서 F5 를 눌러 프레임을 늘립니다.

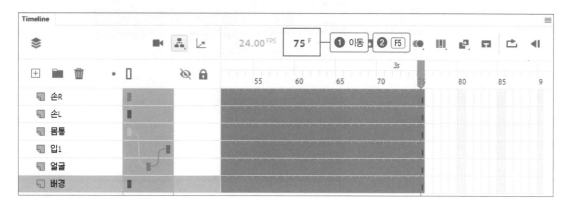

12 | '몸통' 레이어의 '5프레임'과 '15프레임'에서 F6 을 눌러 키프레임을 만듭니다. 몸통이 살짝 기울어졌다가 올라가는 동작을 만듭니다. 완성된 키프레임을 선택하고 'Insert classic tween' 아이콘(🔳)을 클릭하여 클래식 트윈을 활성화합니다.

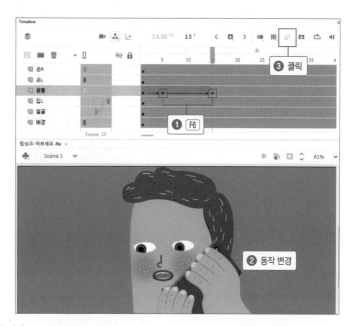

TIP 각 키프레임에 적용한 동작은 다음과 같습니다.

| 1프레임 | 5프레임 | 15프레임 |

13 │ 올라오는 동작에 속도감을 주기 위해 '몸통' 레이어 '3프레임'~'10프레임' 사이의 클래식 트윈을 선택한 다음 Properties 패널에서 〈Classic Ease〉 버튼을 클릭합니다. Classic Ease 창이 표시되면 (Ease Out) 탭을 선택하고 'Quad'를 더블클릭하여 적용합니다.

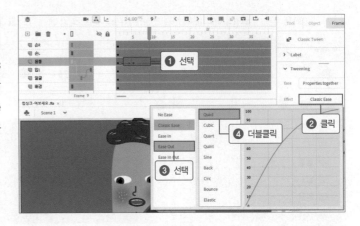

14 │ '손L' 레이어와 '손R' 레이어의 '5 프레임'과 '15프레임'에서 F6 을 눌러 키프레임을 만듭니다. 손이 아래에서 올라오면서 전화를 받는 동작을 만듭니다. 완성된 키프레임을 선택하고 마우스 오른쪽 버튼을 클릭한 다음 **Create Insert classic tween**을 실행합니다.

<u>TIP</u> 각 키프레임에 적용한 동작은 다음과 같습니다.

1프레임

5프레임

15프레임

15 | 올라오는 손동작에 속도감을 넣기 위해 '손' 레이어 '3프레임'~'9프레임' 사이의 클래식 트윈을 선택한 다음 Properties 패널에서 〈Classic Ease〉 버튼을 클릭합니다. Classic Ease 창이 표시되면 (Ease Out) 탭을 선택하고 'Quad'를 더블클릭하여 적용합니다.

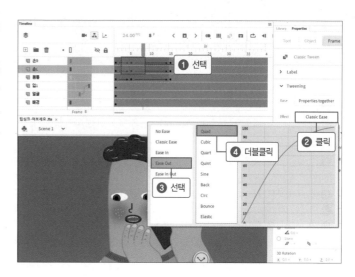

음성 파일 추가하고 입모양 지정하기

01 | 음성 파일을 불러오기 위해 'New Layer' 아이콘(⊞)을 클릭하여 새 레이어를 만듭니다. 메뉴에서 **(File) → Import → Import to Stage**를 실행하여 02 폴더에서 '여보세요.mp3' 파일을 불러옵니다. 새 레이어에 음성 파일이 추가된 것을 확인할 수 있습니다. 음성 파일이 추가된 'Layer_1' 레이어를 선택한 다음 Properties 패널에서 Sync를 'Stream'으로 지정합니다.

TIP Enter를 눌러 사운드를 재생할 수 있습니다.

TIP Sound 항목 알아보기

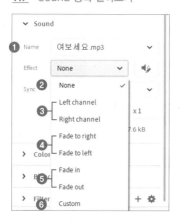

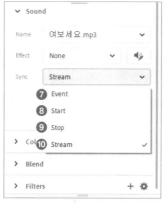

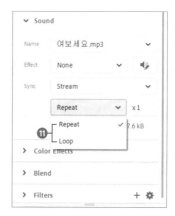

• Effect

❶ Name : 사운드 파일명이 표시됩니다.

❷ None : 사운드 파일에 아무 효과도 적용되지 않습니다. 이전에 적용한 효과를 제거하려면 이 옵션을 선택합니다.

❸ Left channel/Right channel : 왼쪽 채널이나 오른쪽 채널의 사운드만 재생됩니다.

❹ Fade to right, Fade to left : 채널 간에 사운드가 이동됩니다.

❺ Fade In/Fade Out : 사운드 지속 기간 동안 볼륨이 서서히 커지거나 작아집니다.

❻ Custom : '엔벌로프 편집'을 사용하여 사용자가 원하는 사운드의 시작 및 종료 지점을 만들 수 있습니다.

• Sync

❼ Event : 해당 시작 키프레임이 처음 나타날 때 재생되며, SWF 파일의 재생이 중지되더라도 타임라인의 재생 헤드와 관계없이 온전히 재생됩니다.

❽ Start : 사운드가 이미 재생된 경우 새로운 사운드 인스턴스가 재생되지 않는다는 점을 제외하고는 Event 옵션과 동일합니다.

❾ Stop : 지정한 사운드의 재생이 중단됩니다.

❿ Stream : 웹 사이트에서의 재생을 위해 사운드가 동기화됩니다.

⓫ Repeat/Loop : Repeat에 값을 '×1'로 설정하여 사운드의 반복 횟수를 지정하거나 'Loop'을 지정하여 사운드를 계속해서 반복합니다.

02 | 자동 립싱크 기능을 사용하기 위해 '입1' 레이어를 선택한 다음 Properties 패널에서 Looping의 〈Lip Syncing〉 버튼을 클릭합니다.

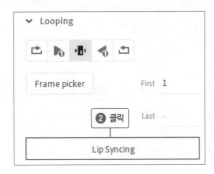

03 | Lip Syncing 대화상자가 표시되면 소리에 맞는 입 모양을 지정합니다. 첫 번째 'Neutral'을 클릭하면 '입1' 심볼 안의 모든 프레임이 표시됩니다. '4'의 다문 입을 클릭해서 Neutral에 지정합니다. 두 번째 'Ah'를 클릭하여 '3'의 벌린 입을 클릭합니다.

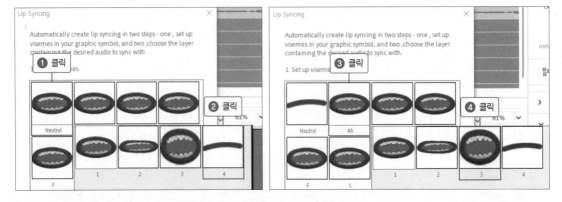

04 │ 같은 방법으로 나머지 소리를 참고하여 그림과 같이 비슷한 입 모양을 지정한 다음 〈Done〉 버튼을 클릭합니다.

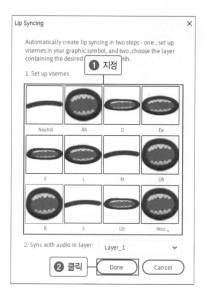

TIP 어도비 애니메이트의 자동 립싱크는 영어를 기반으로 되어 있습니다. 또한 80~90%의 정확성을 가지고 있기 때문에 자동 립싱크로는 완벽한 립싱크 애니메이션을 만들기 힘든 부분이 있습니다. 하지만 자동 립싱크를 사용하면 크게 눈에 띄는 부분만을 수정할 수 있어서 작업 속도 단축에 도움이 됩니다.

05 │ 자동 립싱크 기능으로 키프레임이 생성된 것을 확인할 수 있습니다. Enter를 눌러 재생해 보고 어색한 부분을 수정합니다. 키프레임은 드래그하여 움직일 수 있습니다.

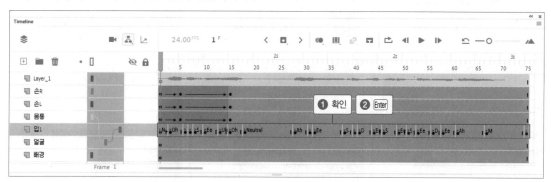

06 │ 추가하고 싶은 립싱크 키프레임이 있다면 키프레임을 선택한 상태로 Properties 패널에서 〈Frame picker〉 버튼을 클릭합니다. Frame picker 패널에서 원하는 모양을 선택하면 프레임에 추가됩니다. 어색한 부분은 수정하여 애니메이션을 마무리합니다.

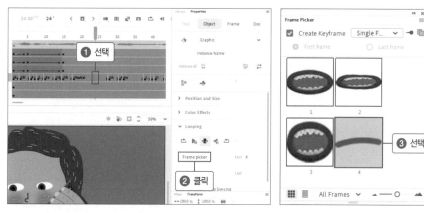

패스선으로 나비가 날아다니는 애니메이션 만들기

가이드와 모션 트윈을 이용하여 나비가 날아다니는 애니메이션을 만들어 봅니다. 패스선을 따라 움직일 수 있으며, 나비 심볼을 이용해서 모션 트윈을 사용하는 방법을 알아보고 클래식 트윈과의 차이점을 살펴봅니다.

● 예제 파일 : 02\나비.psd ● 완성 파일 : 02\나비_완성.fla

나비 형태 변형하기

01 홈 화면에서 〈Create New〉 버튼을 클릭하여 New Document 대화상자가 표시되면 Width를 '900', Height를 '900', Frame Rate를 '24'로 설정한 다음 〈Create〉 버튼을 클릭합니다.

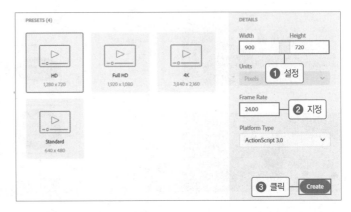

02 | 메뉴에서 (File) → Import → **Import to Stage**를 실행하여 02 폴더에서 '나비.psd' 파일을 불러옵니다.

03 | Import "나비.psd" to Stage 대화상자가 표시되면 Shift를 누른 상태로 모든 레이어를 클릭하여 선택합니다. Import these image layers as를 'Bitmap image with editable layer styles'로 선택하고 Compression을 'Lossless'로 지정한 다음 (Import) 버튼을 클릭합니다.

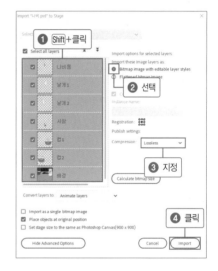

04 | Ctrl+A를 눌러 심볼을 전체 선택하고 Properties 패널에서 (Object) 탭을 선택한 다음 'Graphic'으로 지정합니다.

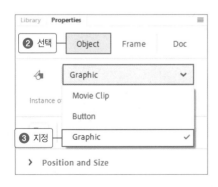

05 | '100프레임'에서 F5를 눌러 프레임을 늘립니다.

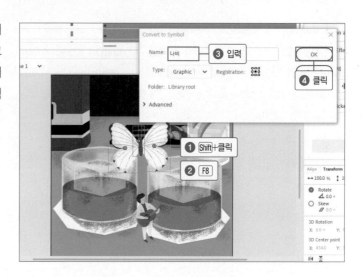

06 | Shift를 누른 상태로 '나비 몸', '날개 1', '날개 2' 심볼을 클릭하여 다중 선택하고 F8을 누릅니다. Convert to Symbol 대화상자가 표시되면 Name에 '나비'를 입력한 다음 〈OK〉 버튼을 클릭합니다.

07 | 비어 있는 '나비 몸', '날개 1', '날개 2' 레이어를 선택하고 'Delete' 아이콘(🗑)을 클릭하여 삭제합니다. '나비' 심볼을 더블클릭하여 심볼 안으로 들어갑니다.

08 | 날갯짓 애니메이션을 위해서 나비 심볼을 각 레이어에 분배합니다. Ctrl+A를 눌러 나비를 전체 선택하고 마우스 오른쪽 버튼을 클릭한 다음 **Distribute to Layers**를 실행합니다.

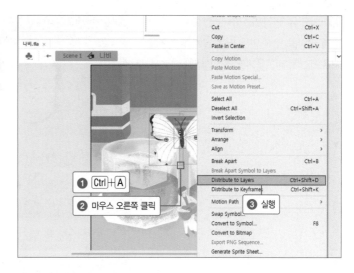

09 | 돋보기 도구(🔍)로 나비 부분을 확대합니다. 자유 변형 도구(⬚)로 두 날개의 앵커 포인트를 나비 몸 쪽으로 이동합니다.

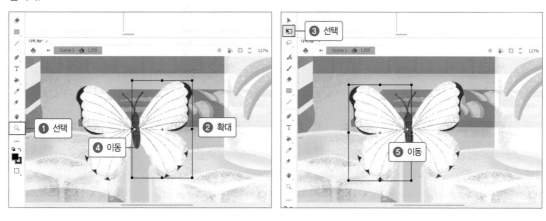

10 | '20프레임'에서 F5를 눌러 프레임을 늘린 다음 '10프레임'과 '20프레임'에서 F6을 눌러 키프레임을 만듭니다.

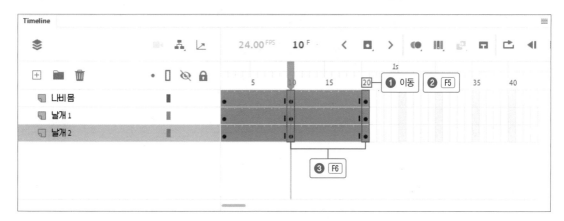

11 │ 자유 변형 도구(⬚)로 '10프레임'의
날개 모양을 얇게 만든 다음 날개의 측면에
서 드래그하여 기울기를 조절합니다.

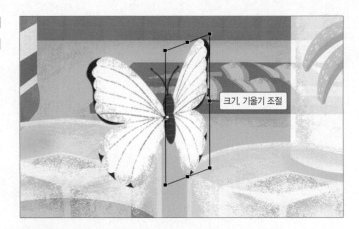

크기, 기울기 조절

12 │ 반대편 날개로 똑같은 방법으로 크
기와 기울기 변경합니다.

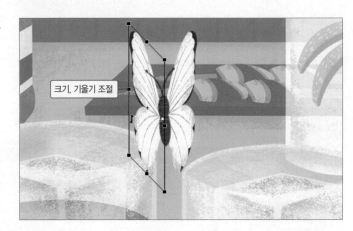

크기, 기울기 조절

13 │ 모든 프레임을 드래그하여 선택한 다음 'Insert Classic tween' 아이콘(⬛)을 클릭합니다.

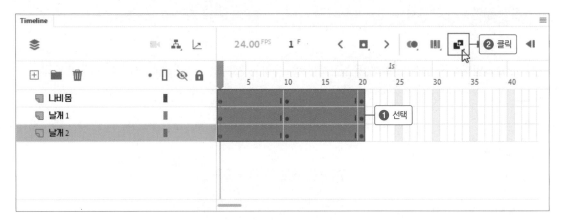

14 │ '6프레임'~'15프레임' 사이의 클래식 트윈을 드래그한 다음 Properties 패널에서 〈Classic Ease〉 버튼을 클릭합니다. Classic Ease 창이 표시되면 (Ease Out) 탭을 선택하고 'Quad'를 더블클릭하여 적용합니다.

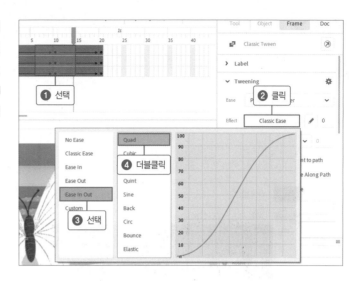

패스를 그려 나비 움직임 조절하기

01 │ 상단에서 'Scene 1'을 클릭하여 해당 심볼 밖으로 나옵니다. 'New Layer' 아이콘(□)을 클릭하여 새 레이어를 만듭니다.

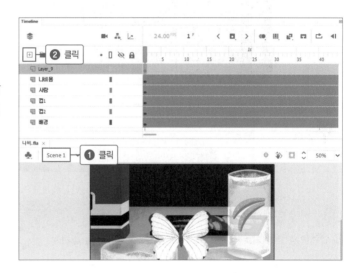

02 │ 펜 도구(✒)를 선택하고 그림과 같이 '나비' 심볼이 지나가는 위치를 패스로 그립니다. 스테이지 밖을 클릭한 다음 스테이지 안을 클릭한 상태로 드래그하고 곡선을 만듭니다. 다시 반대편 스테이지 밖을 클릭한 상태로 드래그하여 곡선을 만듭니다.

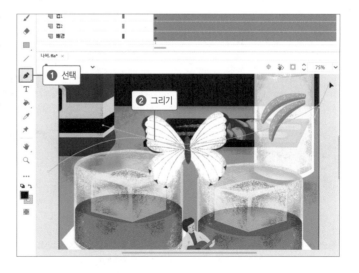

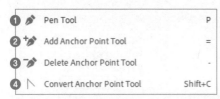

① 펜 도구 : 패스를 그립니다.
② 기준점 추가 도구 : 패스선을 클릭하면 기준점이 추가됩니다.
③ 기준점 삭제 도구 : 기존 기준점을 클릭하여 삭제합니다.
④ 기준점 변환 도구 : 방향선이 없는 기준점을 독립적인 방향선이 있는 기준점으로 변환합니다.

펜 도구로 그리는 패스의 색상을 변경할 수 있습니다. 도구 패널 하단에서 'Fill Color'와 'Stroke Color'를 클릭하여 색상표가 표시되면 원하는 색상을 선택할 수 있습니다.

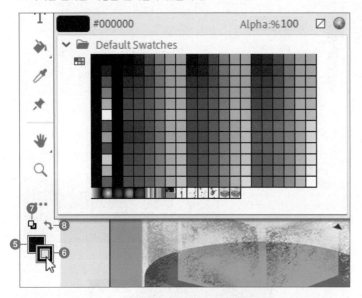

⑤ Fill Color : 칠 색상 변경
⑥ Stroke Color : 선 색상 변경
⑦ Black and White : 흰색, 검은색으로 초기화
⑧ Swap Stroke Fill Color : 칠과 선 색 색상 서로 바꾸기

03 선택 도구(▶)와 자유 변형 도구(▦)를 선택하고 '1프레임'으로 이동합니다.

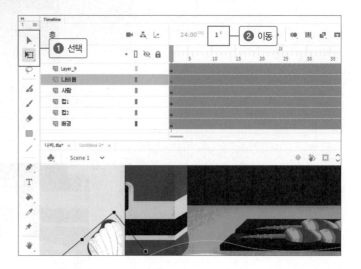

04 '나비' 심볼이 시작 위치로 이동한 것을 확인하고 앵커 포인트를 이동합니다.

TIP 이때 심볼의 앵커 포인트와 패스선이 겹치도록 맞춥니다.

05 '100프레임'에서 F6을 눌러 키프레임을 만든 다음 '나비' 심볼을 패스선의 끝으로 이동합니다. '1프레임'과 '100프레임'을 선택하고 'Insert classic tween' 아이콘(📑)을 클릭하여 클래식 트윈을 활성화합니다.

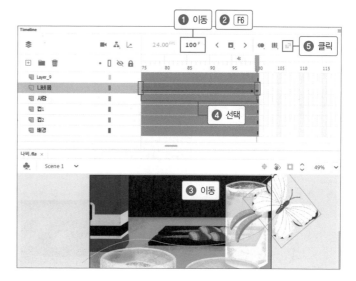

TIP 이때 심볼의 앵커 포인트와 패스선이 겹치도록 맞춥니다.

06 패스선을 그린 'Layer_9' 레이어를 마우스 오른쪽 버튼으로 클릭한 다음 **Guide**를 실행합니다.

07 | '나비몸' 레이어를 패스선을 그린 'Layer_9' 레이어로 드래그합니다. 가이드가 적용되면 'Layer_9' 레이어의 아이콘이 변경되며 아래에 레이어가 포함됩니다.

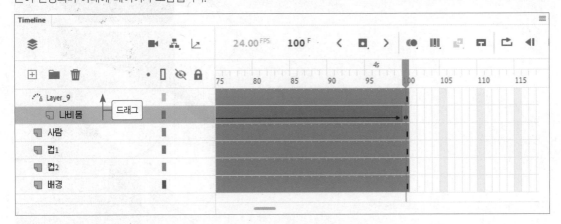

TIP Guide가 적용된 레이어의 패스선은 스테이지에서만 보이고, 영상 추출 시에는 보이지 않습니다.

Guide를 해제하려면 해당 Guide 레이어를 마우스 오른쪽 버튼으로 클릭한 다음 **Guide**를 실행하여 체크 해제합니다. Guide 적용이 해제되면 레이어의 개체는 영상 추출 시 표시됩니다.

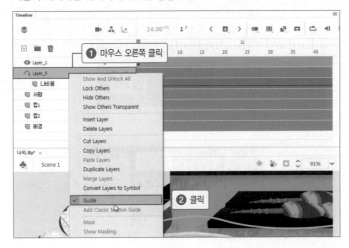

08 | 나비가 이동하는 방향이 어색하다면 F6을 눌러 키프레임을 추가해 나비의 방향을 조절할 수 있습니다.

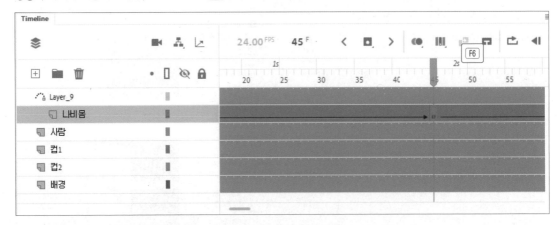

09 | Enter를 눌러 완성한 애니메이션을 재생합니다.

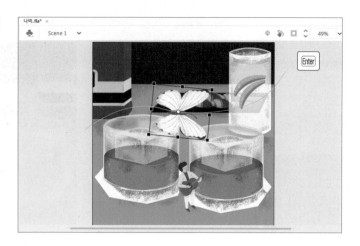

나비 심볼을 이용하여 모션 트윈 적용하기

01 | 'New Layer' 아이콘(⊞)을 클릭하여 새 레이어를 만듭니다. Ctrl+C를 눌러 '나비' 심볼을 복사한 다음 새 레이어에 Ctrl+V를 눌러 붙여 넣습니다.

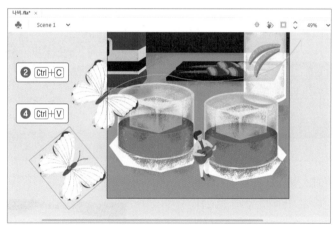

02 | 'Layer_1' 레이어의 프레임을 마우스 오른쪽 버튼으로 클릭한 다음 **Create Motion Tween**을 실행합니다.

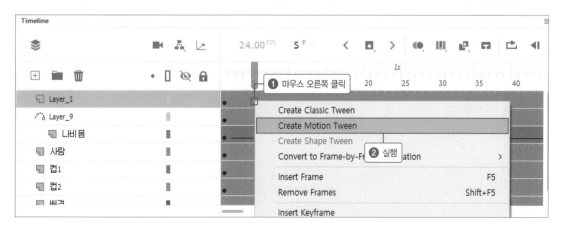

03 | '100프레임'에서 '나비' 심볼을 스테이지 밖으로 이동합니다. 모션 트윈에 의한 패스선이 생성된 것을 확인할 수 있습니다.

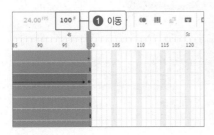

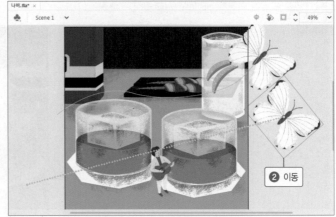

04 | '50프레임'에서 '나비' 심볼을 스테이지 아래로 이동합니다.

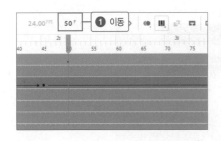

05 | 생선된 패스선에 포인터를 위치하면 포인터에 곡선이 표시됩니다. 이때 패스선을 드래그하여 곡선으로 만들 수 있습니다.

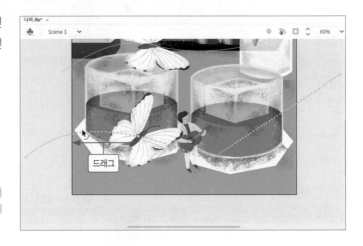

TIP 클래식 트윈과 마찬가지로 F6을 눌러 키프레임을 생성하고, Shift+6을 눌러 키프레임을 삭제할 수 있습니다.

| ❶ ▶ | Selection Tool | V |
| ❷ ▷ | Subselection Tool | A |

❶ 패스 선택 도구 : 패스선을 이동할 수 있습니다.

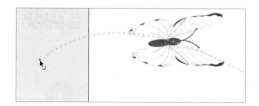

❷ 직접 선택 도구 : 핸들이 표시되면 곡선의 각도를 조절할 수 있습니다.

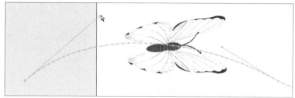

06 │ 모션 트윈 속도감을 조절해 봅니다. 현재 패스선의 기준점이 일정하게 생성되어 있는데, 이 기준점들 간격이 나비의 움직임 속도를 나타냅니다. 모션 트윈을 적용한 'Layer_1' 레이어의 프레임을 더블클릭합니다. 그래프 창이 표시되면 'Add Ease'를 클릭합니다.

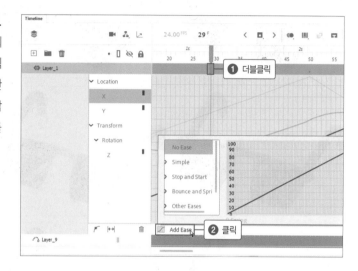

07 │ 'Simple'을 클릭하고 'Slow'를 더블클릭하여 적용합니다.

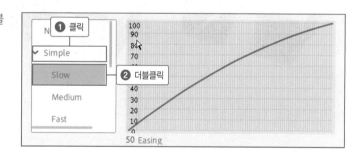

08 │ 패스선을 확인하면 기준점의 간격에 맞춰 나비의 움직임이 점점 느려지는 것을 확인할 수 있습니다.

ADOBE ANIMATE

ANIMATION

08

마스크로 반짝이는 선글라스 만들기

마스크 레이어를 사용하면 그 아래 레이어의 그림 또는 그래픽을 일부만 선택적으로 표시할 수 있습니다. 간단하게 마스크 사용법을 배워 반짝이는 선글라스를 만들어 봅시다.

● **예제 파일** : 02\선글라스.psd   ● **완성 파일** : 02\선글라스_완성.fla

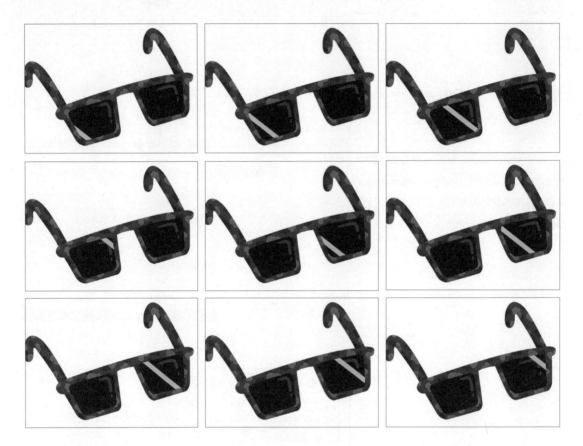

마스크 영역 지정하기

01 홈 화면에서 〈Create New〉 버튼을 클릭하여 New Document 대화상자가 표시되면 Width를 '1280', Height를 '720', Frame Rate를 '24'로 설정한 다음 〈Create〉 버튼을 클릭합니다.

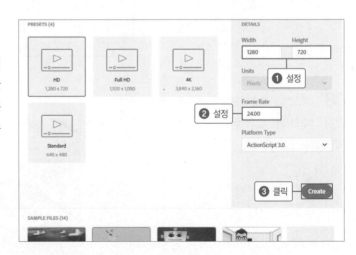

02 | 메뉴에서 (**File**) → **Import** → **Import to Stage**를 실행하여 02 폴더에서 '선글라스.psd' 파일을 불러옵니다.

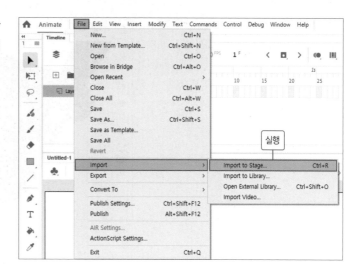

03 | Import "선글라스.psd" to Stage 대화상자가 표시되면 Shift를 누른 상태로 모든 레이어를 클릭하여 선택합니다. Import these image layers as를 'Bitmap image with editable layer styles', 로 선택하고 Compression을 'Lossless'로 지정한 다음 〈Import〉 버튼을 클릭합니다.

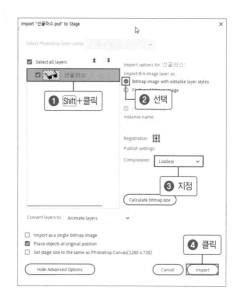

04 | '40프레임'에서 F5를 눌러 프레임을 늘립니다. 'New Layer' 아이콘(⊞)을 클릭하여 새 레이어를 만듭니다.

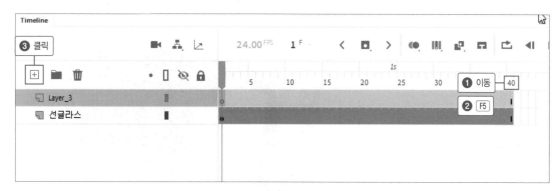

05 | 펜 도구(✎)로 'Layer_3' 레이어에 그림과 같이 선글라스 모양을 따라 그립니다.

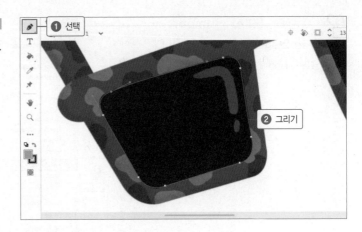

06 | 페인트 통 도구(▣)로 선글라스 모 양 안쪽을 클릭하여 색을 채웁니다.

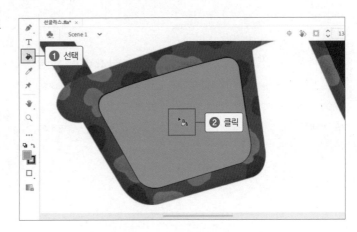

TIP 페인트 통 도구 살펴보기

❶ 페인트 통 도구 : 개체의 색상을 채웁니다.
❷ 잉크 병 도구 : 개체의 선 색상을 채웁니다.

---

07 | 손 도구(✋)로 반대편 선글라스 부 분으로 이동합니다. 마찬가지로 펜 도구(✎) 로 선글라스 모양을 따라 그립니다.

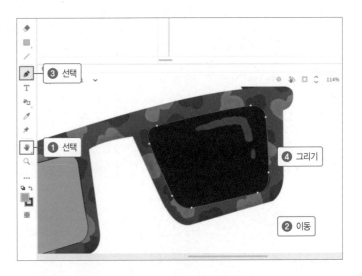

08 페인트 통 도구(🪣)로 선글라스 모
양 안쪽을 클릭해서 색상을 채웁니다.

09 'Layer_3' 레이어를 선택하여 그린
개체를 모두 선택하고 'Stroke Color'를 클
릭한 다음 색상표에서 '색 없음' 아이콘(☒)
을 클릭하여 선 색상을 없앱니다.

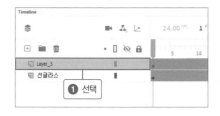

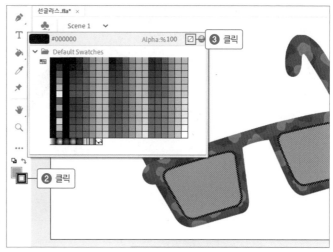

반짝이는 애니메이션 적용하기

01 'New Layer' 아이콘(⊞)을 클릭하
여 'Layer_3' 레이어 아래에 새 레이어를
만듭니다. 사각형 도구(▭)로 세로로 긴 사
각형을 그린 다음 'Fill Color'를 클릭하여
색상을 '밝은 회색'으로 지정합니다.

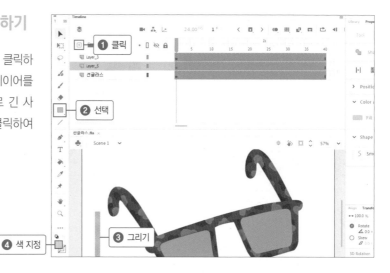

02 | F8 을 눌러 Convert to Symbol 대화상자가 표시되면 Name에 '빛'을 입력한 다음 〈OK〉 버튼을 클릭합니다.

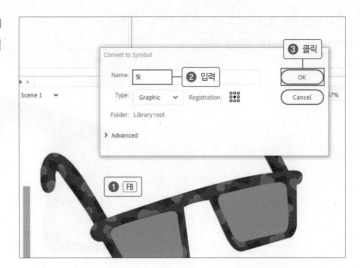

03 | 자유 변형 도구(□)로 '빛' 심볼을 기울인 다음 선글라스 옆으로 이동합니다.

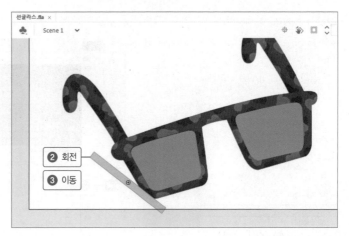

04 | 'Layer_5' 레이어의 '40프레임'에서 F6 을 눌러 키프레임을 만듭니다. '빛' 심볼을 선글라스 반대편으로 이동하고 'Insert classic tween' 아이콘(□)을 클릭하여 클래식 트윈을 활성화합니다.

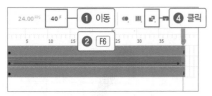

05 | 'Layer_3' 레이어를 마우스 오른쪽 버튼으로 클릭한 다음 **Mask**를 실행합니다.

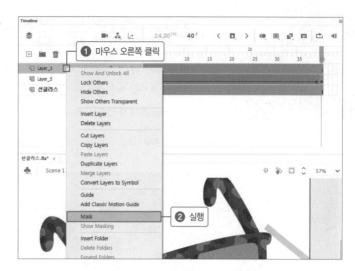

06 | [Enter]를 눌러 간단하게 완성된 마스크 애니메이션을 재생합니다.

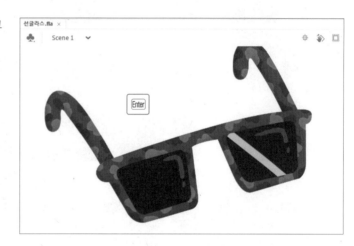

TIP Mask 레이어 알아보기
Mask를 적용하면 레이어가 잠가지며, 잠근 상태에서만 Mask 적용을 확인할 수 있습니다. Mask 수정 시에는 레이어 잠금을 해제하고 수정합니다.

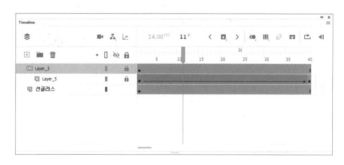

ADOBE ANIMATE

ANIMATION

09

마스크로 눈 깜빡이는 캐릭터 만들기

마스크를 적용한 레이어에 트윈을 적용할 수도 있지만, 마스크 레이어 자체에도 트윈을 적용하여 움직일 수 있습니다. 눈을 깜빡이는 캐릭터 애니메이션을 통해서 연습해 봅니다.

● **예제 파일** : 02\눈 깜빡이기.psd   ● **완성 파일** : 02\눈 깜빡이기_완성.fla

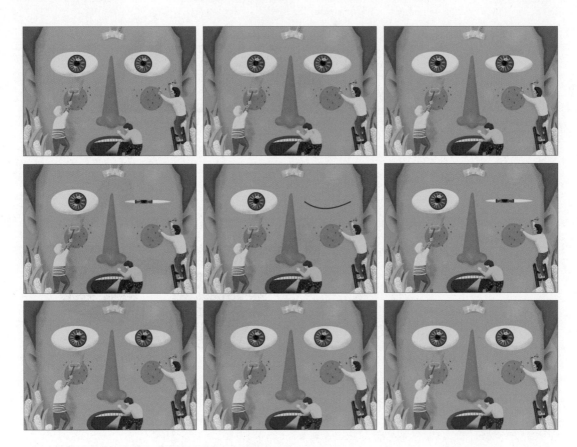

눈 감는 애니메이션 적용하기

01 홈 화면에서 〈Create New〉 버튼을 클릭하여 New Document 대화상자가 표시되면 Width를 '800', Height를 '800', Frame Rate를 '24'로 설정한 다음 〈Create〉 버튼을 클릭합니다.

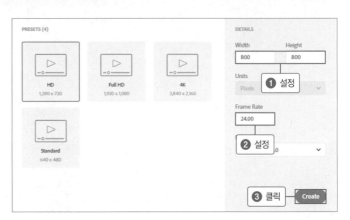

02 메뉴에서 (**File**) → **Import** → **Import to Stage**를 실행하여 02 폴더에서 '눈 깜빡이기.psd' 파일을 불러옵니다.

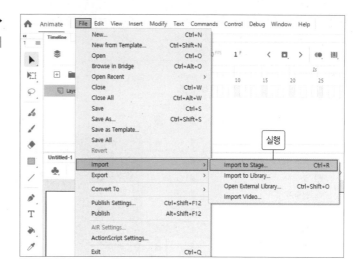

03 Import "눈 깜빡이기.psd" to Stage 대화상자가 표시되면 Shift를 누른 상태로 모든 레이어를 클릭하여 선택합니다. Import these image layers as를 'Bitmap image with editable layer styles'로 선택하고 Compression을 'Lossless'로 지정한 다음 〈Import〉 버튼을 클릭합니다.

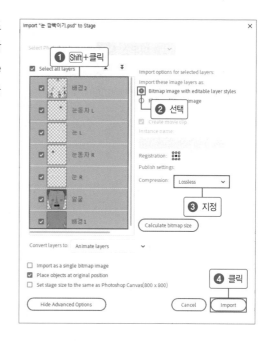

04 Ctrl+A를 눌러 심볼을 전체 선택하고 Propertise 패널의 (Object) 탭을 선택한 다음 'Graphic'으로 지정합니다.

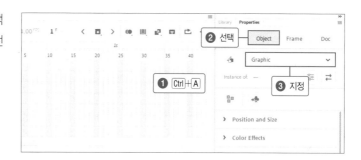

05 | 'Lock' 아이콘(🔒)을 클릭하여 '눈' 레이어와 '눈동자' 레이어를 제외한 나머지 레이어는 잠급니다. '75프레임'에서 F5를 눌러 프레임을 늘립니다.

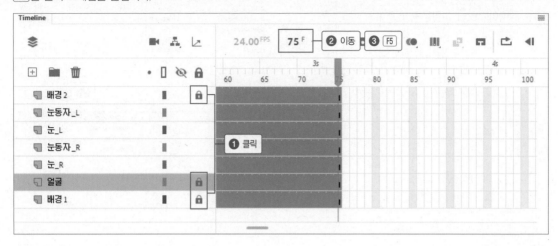

06 | '눈_L' 레이어를 마우스 오른쪽 버튼으로 클릭한 다음 **Duplicate Layers**를 실행하여 '눈_L' 레이어를 복제합니다.

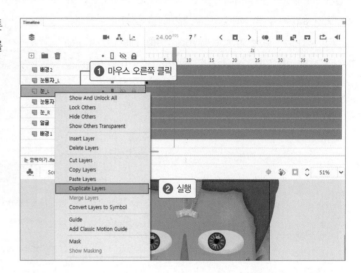

07 | '눈_L_copy' 레이어와 '눈_L' 레이어의 '10프레임'과 '15프레임'에서 F6을 눌러 키프레임을 만듭니다. '15프레임'에서 자유 변형 도구(🔲)로 그림과 같이 눈을 납작하게 만듭니다.

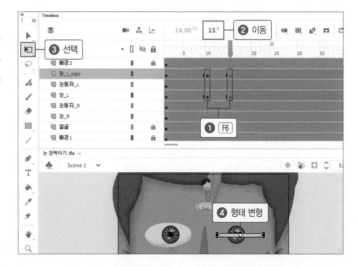

08 '10프레임'과 '5프레임' 사이를 선택하고 'Insert classic tween' 아이콘(圓)을 클릭하여 클래식 트윈을 활성화합니다. '눈_L_copy' 레이어, '눈_L' 레이어, '눈동자_L' 레이어의 '16프레임'에서 F7을 눌러 빈 프레임을 만듭니다.

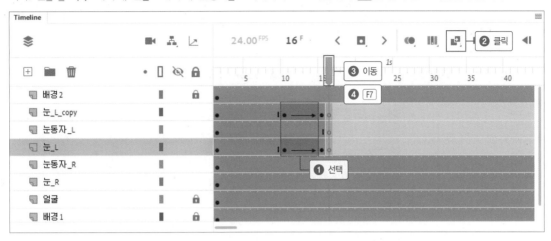

09 'Onion Skin' 아이콘(圓)을 클릭하여 활성화합니다. 선 도구(☑)를 선택하고 Stroke Color를 '짙은 갈색'으로 지정합니다. Properties 패널에서 Stroke size를 '5'로 설정한 다음 '눈동자_L' 레이어에 가로로 긴 선을 그립니다.

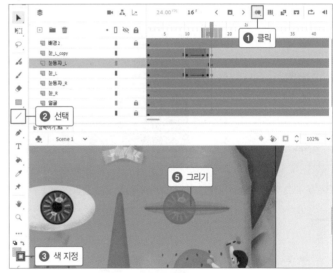

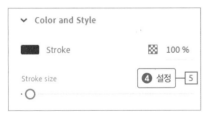

10 자유 변형 도구(圓)로 선의 중간을 드래그하여 감은 눈의 모양을 만듭니다.

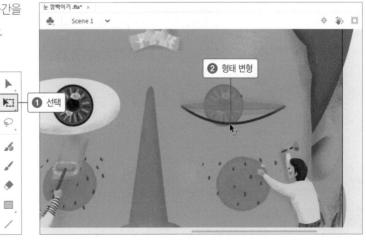

TIP Onion Skin 알아보기

일반적으로 스테이지에는 한 번에 한 개의 프레임이 나타납니다. Onion Skin은 프레임을 편하게 그리고, 배치하고, 편집하기 위해 스테이지에 이전 프레임, 이후 프레임을 보여 주어 참조할 수 있습니다.

'Onion Skin' 아이콘(⊙)을 클릭하여 활성화하거나 비활성화합니다.

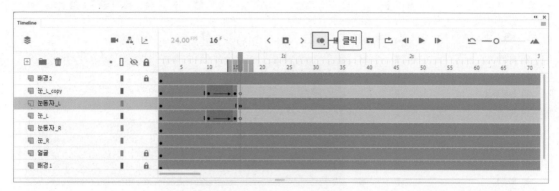

프레임을 제외하거나 포함하려면 타임라인 헤더를 드래그하여 어니언 스킨 범위를 지정합니다.

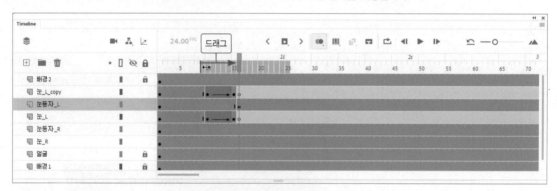

옵션을 보고 선택하려면 'Onion Skin' 아이콘(⊙)을 길게 클릭합니다.

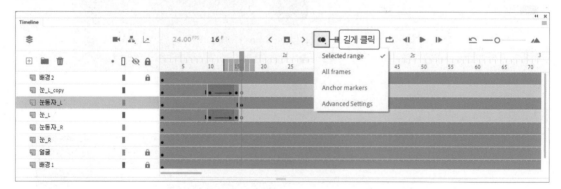

눈 뜨는 애니메이션 적용하기

01 │ 감은 눈을 다시 뜨게 만들어 봅니다. '눈_L_copy' 레이어의 '10프레임'부터 '15프레임'까지 드래그하여 선택합니다. Alt 를 누른 상태로 '20프레임'으로 드래그하면 '10프레임'부터 '15프레임'까지 그대로 복제됩니다.

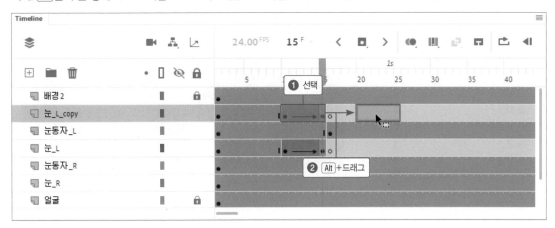

02 │ 복제한 키프레임의 순서를 반전하기 위해 프레임이 선택된 상태에서 마우스 오른쪽 버튼을 클릭한 다음 **Reverse Frames**를 실행합니다.

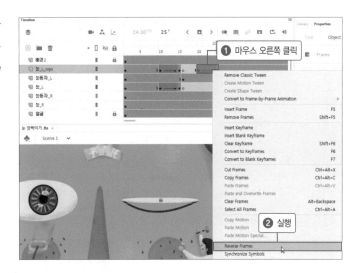

03 │ '눈_L' 레이어도 01번~02번 과정과 같은 방법으로 키프레임을 복제합니다.

04 | '눈동자_L' 레이어의 '16프레임'을 Ctrl+Alt+C를 눌러 복사하고 '20프레임'으로 이동한 다음 Ctrl+Alt+V를 눌러 붙여 넣기 합니다.

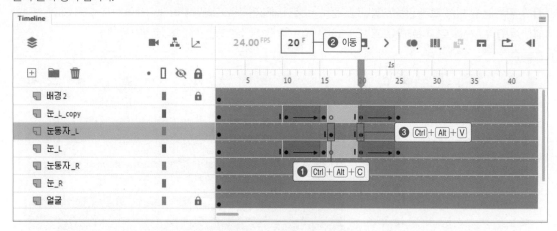

05 | Mask 기능을 이용해서 눈동자를 눈 안으로 넣기 위해 '눈_L copy' 레이어를 마우스 오른쪽 버튼으로 클릭한 다음 **Mask**를 실행합니다.

06 | Enter를 눌러 애니메이션을 확인합니다.

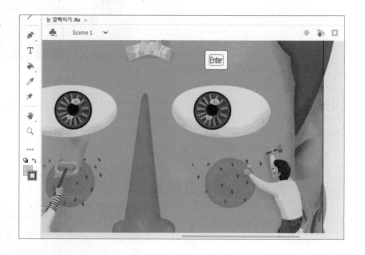

애니메이션 말풍선과 조명 효과 만들기

에셋 뒤틀기 도구, 블렌드 모드, 텍스트를 이용하여 말풍선이 나타나고
조명 효과가 있는 애니메이션의 장면을 만들어 봅니다.

● **예제 파일** : 02\말풍선과 조명.psd　　● **완성 파일** : 02\말풍선과 조명_완성.fla

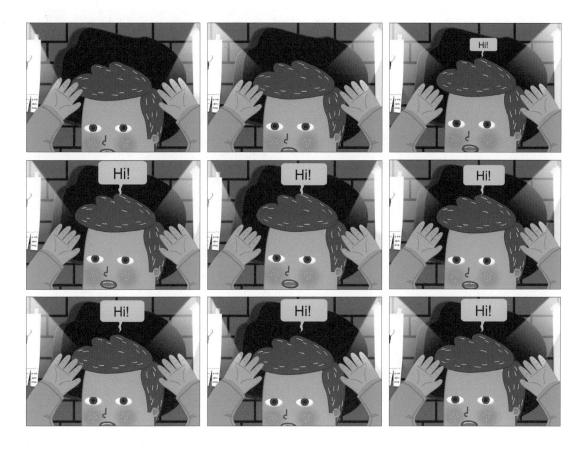

에셋 뒤틀기 도구로 팔에
움직임 적용하기

01 │ 홈 화면에서 〈Create New〉 버
튼을 클릭하여 New Document 대화상
자가 표시되면 Width를 '1280', Height를
'720', Frame Rate를 '24'로 설정한 다음
〈Create〉 버튼을 클릭합니다.

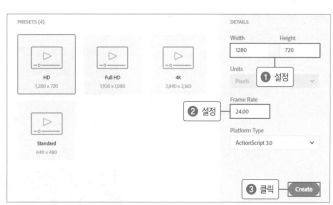

02 메뉴에서 (File) → Import → **Import to Stage**를 실행하여 02 폴더에서 '말풍선과 조명.psd' 파일을 불러옵니다.

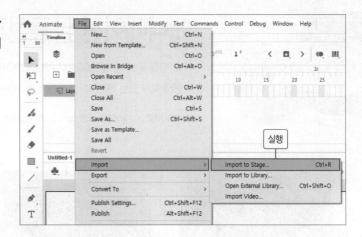

03 Import "말풍선과 조명.psd" to Stage 대화상자가 표시되면 Shift를 누른 상태로 모든 레이어를 클릭하여 선택합니다. Import these image layers as를 'Bitmap image with editable layer styles'로 선택하고 Compression을 'Lossless'로 지정한 다음 (Import) 버튼을 클릭합니다.

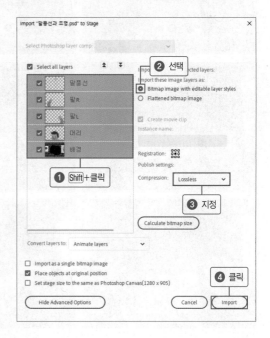

04 Ctrl+A를 눌러 전체 선택한 다음 Properties 패널에서 'Graphic'으로 지정합니다. '80프레임'에서 F5를 눌러 프레임을 늘립니다.

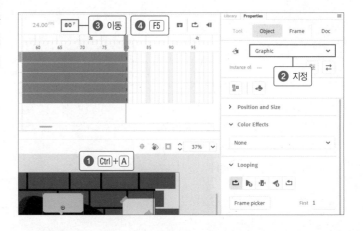

05 │ 팔을 위아래로 움직이는 애니메이션을 만들기 위해 '팔L' 심볼을 더블클릭하여 심볼 안으로 들어갑니다. '20프레임'에서 F5를 눌러 프레임을 늘립니다.

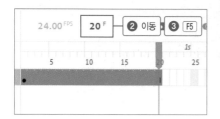

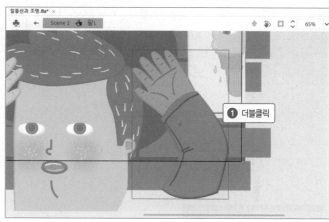

06 │ 에셋 뒤틀기 도구(📌)를 선택하고 팔의 어깨에 해당되는 부분을 클릭하여 첫 번째 조인트를 추가합니다.

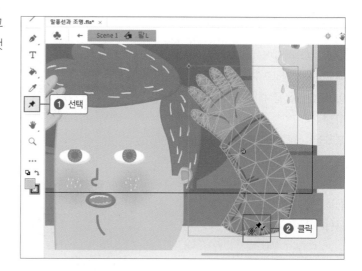

07 │ 팔꿈치와 손끝에 해당되는 위치를 차례로 클릭하여 조인트를 추가합니다.

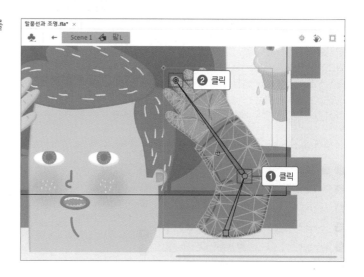

08 │ '10프레임'과 '20프레임'에서 F6을 눌러 키프레임을 만듭니다. '10프레임'에서 조인트를 움직여서 팔이 아래로 굽어지게 변경합니다.

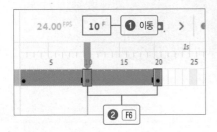

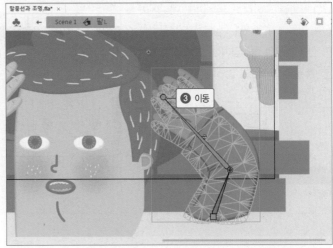

09 │ '4프레임'에서 '15프레임' 사이를 드래그하여 선택하고 'Insert classic tween' 아이콘(▣)을 클릭하여 클래식 트윈을 활성화합니다.

프레임이 선택된 상태로 Properties 패널에서 〈Classic Ease〉 버튼을 클릭합니다. Classic Ease 창이 표시되면 (Ease Out) 탭을 선택하고 'Quad'를 더블클릭하여 적용합니다.

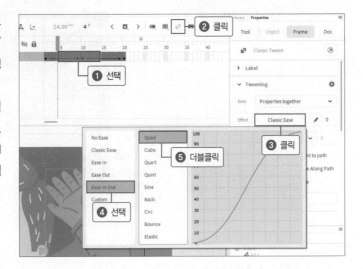

TIP 에셋 뒤틀기 도구 옵션 살펴보기

조인트 추가 및 제거

키프레임 간에 자세를 만든 다음 조인트 또는 뼈를 추가 및 제거하여 리그를 변경해야 하는 경우 한 프레임에서라도 변경하면 모든 키프레임에 해당 변경 내용이 자동으로 적용됩니다. 모든 키프레임으로 수동 전환할 필요 없습니다.

조인트는 클릭한 다음 Delete를 눌러 제거할 수 있으며, 조인트에 연결된 모든 뼈도 자동으로 제거됩니다. 뼈만 삭제하고 조인트가 연결되지 않은 경우 뼈를 선택하고 Delete를 눌러 삭제할 수 있습니다.

❶ Mesh : 슬라이더를 조절하여 메시 밀도를 수정할 수 있습니다.
❷ Freeze joint : 고정된 조인트는 움직이지 않습니다.
❸ Handle mode : 핸들을 고정하거나 움직이게 합니다.
❹ Create bones : 새 뼈를 생성합니다.
❺ Bone Type : 기본적으로 모든 뼈는 하드 뼈입니다. 소프트 뼈는 변형하거나 기본 메시를 더욱 부드럽게 구부릴 때 유용합니다.
❻ Rotation angle : 뼈 크기를 변경하지 않고 회전할 수 있습니다.
❼ Propagate Changes : 조인트, 뼈의 속성이 변경될 때마다 자동으로 변경 사항이 모든 키프레임에 적용됩니다.

10 │ 움직이는 팔을 복사해서 양손이 전부 움직이게 만들겠습니다. '팔 R' 레이어를 선택하고 'Delete' 아이콘(🗑)을 클릭하여 삭제합니다. '팔 L' 레이어를 마우스 오른쪽 버튼으로 클릭한 다음 **Duplicate Layers**를 실행합니다.

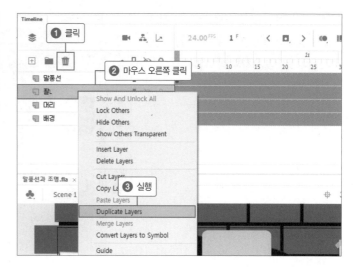

11 │ '팔L_copy' 레이어를 선택하고 반대 방향으로 이동합니다. 마우스 오른쪽 버튼을 클릭한 다음 **Transform → Filp Horizontal**을 실행합니다.

TIP Filp Horizontal을 실행하면 좌우로 반전되고, Filp Vertical을 실행하면 상하로 반전됩니다.

말풍선에 텍스트 추가하여 움직임 적용하기

01 │ 말풍선에 텍스트를 넣어 나타나는 애니메이션을 만들겠습니다. 자유 변형 도구(▣)로 '말풍선' 심볼의 앵커 포인트를 말풍선 꼬리 방향으로 이동합니다.

02 | '말풍선' 심볼을 더블클릭하여 심볼 안으로 들어갑니다. 문자 도구(T)를 선택 하고 글이 들어갈 위치를 클릭합니다.

03 | 'Hi!'를 입력하고 Properties 패널의 Character에서 글꼴과 글꼴 크기를 지정 합니다.

TIP 문자 도구 옵션 살펴보기

❶ Font : 글꼴을 변경합니다.
❷ Font Style : 글꼴 스타일을 변경합니다.
❸ Font Size : 글꼴 크기를 변경합니다.
❹ Tracking : 자간을 조절합니다.
❺ Fill : 글꼴 색상을 변경합니다.
❻ Fill alpha : 투명도를 변경합니다.

04 | 상단에서 'Scene 1'을 클릭하여 해당 심볼 밖으로 나옵니다. '말풍선' 레이어의 '5프레임', '10프레임', '20프레임'에서 F6을 눌러 키프레임을 만듭니다.

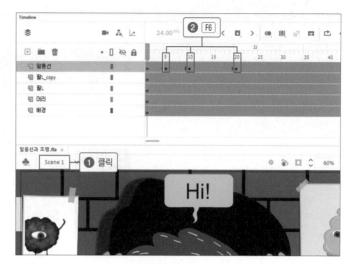

05 | 모든 키프레임을 드래그하여 선택하고 'Insert classic tween' 아이콘()을 클릭하여 클래식 트윈을 활성화합니다. 각 키프레임의 말풍선 크기를 조절합니다.

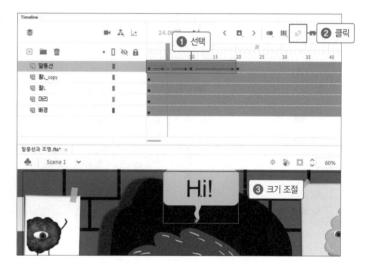

__TIP__ 각 키프레임에 적용한 크기는 다음과 같습니다.

1프레임 : 20%   5프레임 : 110%   10프레임 : 90%   20프레임 : 100%

06 | 클래식 트윈이 적용된 '2프레임'에서 '15프레임' 사이를 드래그하여 선택합니다. Properties 패널에서 〈Classic Ease〉 버튼을 클릭하여 Classic Ease 창이 표시되면 (Ease Out) 탭을 선택하고 'Quad'를 더블클릭하여 적용합니다.

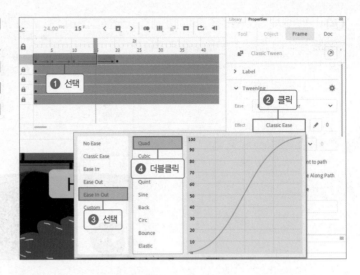

07 | '말풍선' 레이어의 프레임을 모두 드래그하여 선택한 다음 애니메이션의 시작이 '5프레임'이 되도록 드래그하여 이동합니다.

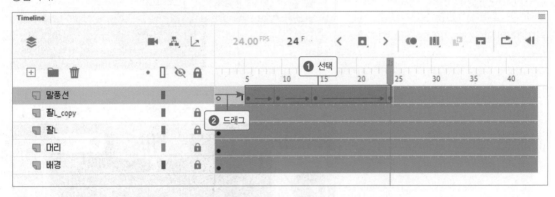

TIP 프레임의 간격은 선택 및 드래그로 변경할 수 있습니다.

사각형에 블렌드 모드와 필터 적용하여 조명 만들기

01 | 'New Layer' 아이콘(▣)을 클릭하여 새 레이어를 만든 다음 사각형 도구(▣)로 흰색 사각형을 그립니다.

TIP 사각형 도구 옵션 살펴보기

① 사각형 도구 : 사각형을 그립니다.

② 프리미티브 사각형 도구 : 모서리가 둥근 사각형을 그립니다.

선택 도구(▶)로 사각형의 모서리를 드래그하거나 Rectangle Options를 설정하여 모서리를 둥글게 만듭니다.

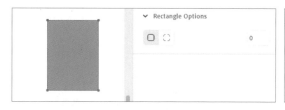

선택 도구(▶)로 사각형의 모서리를 드래그하거나 Rectangle Options를 설정하여 각 모서리를 다르게 조절할 수 있습니다.

③ 타원 도구 : 타원형을 그립니다.

④ 프리미티브 타원 도구 : 타원 및 원을 파이 조각, 반원 및 기타 다양한 모양으로 쉽게 수정할 수 있습니다.

ⓐ Start angle/End angle : 파이 조각, 반원 등 다양한 모양으로 만듭니다.

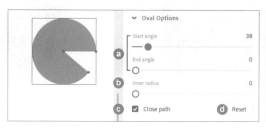

ⓑ Inner radius : 내부 반경 크기를 대화식으로 조절합니다.

ⓒ Close path : 타원의 패스를 닫을 것인지 여부를 설정합니다.

ⓓ Reset : 타원 모양을 원래 크기 및 모양으로 복원합니다.

⑤ 다각형 별 도구 : 다각형을 그립니다.

ⓔ Style : 다각형 또는 별을 지정합니다.

ⓕ Number of Sides : 3 ~ 32 사이의 숫자를 설정하여 변의 수를 지정합니다.

ⓖ Star point size : 0 ~ 1 사이의 숫자를 설정하여 별의 끝점에 대한 깊이를 지정합니다. 0에 가까울수록 바늘처럼 뾰족해집니다.

벡터 개체를 그릴 때 Fill Color 아래에 'Object Drawing' 아이콘(▣)을 클릭하여 활성화하면 레이어 색상에 따라 가는 윤곽선이 표시됩니다. 한 개의 드로잉이 그룹화되며 오브젝트가 많을 때 수정이 용이합니다. 필요에 따라 활성화하여 사용합니다.

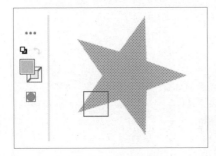

Object Drawing 비활성화

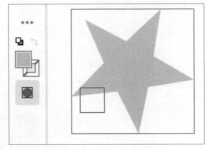

Object Drawing 활성화

02 | 선택 도구(▷)로 'Layer_7' 레이어의 사각형의 기준점을 조절하여 사다리꼴 형태의 사각형으로 변형합니다.

03 | 사각형이 선택된 상태로 Properties 패널의 Color and Style에서 Fill의 색상 상자를 클릭합니다.

04 색상표에서 왼쪽 하단의 선형 그레이디언트를 클릭합니다.

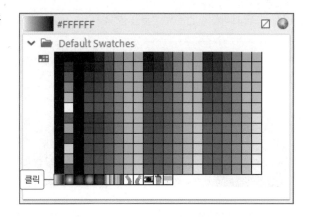

05 그레이디언트 변형 도구(▦)를 선택한 다음 사각형을 선택합니다. 회전 핸들을 이용하여 그러데이션의 방향을 그림과 같이 회전합니다. 조절선에 위치한 화살표에 포인터를 가져가 드래그하면 그러데이션의 크기를 넓게 변경할 수 있습니다.

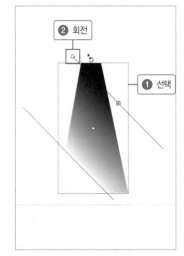

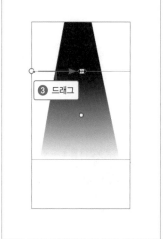

06 그러데이션 조절이 완료되면 메뉴에서 (Window) → Color를 실행합니다.

07 | 그러데이션의 '검은색' 부분을 클릭한 다음 '노란색'으로 지정합니다.

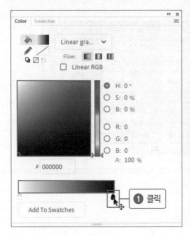 

08 | 그러데이션의 '흰색' 부분을 더블클릭한 다음 색상표가 표시되면 Alpha를 '0'으로 설정합니다.

 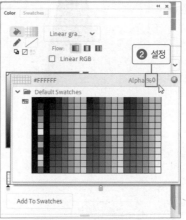

09 | 'Layer_7' 레이어의 사각형을 선택하고 F8을 누릅니다. Convert to Symbol 대화상자가 표시되면 Name에 '조명'을 입력하고 Type을 'Movie Clip'으로 지정한 다음 〈OK〉 버튼을 클릭합니다.

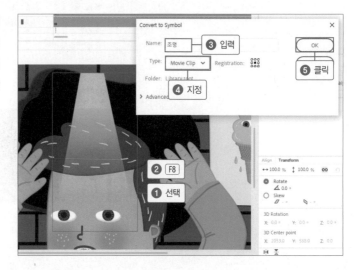

10 │ '조명' 심볼을 선택한 상태에서 Properties 패널에서 Blend를 'Add'로 지정합니다.

11 │ '조명' 심볼에 흐림 효과를 적용하기 위해 '조명' 심볼을 선택한 상태로 Filters의 'Add filter' 아이콘(+)을 클릭하여 'Blur'를 선택합니다.

12 │ Blur X를 '10', Blur Y를 '10'으로 설정합니다.

양쪽으로 움직이는 조명 만들기

01 │ '조명' 심볼을 선택한 상태로 `F8`을 누릅니다. Convert to Symbol 대화상자가 표시되면 Name에 '움직이는 조명'을 입력하고 Type을 'Graphic'으로 지정한 다음 〈OK〉 버튼을 클릭합니다.

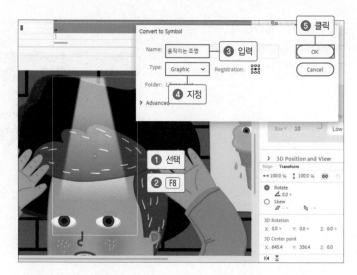

02 │ '움직이는 조명' 심볼을 더블클릭하여 심볼 안으로 들어갑니다. 자유 변형 도구(□)로 앵커 포인트를 상단 가운데로 이동한 다음 그림과 같이 기울입니다.

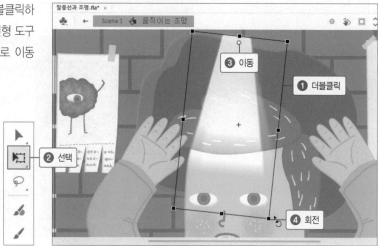

03 │ '10프레임'에서 `F6`을 눌러 키프레임을 만듭니다.

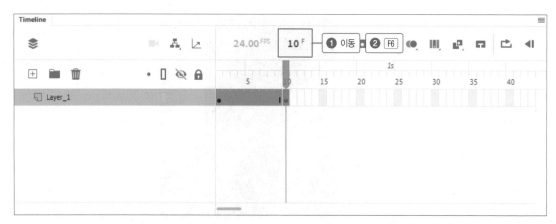

04 | '5프레임'에서 F6을 눌러 키프레임을 만든 다음 자유 변형 도구(▣)로 기울기를 반대로 회전합니다. 모든 프레임을 드래그하여 선택하고 'Insert classic tween' 아이콘(▣)을 클릭하여 클래식 트윈을 활성화합니다.

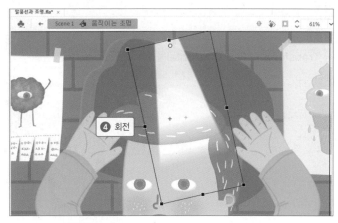

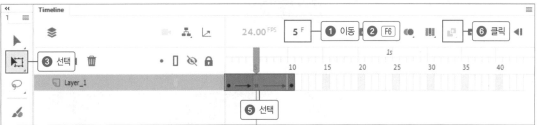

05 | 상단에서 'Scene 1'을 클릭하여 해당 심볼 밖으로 나옵니다. 선택 도구(▶)와 자유 변형 도구(▣)를 선택하여 '움직이는 조명' 심볼의 위치를 알맞게 배치합니다.

06 | '움직이는 조명' 심볼을 복사하기 위해 'Layer_7' 레이어를 마우스 오른쪽 버튼으로 클릭한 다음 **Duplicate Layers**를 실행합니다.

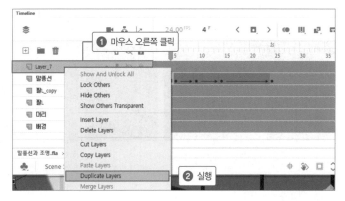

07 | 복사된 'Layer_7 copy' 레이어의 심볼을 마우스 오른쪽 버튼으로 클릭한 다음 **Transform → Flip Horizontal**을 실행합니다.

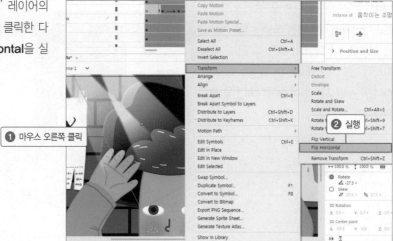

08 | 선택 도구(▶)와 자유 변형 도구(▣)를 선택하여 복사한 '움직이는 조명' 심볼의 위치를 알맞게 배치해 완성합니다.

TIP Blend Mode 살펴보기

Blend Mode는 Movie Clip, Graphic 심볼에서 사용할 수 있습니다. 두 개 이상의 개체가 겹쳐 있을 때 투명도 또는 색상 상호 작용에 변화를 주는 합성 효과를 사용할 수 있습니다. Movie Clip 심볼일 때는 Preperties 패널의 (Object) 탭에서, Graphic 심볼일 때는 (Frame) 탭에서 사용할 수 있습니다.

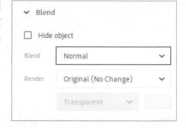

Normal

Layer

Darken

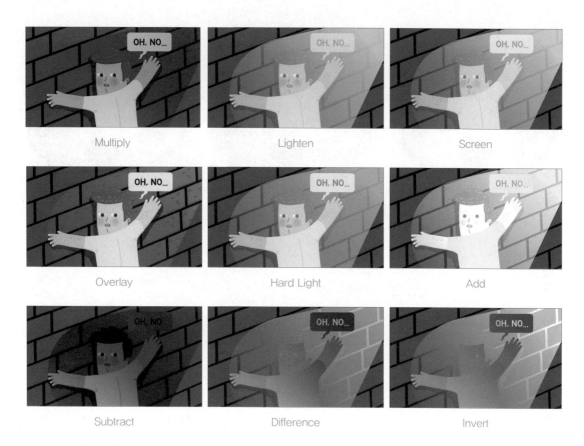

Multiply | Lighten | Screen

Overlay | Hard Light | Add

Subtract | Difference | Invert

TIP Filter 살펴보기

Filter 또한 Movie Clip, Graphic 심볼에서 사용할 수 있습니다. 심볼에 여러 가지 시각적 효과를 주고 애니메이션을 더 풍부하게 만들어 줍니다. 한 장면에 너무 많은 효과는 느린 작업 환경을 만들므로 꼭 필요할 때 사용하는 것이 좋습니다. Movie Clip 심볼일 때는 Properties 패널의 (Object) 탭에서, Graphic 심볼일 때는 (Frame) 탭에서 사용할 수 있습니다.

'Add filter' 아이콘(+)을 클릭하여 원하는 필터를 선택합니다. 'Options' 아이콘(⚙)을 클릭하여 필터를 복사 및 붙여 넣을 수 있습니다.

Drop Shadow   Glow   Bevel

• Drop Shadow

❶ Blur X/Blur Y : 그림자의 폭과 높이를 설정합니다.
❷ Strength : 그림자의 어두운 정도를 설정합니다. 값이 클수록 그림자가 진해집
   니다.
❸ Angle : 그림자의 각도를 설정합니다.
❹ Distance : 그림자가 객체와 떨어져 있는 거리를 설정합니다.
❺ Shadow : 색상을 지정합니다.
❻ Knockout : 개체만 숨깁니다.
❼ Inner shadow : 개체의 경계 내에 그림자를 적용합니다.
❽ Hide object : 개체를 숨기고 그림자만 표시합니다.
❾ Quality : 그림자의 품질 수준을 선택합니다.

• Glow

❶ Blur X/Blur Y : 광선의 폭과 높이를 설정합니다.
❷ Strength : 광선의 선명도를 설정합니다.
❸ Color : 색상을 지정합니다.
❹ Inner glow : 광선이 안에서 나타납니다.
❺ Knockout : 개체만 숨깁니다.
❻ Quality : 광선의 품질 수준을 선택합니다.

• Bevel

❶ Blur X/Blur Y : 경사의 폭과 높이를 설정합니다.
❷ Strength : 경사의 어두운 정도를 설정합니다. 값이 클수록 진해집니다.
❸ Angle : 경사의 각도를 설정합니다.
❹ Distance : 경사가 개체와 떨어져 있는 거리를 설정합니다.
❺ Shadow : 색상을 지정합니다.
❻ Knockout : 개체만 숨깁니다.
❼ Highlight : 하이라이트 색상을 지정합니다.
❽ Type : 경사의 스타일을 지정합니다.
❾ Quality : 경사의 품질 수준을 선택합니다.

Drop Shadow   Glow

• Gradient Glow

❶ Blur X/Blur Y : 광선의 폭과 높이를 설정합니다.
❷ Strength : 광선의 선명도를 설정합니다.
❸ Angle : 광선의 각도를 설정합니다.
❹ Distance : 광선이 개체와 떨어져 있는 거리를 설정합니다.
❺ Gradient : 색상을 지정합니다.
❻ Knockout : 개체만 숨깁니다.
❼ Type : 광선의 스타일을 지정합니다.
❽ Quality : 광선의 품질 수준을 선택합니다.

• Gradient Bevel

❶ Blur X/Blur Y : 경사의 폭과 높이를 설정합니다.
❷ Strength : 경사의 어두운 정도를 설정합니다. 값이 클수록 진해집니다.
❸ Angle : 경사의 각도를 설정합니다.
❹ Distance : 경사가 객체와 떨어져 있는 거리를 설정합니다.
❺ Gradient : 색상을 지정합니다.
❻ Knockout : 개체만 숨깁니다.
❼ Type : 경사의 스타일을 지정합니다.
❽ Quality : 경사의 품질 수준을 선택합니다.

• Adjust Color

❶ Brightness : 이미지의 밝기를 조절합니다.
❷ Hue : 색상의 음영을 조절합니다.
❸ Contrast : 이미지의 강조, 그림자 및 중간 톤을 조절합니다.
❹ Saturation : 색의 강도를 조절합니다.
❺ Show or Hide : 필터 효과를 활성화거나 비활성화합니다.
❻ Delete : 필터를 삭제합니다.

ADOBE ANIMATE

ANIMATION

11

애니메이트 카메라 사용하여 공간감 적용하기

애니메이트의 카메라를 통해서 다양한 장면을 연출할 수 있습니다. 복잡한 3D 레이어 없이 카메라를 움직여서 공간감과 장면의 깊이를 더할 수 있고, 레이어를 카메라에 고정해서 원하는 효과를 나타낼 수 있습니다.

● **예제 파일** : 02\애니메이트 카메라.psd   ● **완성 파일** : 02\애니메이트 카메라_완성.fla

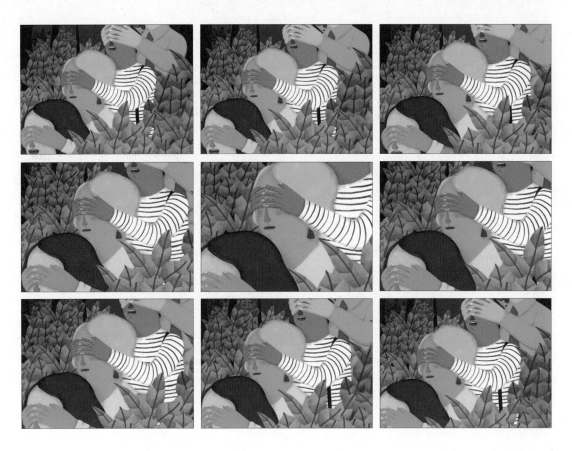

다양한 카메라 기법 사용하기

01 | 홈 화면에서 〈Create New〉 버튼을 클릭하여 New Document 대화상자가 표시되면 Width를 '1000', Height를 '800', Frame Rate를 '24'로 설정한 다음 〈Create〉 버튼을 클릭합니다.

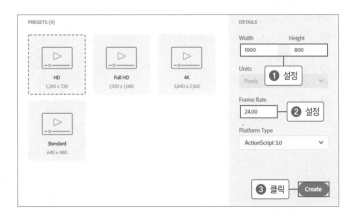

02 │ 메뉴에서 (**File**) → **Import** → **Import to Stage**를 실행하여 02 폴더에서 '애니메이트 카메라.psd' 파일을 불러옵니다.

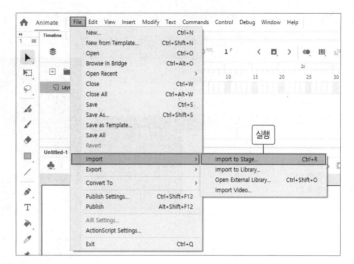

03 │ Import "애니메이트 카메라.psd" to Stage 대화상자가 표시되면 Shift를 누른 상태로 모든 레이어를 클릭하여 선택합니다. Import these image layers as로 'Bitmap image with editable layer styles'를 선택하고 Compression을 'Lossless'로 지정한 다음 〈Import〉 버튼을 클릭합니다.

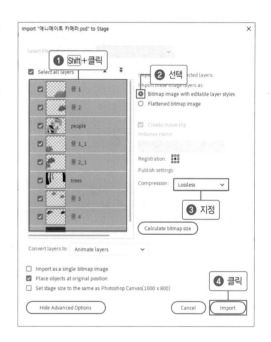

04 │ '100프레임'에서 F5를 눌러 프레임을 늘립니다.

05 | Timeline 패널에서 'Add Camera' 아이콘(▣)을 클릭합니다. 카메라가 활성화되면 현재 스테이지 경계에서 카메라 테두리가 표시되며, 'Camera' 레이어가 Timeline 패널에 추가됩니다.

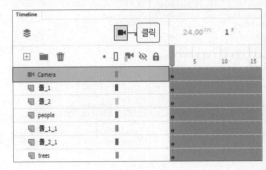

TIP 카메라 비활성화하려면 'Add Camera' 아이콘(▣)을 다시 클릭합니다. Tools 패널에서 Camera를 추가하려면 먼저 'Edit Toolbar' 아이콘(⋯)을 클릭합니다. Drag and drop tools 창이 표시되면 'Camera' 아이콘(▣)을 Tools 패널로 드래그합니다.

06 | '50'프레임과 '100'프레임에서 F6 을 눌러 키프레임을 만듭니다.

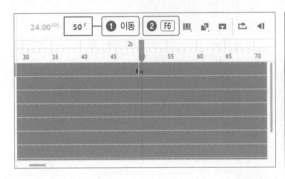
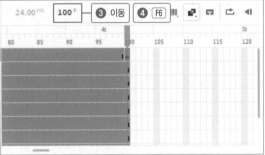

07 | 카메라를 사용하여 화면을 줌 인 해 봅니다. '50프레임'의 키프레임에서 카메라 슬라이더를 오른쪽으로 드래그하여 화면을 확대합니다.

TIP Properties 패널에서 Camera Settings 의 Zoom을 설정하여 조절할 수도 있습니다. 드래그하여 화면을 조절하면 슬라이더는 자동으로 가운데로 이동됩니다.

08 │ 'Camera' 레이어의 '1프레임'~'49프레임' 사이에서 마우스 오른쪽 버튼을 클릭한 다음 **Create Insert classic tween**을 실행합니다.

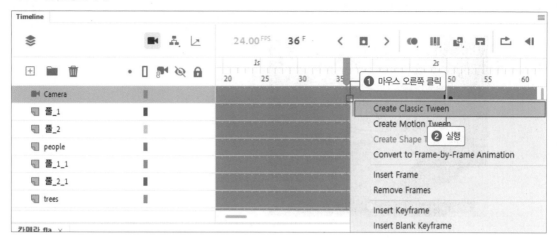

09 │ 카메라에도 속도감을 적용할 수 있습니다. 트윈이 적용된 프레임을 선택한 상태로 Properties 패널에서 〈Classic Ease〉 버튼을 클릭합니다. Classic Ease 창이 표시되면 (Ease Out) 탭을 선택하고 'Quad'를 더블클릭하여 적용합니다.

10 │ 화면을 회전하기 위해 카메라 슬라이더에서 '카메라 회전' 아이콘(🎥)을 클릭합니다. 화면 확대와 마찬가지로 슬라이더를 좌우로 드래그하며 회전할 수 있습니다.

TIP Properties 패널에서 Camera Settings의 Rotate를 설정하여 조절할 수도 있습니다.

TIP 'Clip content outside the stage' 아이콘(⊡)을 클릭하여 스테이지 밖으로 보이는 이미지를 가리거나 표시할 수 있습니다.

11 │ 화면을 패닝시키기 위해 스테이지의 원하는 부분을 좌우 또는 상하로 드래그합니다.

TIP Properties 패널에서 Camera Settings 의 X, Y를 설정하여 조절할 수도 있습니다.

TIP Camera Settings 살펴보기

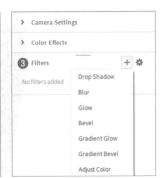

❶ Camera Settings : 'Reset' 아이콘(↺)을 클릭하여 카메라 값을 초기화할 수 있습니다.

❷ Color Effects : 카메라 심볼에 Color Effects를 적용할 수 있습니다.

❸ Filters : 카메라 심볼에 Filter를 적용할 수 있습니다.

12 │ 화면의 심도를 조절하기 위해 '50프레임'에서 '100프레임' 사이를 선택하고 'Insert classic tween' 아이콘(📑)을 클릭하여 클래식 트윈을 활성화합니다.

13 │ 메뉴의 **(Window)** → **Layer Depth**를 실행합니다.

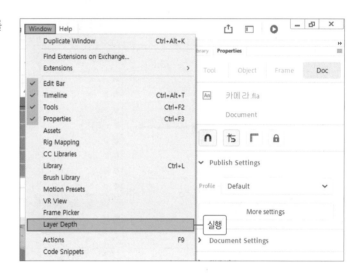

14 │ Layer Depth 패널이 표시됩니다. 오른쪽의 파란색 점은 카메라를 의미합니다. 'bg' 레이어를 선택한 다음 레이어 색상과 같은 선을 아래로 드래그합니다.

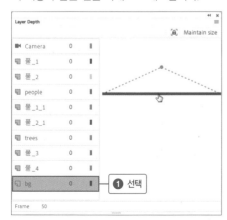
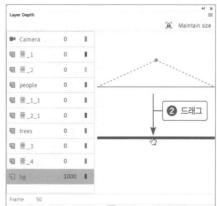

15 카메라에서 'bg' 레이어가 멀어졌기 때문에 화면에서 'bg' 레이어의 이미지 크기를 키우겠습니다. 'bg' 레이어를 선택한 다음 Transform 패널에서 '221%'로 설정합니다.

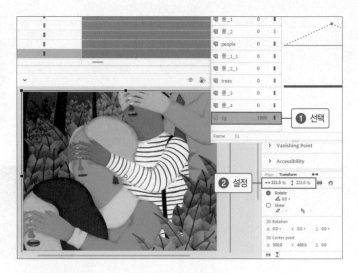

16 Layer Depth 패널에서 '풀_4' 레이어를 선택하고 선을 'bg' 레이어보다 조금 아래로 드래그합니다.

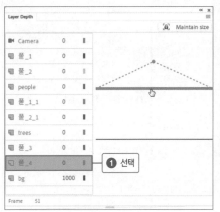
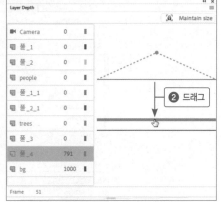

17 카메라에서 '풀_4' 레이어가 멀어졌기 때문에 화면에서 '풀_4' 레이어의 이미지 크기를 키우겠습니다. '풀_4' 레이어를 선택하고 Transform 패널에서 '210%'로 설정합니다.

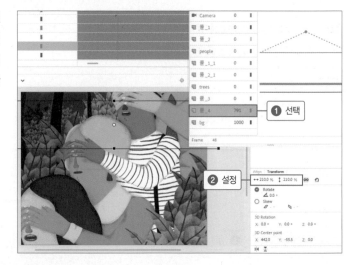

18 Layer Depth 패널에서 카메라에서 가장 먼 레이어부터 아래에서 쌓이도록 모든 레이어를 설정하여 위치를 조절합니다.

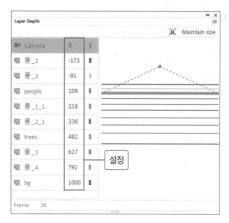

TIP 위치를 표시하는 설정 값을 드래그 또는 입력하여 위치를 간단하게 조절할 수 있습니다.

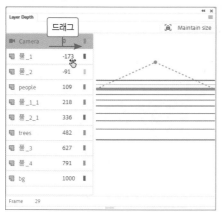

19 [Enter]를 눌러 카메라의 심도와 전체적인 카메라 움직임을 확인합니다.

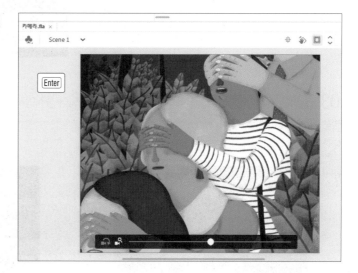

카메라에 레이어 고정하기

01 │ 선택 도구(▶)로 '풀_1' 레이어 위치
를 화면에서 잘 보이게 중앙으로 이동합니다.

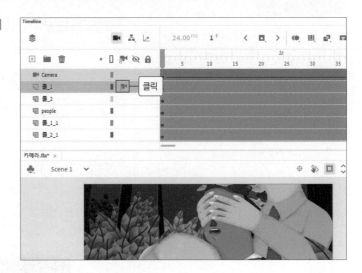

02 │ '풀_1' 레이어의 '레이어 고정' 아이
콘(🎥)을 클릭합니다.

03 │ Enter를 눌러 재생하면 '풀_1' 레이어는 카메라에 고정되어 움직이지 않고 나머지 레이어만 카메라 움직임에 영향을
받는 것을 확인할 수 있습니다.

3D 효과를 이용하여
스티커 애니메이션 만들기

애니메이트의 Movie Clip을 3D 공간에서 이동하고 회전하며 3D 효과를 만들 수 있습니다. X축을 조절하여 앞뒤로 움직이거나 Y축을 조절하여 회전하는 듯한 스티커 애니메이션을 만들어 봅시다.

● **예제 파일** : 02\스티커.psd   ● **완성 파일** : 02\스티커_완성.fla

앞뒤로 흔들리는 스티커
애니메이션 만들기

01 │ 홈 화면에서 〈Create New〉 버튼을 클릭하여 New Document 대화상자가 표시되면 Width를 '1280', Height를 '720', Frame Rate를 '24'로 설정한 다음 〈Create〉 버튼을 클릭합니다.

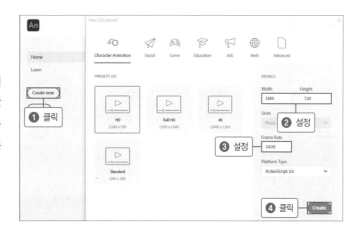

02 | 메뉴에서 **(File)** → **Import** → **Import to Stage**를 실행하여 02 폴더에서 '스티커.psd' 파일을 불러옵니다.

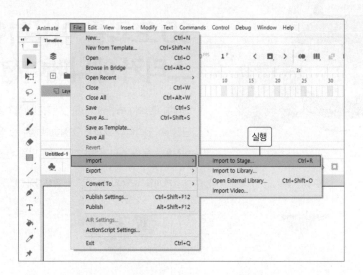

03 | Import "스티커.psd" to Stage 대화상자가 표시되면 Shift를 누른 상태로 모든 레이어를 클릭하여 선택합니다. Import these image layers as를 'Bitmap image with editable layer styles'로 선택하고 Compression을 'Lossless'로 지정한 다음 〈Import〉 버튼을 클릭합니다.

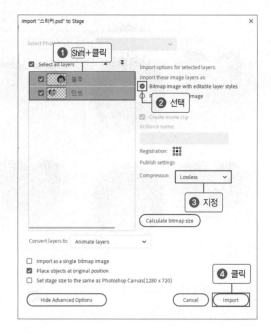

TIP 3D 효과는 Movie Clip 심볼에서 나타나기 때문에 Graphic 심볼로 변환하지 않습니다.

04 | '60프레임'에서 F5를 눌러 프레임을 늘립니다. '블루' 레이어와 '민트' 레이어의 '60프레임'을 마우스 오른쪽 버튼으로 클릭한 다음 **Create Motion Tween**을 실행합니다.

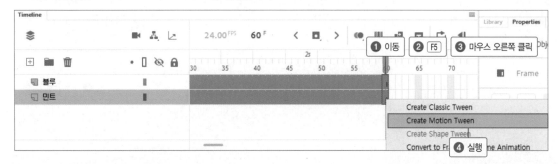

05 3D 회전 도구와 3D 평행 이동 도구를 사용해서 두 개의 스티커가 3D 공간에서 서로 다른 방향으로 들어오는 애니메이션을 만들겠습니다. 먼저 Tools 패널에서 'Edit Toolbar' 아이콘(⋯)을 클릭한 다음 3D 회전 도구(◉)와 3D 평행 이동 도구(⏦)를 Tools 패널로 드래그합니다.

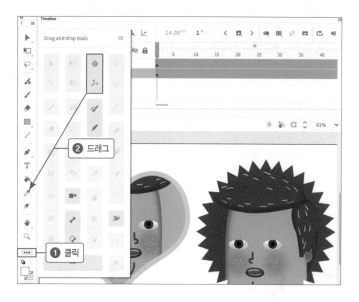

06 3D 심볼의 앵커 포인트를 변경하기 위해 3D 회전 도구(◉)를 선택하고 '블루' 레이어에 표시된 원의 중심점을 위로 드래그하여 앵커 포인트를 상단으로 이동합니다.

TIP 3D 도구는 마스크 레이어의 개체에 사용할 수 없으며, 3D 개체가 포함된 레이어는 마스크 레이어로 사용할 수 없습니다.

07 06번과 같은 방법으로 '민트' 레이어의 앵커 포인트를 하단 가운데로 이동합니다.

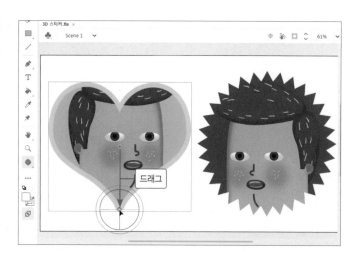

3D 회전 도구(◉)는 3D 심볼을 X, Y, Z축으로 회전합니다. 각 선에 마우스 포인터를 위치하여 회전축을 확인할 수 있습니다. 주황색의 바깥쪽 선은 X, Y, Z축을 동시에 회전할 수 있습니다.

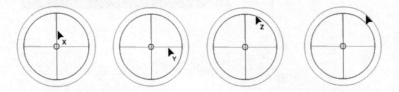

3D 평행 이동 도구(⊹)는 3D 심볼을 X, Y, Z축으로 이동합니다. 각 화살표에 마우스 포인터를 위치하여 이동 방향을 확인할 수

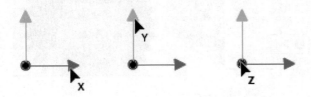

08 │ 스티커가 스테이지 각각 위와 아래에서 들어오는 애니메이션을 만들겠습니다. '10프레임'에서 F6을 눌러 키프레임을 만듭니다.

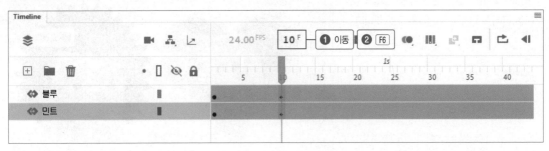

09 │ 3D 평행 이동 도구(⊹)를 선택한 다음 Y축을 드래그하여 '1프레임'에서 '민트' 레이어는 스테이지 상단 밖으로 이동합니다.

TIP 이때 심볼의 위치를 한 번에 이동하기보다는 조금씩 이동합니다. 일반 심볼처럼 한 번에 이동하면 원하는 위치보다 더 많이 변경됩니다.

10 │ 같은 방법으로 '블루' 레이어는 스테이지 하단 밖으로 이동합니다.

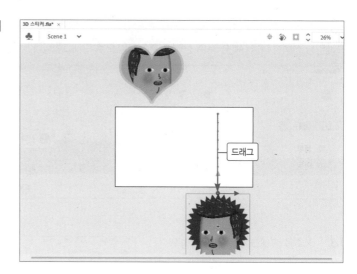

11 │ '민트' 스티커가 스테이지 밖에서 안으로 들어와 반동에 의해 앞뒤로 움직이게 만들어 봅니다. 3D 회전 도구(◉)로 '민트' 레이어의 '10프레임'에서 X축을 드래그하여 앞으로 기울게 만듭니다.

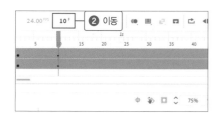

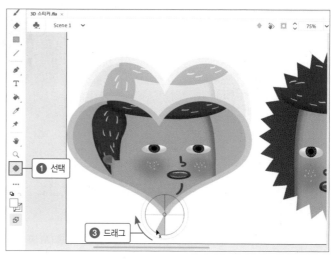

TIP 기울기가 너무 심하게 조절된다면 Properties 패널에서 3D Position and View의 Perspective angle을 낮게 설정합니다.

12 │ '민트' 레이어의 '15프레임'에서 F6을 눌러 키프레임을 만듭니다. 3D 회전 도구(◉)로 X축을 드래그하여 뒤로 기울게 만듭니다.

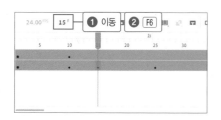

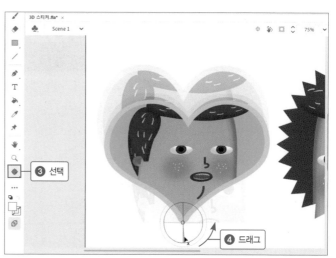

13 │ '민트' 레이어의 반동이 점점 줄어들게 만들기 위해 키프레임을 복제하겠습니다. '민트' 레이어에서 '10프레임'의 키프레임을 선택한 다음 Alt를 누른 상태로 '25프레임'으로 드래그합니다.

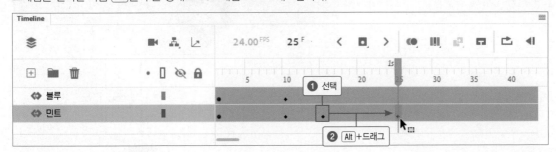

14 │ X축을 드래그하여 '25프레임'의 심볼이 '10프레임'보다 앞으로 조금 덜 기울게 세웁니다.

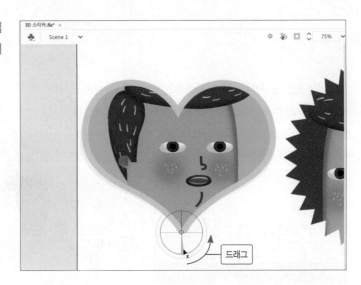

15 │ '민트' 레이어에서 '15프레임'의 키프레임을 선택한 다음 Alt를 누른 상태로 '40프레임'으로 드래그합니다.

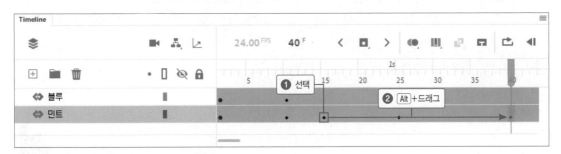

16 │ '40프레임'에서 X축을 드래그하여 심볼을 정면으로 세웁니다.

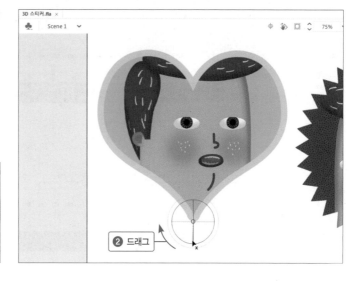

17 │ Enter를 눌러 '민트' 스티커가 스테이지로 들어와 반동에 의해 앞뒤로 흔들리는 애니메이션을 확인합니다.

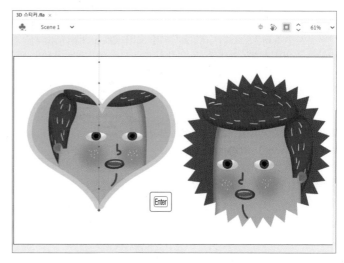

TIP 3D 타임라인의 키프레임 수정하기

원하는 키프레임을 드래그하여 위치를 이동할 수 있습니다.

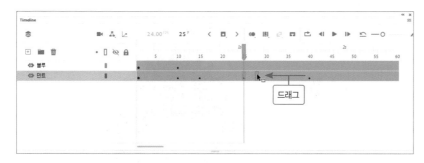

원하는 여러 개의 키프레임을 선택한 다음 드래그하여 한꺼번에 이동할 수 있습니다.

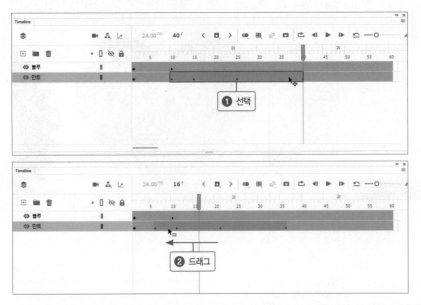

마우스 오른쪽 버튼으로 키프레임을 클릭한 다음 **Clear Keyframe**을 실행하면 키프레임을 삭제할 수 있습니다. Clear Keyframe의 하위 메뉴에서 원하는 위치 값 또는 모두 등 원하는 옵션만 선택하여 삭제할 수 있습니다.

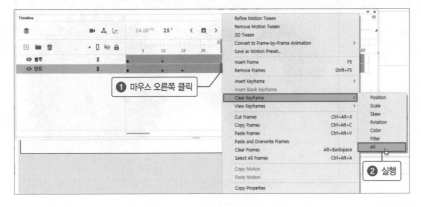

회전하는 듯한 스티커 애니메이션 만들기

01 | '블루' 스티커가 스테이지 안으로 들어와 반동에 의해 회전하는 듯한 애니메이션을 만들어 봅니다. 3D 회전 도구(◈)를 선택한 다음 '10프레임'의 키프레임을 선택한 상태로 Y축으로 드래그하여 심볼을 회전합니다.

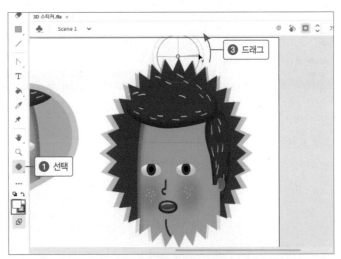

02 '15프레임'에서 F6 을 눌러 키프레임을 만듭니다. Y축을 반대 방향으로 드래그하여 심볼의 모양을 변경합니다.

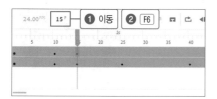

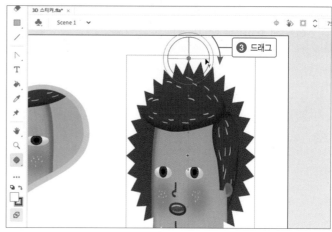

03 Alt 를 누른 상태로 '10프레임'의 키프레임을 '25프레임'으로 드래그합니다. 복제된 '25프레임'의 키프레임은 '10프레임'보다 조금 더 정면을 바라보게 Y축을 조절합니다.

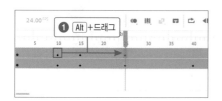

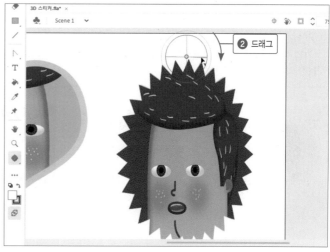

04 Alt 를 누른 상태로 '15프레임'의 키프레임을 '40프레임'으로 드래그합니다. '40프레임'에서 키프레임의 Y축을 조절해서 정면을 보게 만듭니다.

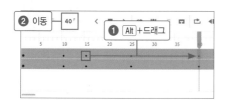

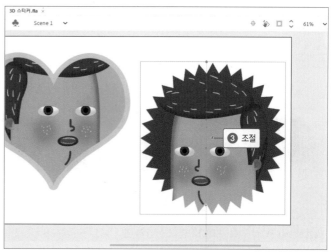

05 | Enter를 눌러 X축과 Y축으로 움직이는 스티커 애니메이션을 확인합니다.

TIP **3D 심볼의 원근감, 소실점 조절하기**

Perspective angle(📷)은 3D 동영상 클립 보기에 대한 외관상 각도를 제어합니다. 값의 범위는 1 ∼ 180이며, 값을 늘리거나 줄이면 3D 동영상 클립의 외관상 크기 및 스테이지의 가장자리를 기준으로 위치에 영향을 줍니다. 값을 늘리면 3D 객체가 뷰어와 가깝게 나타나고, 값을 줄이면 3D 객체가 멀게 나타납니다. 이 효과는 렌즈를 통해 보기의 각도를 변경하는 카메라 렌즈를 사용한 확대 및 축소와 유사합니다.

Perspective angle : 1

Perspective angle : 90

3D 동영상 클립의 Z축은 소실점을 향해 오목하게 표시됩니다. Vanishing Point 값을 재배치하여 Z축을 따라 평행 이동할 때 객체가 이동하는 방향을 변경할 수 있습니다. 소실점의 위치를 조절하면 스테이지에서 3D 객체 및 애니메이션의 모양을 정밀하게 제어할 수 있습니다.

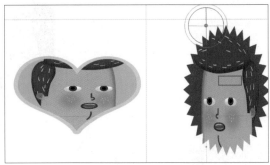

Vanishing Point 값을 드래그하면 소실점의 안내선이 나타나고 위치가 변경됩니다. 〈Reset〉 버튼으로 소실점을 다시 가운데로 설정할 수 있습니다.

뼈 도구를 사용하여
잎을 흔드는 캐릭터 만들기

뼈 도구는 부모와 자식 관계에서 뼈대로 연결된 뼈를 사용해서 애니메이션을 적용하는 방법입니다. 나뭇잎을 그려 뼈 도구를 사용하여 자연스럽게 흔들리는 잎 애니메이션을 만들어 봅시다.

● **예제 파일** : 02\풀잎.psd, 획.mp3   ● **완성 파일** : 02\풀잎_완성.fla

잎을 그려 뼈 도구로 뼈 심기

01 홈 화면에서 〈Create New〉 버튼을 클릭하여 New Document 대화상자가 표시되면 Width를 '1280', Height를 '720', Frame Rate를 '24'로 설정한 다음 〈Create〉 버튼을 클릭합니다.

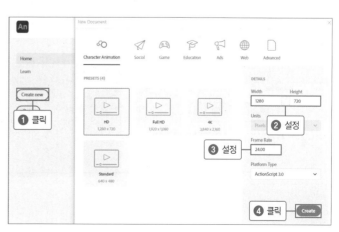

02 | 메뉴에서 (**File**) → **Import** → **Import to Stage**를 실행하여 02 폴더에서 '풀잎.psd' 파일을 불러옵니다.

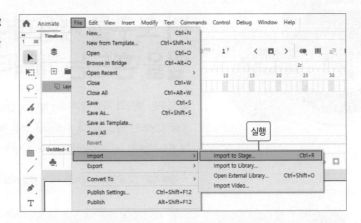

03 | Import "풀잎.psd" to Stage 대화상자가 표시되면 Shift를 누른 상태로 모든 레이어를 클릭하여 선택합니다.

Import these image layers as를 'Bitmap image with editable layer styles'로 선택하고 Compression을 'Lossless'로 지정한 다음 〈Import〉 버튼을 클릭합니다.

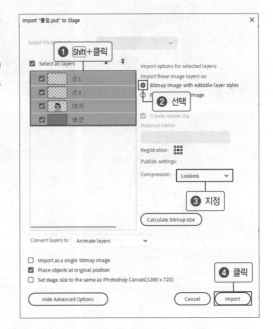

04 | Ctrl+A를 눌러 심볼을 전체 선택하고 Properties 패널에서 (Object) 탭을 선택한 다음 'Graphic'으로 지정합니다.

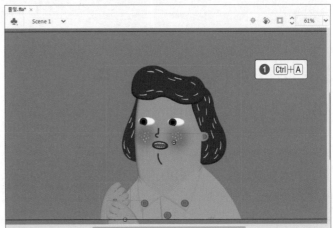

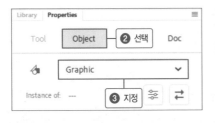

05 | '100프레임'에서 [F5]를 눌러 프레임을 늘립니다.

06 | 자유 변형 도구(▣)로 '여자' 심볼의 앵커 포인트를 하단 가운데로 이동합니다.

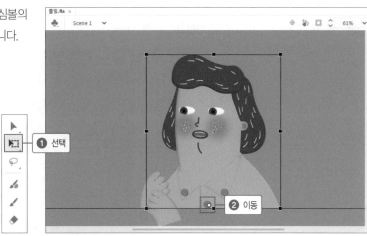

07 | 자유 변형 도구(▣)로 '손1' 레이어와 '손2' 레이어의 앵커 포인트를 손목 방향으로 이동합니다.

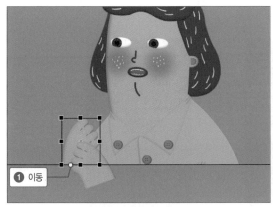

'손2' 레이어 앵커 포인트

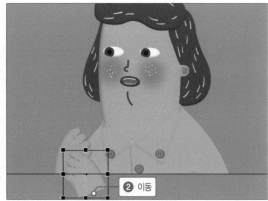

'손1' 레이어 앵커 포인트

08 | 손에 들고 있는 잎을 그리기 위해 먼저 'New Layer' 아이콘(⊞)을 클릭하여 '여자' 레이어 위로 이동합니다. 새 레이어의 이름을 더블클릭하여 '잎'으로 변경합니다.

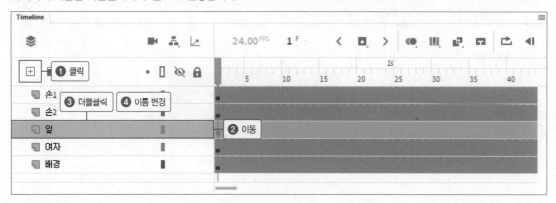

09 | 펜 도구(✎)로 그림과 같이 가늘고 긴 모양의 잎을 그립니다.

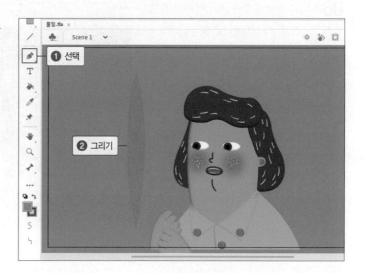

TIP 펜 도구로 잎 그리기

❶ 아래쪽을 클릭하여 시작점을 만든 다음 위쪽을 클릭한 상태에서 드래그하여 곡선을 만듭니다.

❷ 시작점을 다시 한번 클릭하여 연결합니다.

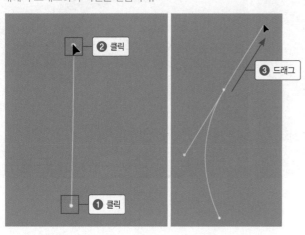

❸ 기준점 변환 도구(⌐)를 선택한 다음 핸들을 조절하여 잎의 모양을 만들어 줍니다.

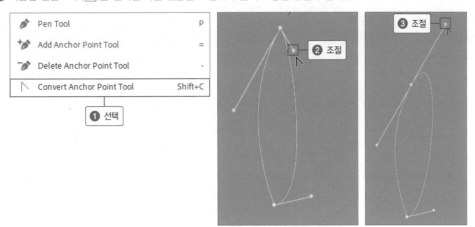

❹ 페인트 통 도구(◈)를 선택한 다음 'Fill Color'를 클릭합니다. '#319345'를 입력하거나 원하는 잎 색상을 선택한 다음 잎 안쪽을 클릭하여 색상을 채웁니다.

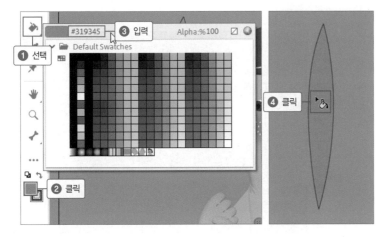

❺ '잎' 레이어가 선택된 상태로 'Stroke Color'를 클릭한 다음 '색 없음' 아이콘(☑)을 클릭하여 외곽선을 없앱니다.

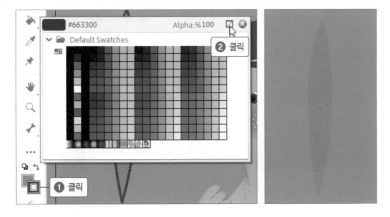

10 뼈 도구로 잎에 뼈를 심어 흔들리는 애니메이션을 만들겠습니다. 'Edit Toolbar' 아이콘(⋯)을 클릭한 다음 뼈 도구(✐)를 Tools 패널로 드래그합니다.

11 뼈 도구(✐)로 조금씩 드래그하여 잎에 뼈를 만듭니다.

TIP 뼈 도구로 뼈 심기

❶ 잎의 아랫부분을 클릭한 다음 조금 위로 드래그합니다.

❷ 첫 번째 뼈의 머리를 다시 클릭한 다음 위로 드래그하여 두 번째 뼈를 만듭니다.

❸ ❶번∼❷번 과정을 반복해서 나머지 뼈를 만듭니다.

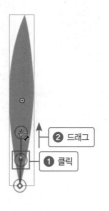

– 개별 뼈를 선택하려면 선택 도구(▶)로 뼈를 클릭합니다. 뼈를 여러 개 선택하려면 Shift를 누른 상태로 클릭합니다.

– 뼈대에서 뼈를 모두 선택하려면 뼈를 두 번 클릭합니다.

– 개별 뼈와 해당 뼈대를 모두 삭제하려면 뼈를 클릭하고 Delete를 누릅니다.

– Shift를 누른 상태로 각 뼈를 클릭하면 삭제할 뼈를 여러 개 선택할 수 있습니다.

TIP 원하는 뼈 모양으로 지정하기

Properties 패널의 Options에서 만들고 있는 뼈 모양을 보기 편하게 변경할 수 있습니다.

• Type

액션 스크립트를 사용하지 않는 애니메이션이기 때문에 변경할 필요는 없습니다.

❶ Auth ortime : 마우스 포인터를 이용하여 원하는 대로 애니메이션을 만듭니다.

❷ Runtime : 액션 스크립트를 사용하여 애니메이션을 만듭니다.

• Style

뼈의 스타일을 내가 보기 편하게 변경해서 작업할 수 있습니다.

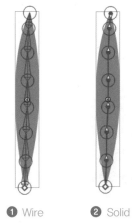  

❶ Wire   ❷ Solid   ❸ Line   ❹ None

잎을 흔드는 캐릭터와 흔들리는 잎 만들기

01 │ 뼈를 심은 잎을 캐릭터 손으로 이동합니다.

이동

TIP 뼈를 심은 심볼은 Alt를 누른 상태로 선택 도구(▶)로 이동합니다. 또는 자유 변형 도구(▣)로 이동합니다.

02 가장 위에 있는 뼈를 클릭하고 드래 그하여 잎의 모양을 그림과 같이 구부립니다.

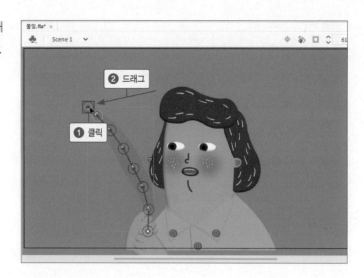

03 '100프레임'에서 F6 을 눌러 키프레임을 만듭니다.

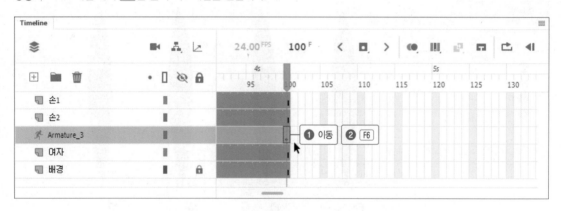

04 '50프레임'에서 잎의 모양을 반대로 변형합니다. 잎의 모양을 변형하며 좌우로 흔들리는 잎을 만듭니다.

TIP F6 을 눌러 키프레임을 만들거나 키프 레임 생성 없이 잎의 모양을 변형하면 키프레 임이 자동 생성됩니다.

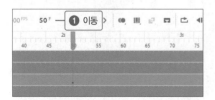

05 여자 캐릭터가 잎을 흔드는 애니메이션을 만들겠습니다. 'Show Parenting view' 아이콘(⛗)을 클릭한 다음 '잎' 심볼인 'Animate_3' 레이어를 '손2' 레이어로 드래그하여 페어런트합니다.

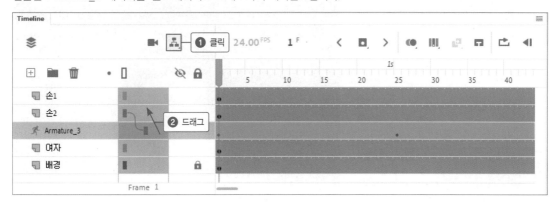

06 '손1' 레이어와 '손2' 레이어'손1' 레이어와 '손2' 레이어의 회색 부분을 '여자' 레이어의 회색 부분으로 드래그하여 페어런트합니다

07 여자 캐릭터의 몸과 손을 흔드는 애니메이션을 만들겠습니다. 자유 변형 도구(⛾)로 '1프레임'의 캐릭터 자세를 그림과 같이 만듭니다.

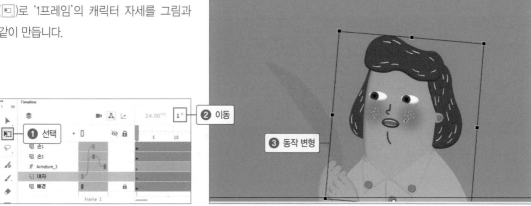

08 | '배경' 레이어를 제외한 모든 레이어의 '50프레임'에서 F6을 눌러 키프레임을 만들고 캐릭터의 자세를 그림과 같이 변형합니다.

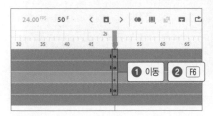

09 | Ctrl을 누른 상태로 '손1' 레이어, '손2' 레이어, '여자' 레이어를 클릭하여 선택합니다. 마우스 오른쪽 버튼을 클릭한 다음 **Create Insert classic tween**을 실행합니다.

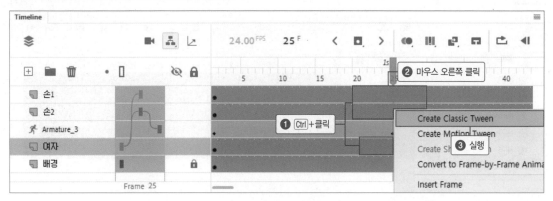

10 | '손1' 레이어, '손2' 레이어, '여자' 레이어의 '1프레임'의 키프레임을 선택합니다. 마우스 오른쪽 버튼을 클릭한 다음 **Copy Frames**를 실행합니다.

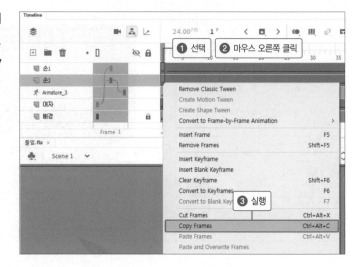

11 │ '100프레임'에서 마우스 오른쪽 버튼을 클릭한 다음 **Paste Frames**를 실행하여 키프레임을 붙여 넣습니다. 09번과 같은 방법으로 붙여 넣은 키프레임에 클래식 트윈을 적용합니다.

12 │ 애니메이션의 전체 속도를 조절하기 위해서 프레임을 드래그하여 전체 선택합니다. 프레임의 끝에 포인터를 가져가 '35프레임'까지 드래그하여 프레임을 줄입니다.

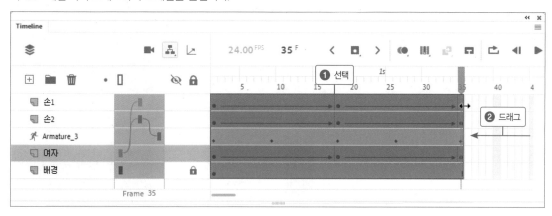

13 │ Ctrl을 누른 상태로 'Animate_3' 레이어를 제외한 레이어의 클래식 트윈을 선택합니다. Properties 패널에서 〈Classic Ease〉 버튼을 클릭하여 Classic Ease 창이 표시되면 (Ease In Out) 탭을 선택하고 'Quad'를 더블클릭하여 적용합니다.

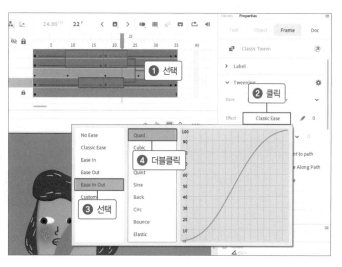

TIP '손1', '손2' 레이어는 '9프레임'~'24프레임', '여자' 레이어는 '12프레임'~'23프레임'을 선택하여 클래식 트윈을 적용했습니다.

14 | Enter 를 눌러 애니메이션을 재생하여 확인합니다. 추가하고 싶은 동작이 있다면 자유롭게 추가해도 좋습니다.

사운드 파일 불러와 편집하기

01 | 메뉴에서 (**File**) → **Import** → **Import to Library**를 실행합니다. Import to Library 대화상자가 표시되면 02 폴더에서 '휙.mp3' 파일을 선택한 다음 〈열기〉 버튼을 클릭합니다.

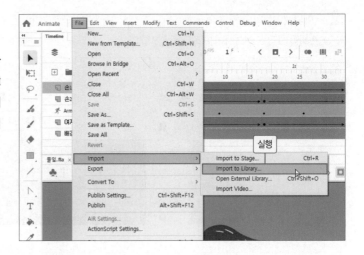

02 | 메뉴에서 (**File**) → **Import** → **Import to Library**를 실행합니다. Import to Library 대화상자가 표시되면 02 폴더에서 '휙.mp3' 파일을 선택한 다음 〈열기〉 버튼을 클릭합니다.

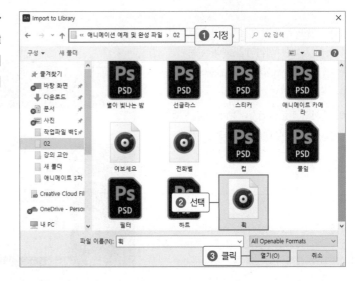

03 | 'New Layer' 아이콘(回)을 클릭하여 새 레이어를 만듭니다. 레이어 이름을 더블클릭하여 '효과음'으로 변경합니다.

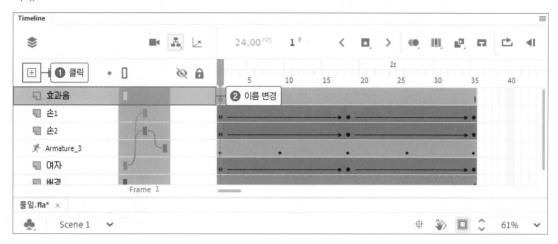

04 | '효과음' 레이어를 선택한 상태로 Properties 패널에서 Sound의 Name을 불러온 '휙.mp3'로 지정합니다.

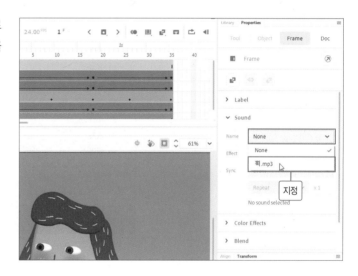

05 | '효과음' 레이어의 타임라인에서 사운드 적용을 확인할 수 있습니다.

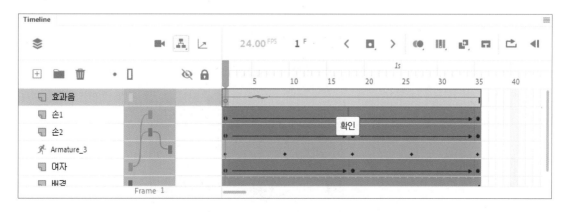

TIP 사운드를 불러오는 또 다른 방법

❶ 사운드를 불러올 새 레이어를 만든 다음 메뉴에서 (File) → Import → Import to Stage를 실행합니다.

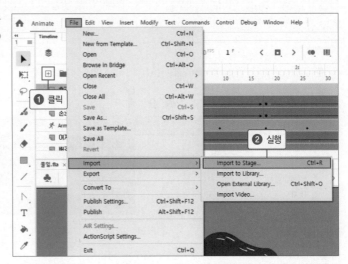

❷ 파일을 선택하여 불러오면 새 레이어에 사 운드 파일이 적용됩니다.

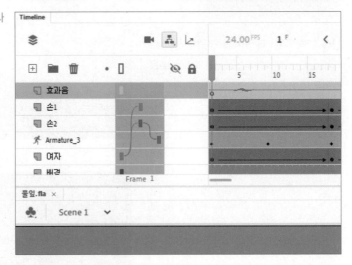

06 │ '효과음' 레이어가 선택된 상태에서 Properties 패널에서 Sound의 'Edit sound envelope' 아이콘(🔊)을 클릭합 니다.

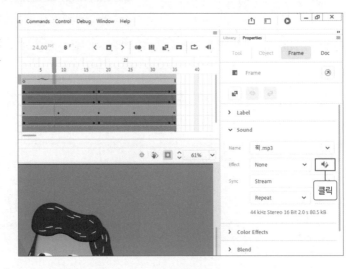

07 Edit Envelope 대화상자가 표시되면 'Zoom out' 아이콘
(🔍)을 클릭하여 화면을 축소합니다.

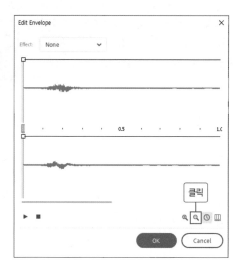

08 가운데의 바를 클릭하고 사운드의 끝에 맞게 드래그한 다음 〈OK〉 버튼을 클릭합니다.

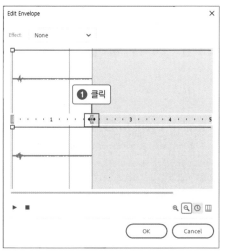 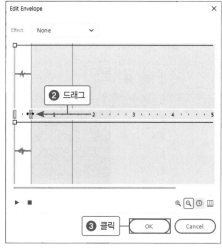

TIP Edit Envelope 대화상자 살펴보기

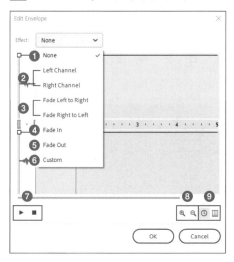

❶ None : 사운드 파일에 아무 효과도 적용되지 않습니다. 이전 적용 효과를 제거하려면 선택합니다.

❷ Left Channel, Right Channel : 왼쪽 채널이나 오른쪽 채널의 사운드만 재생됩니다.

❸ Fade Left to Right/Fade Right to Left : 채널 간에 사운드가 이동됩니다.

❹ Fade In : 사운드 지속 기간 동안 볼륨이 서서히 커집니다.

❺ Fade Out : 사운드 지속 기간 동안 볼륨이 서서히 작아집니다.

❻ Custom : 사용자가 원하는 사운드의 시작 및 종료 지점을 만들 수 있습니다.

❼ Play sound/Stop sound : 사운드를 재생, 정지합니다.

❽ Zoon in/Zoom out : 타임라인을 확대, 축소합니다.

❾ Seconds/Frames : 초, 프레임으로 타임라인 단위를 변경합니다.

09 사운드가 없는 끝부분을 편집해서
사운드 파일의 길이가 짧아졌습니다. Enter를
눌러 사운드 파일이 들어가면 좋을 위치를
찾아봅니다.

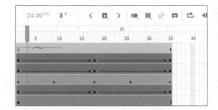

10 '효과음' 레이어에서 '1프레임'의 키프레임을 드래그하여 잎이 흔들리는 위치에 사운드 파일이 재생되도록 '3프레임'으로 이동합니다.

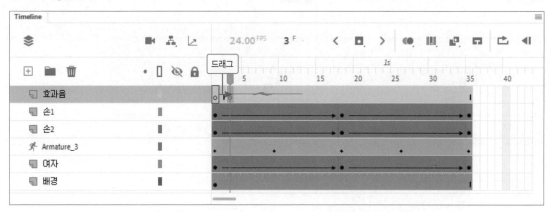

11 Alt 를 누른 상태로 '3프레임'의 키프레임을 '22프레임'으로 드래그하여 사운드를 프레임에 복사합니다. Enter를 눌러 사운드를 들어 봅니다.

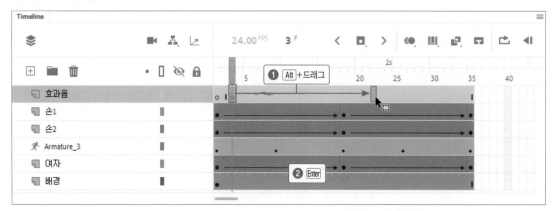

Edit Envelope 대화상자에서 사운드 타임라인의 포인트를 선택합니다. 포인트의 위치를 위아래로 조절하면서 사운드의 볼륨을 조절할 수 있습니다.

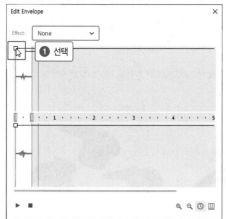 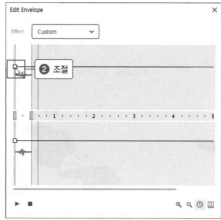

사운드 타임라인의 선을 클릭해서 포인트를 추가할 수 있습니다. 만든 포인트를 위아래로 조절하면서 자유롭게 사운드를 조절할 수 있습니다.

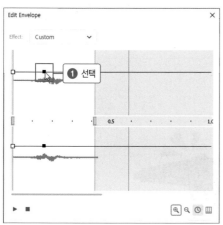 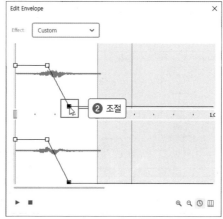

수정한 사운드를 초기화하려면 Effect를 'None'으로 지정합니다.

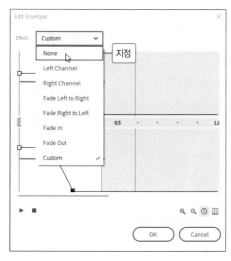

Library 패널과 심볼 관리하기

애니메이트의 Library 패널에는 애니메이트에서 만들거나 스테이지에서 사용하기 위해 가져온 미디어 에셋이 저장됩니다. 특히 심볼은 한 번 만들어 여러 번 다시 사용할 수 있습니다. Library 패널과 심볼에 대해 알아보고 효과적인 작업 환경을 만들어 봅니다.

● **예제 파일** : 02\라이브러리.psd   ● **완성 파일** : 02\라이브러리1_완성.fla, 라이브러리2_완성.fla

Library 패널에서 파일 가져오기

01 | 메뉴에서 **(File)** → **Import** → **Import to Stage**를 실행하여 02 폴더에서 '라이브러리.psd' 파일을 불러옵니다. 스테이지와 Library 패널에 해당 심볼과 이미지 파일이 들어온 것을 확인할 수 있습니다.

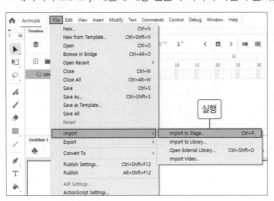
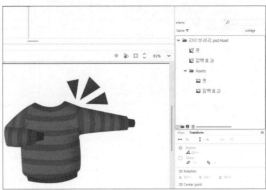

02 | 메뉴에서 **(File)** → **Import** → **Import to Library**를 실행하여 02 폴더에서 '라이브러리.psd' 파일을 불러옵니다. 스테이지에 바로 표시되지 않고 Library 패널에만 표시되는 것을 확인할 수 있습니다.

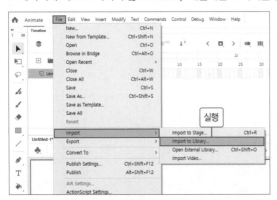

03 │ Library 패널에서 필요한 심볼 또는 이미지를 드래그하여 스테이지로 불러올 수 있습니다.

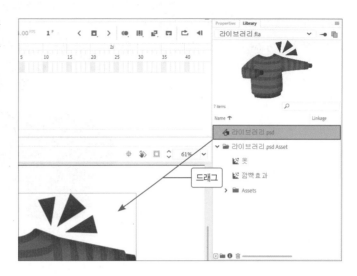

04 │ 심볼이나 이미지를 선택하면 미리 보기로 확인할 수 있습니다.

05 │ Library 패널에서 심볼을 여러 번 드래그하여 사용할 수 있습니다.

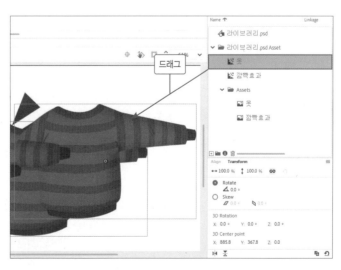

06 Ctrl+A를 눌러 스테이지의 심볼을
전체 선택한 다음 Delete를 눌러 삭제합니다.

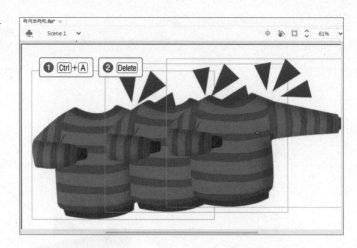

07 스테이지에서 심볼이 삭제되어도
Library 패널에는 유지되어 다시 사용할 수
있습니다.

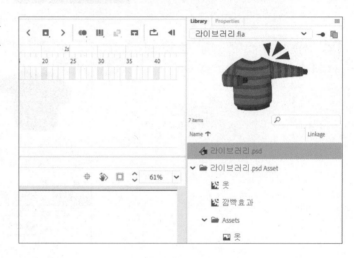

TIP Library 패널 살펴보기

❶ New Symbol : 새로운 심볼을 만듭니다.
❷ New Folder : 폴더를 만듭니다.
❸ Properties : 심볼 혹은 이미지의 속성을 확인하고 변경합니다.
❹ Delete : 심볼 혹은 이미지를 삭제합니다.

복제한 심볼에 같은 애니메이션 적용하기

01 심볼을 복사하여 활용하기 위해 먼저 '40프레임'에서 F5를 눌러 프레임을 늘립니다.

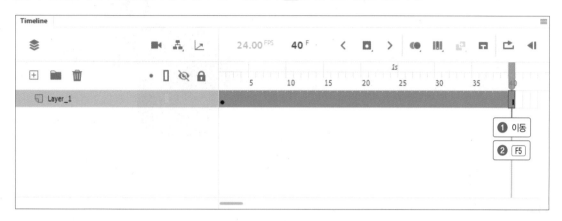

02 '라이브러리.psd' 심볼을 더블클릭하여 심볼 안으로 들어갑니다. 심볼 안에서도 '10프레임'에서 F5를 눌러 프레임을 늘립니다.

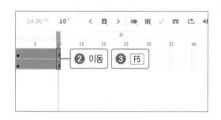

03 '깜빡효과' 레이어의 '7프레임'에서 F7을 눌러 빈 프레임을 만듭니다. 스테이지 상단에서 'Scene 1'을 클릭하여 해당 심볼 밖으로 나옵니다.

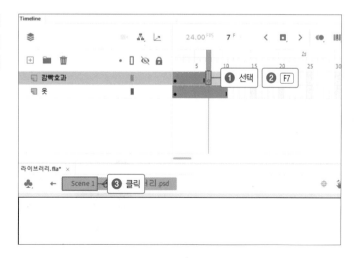

04 Enter를 눌러 깜빡거리는 애니메이션을 확인합니다.

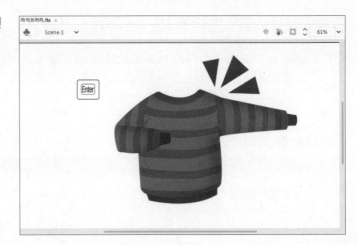

05 Alt를 누른 상태로 드래그하여 심볼을 하나 더 복제합니다. Enter를 눌러 복제한 심볼에 같은 애니메이션이 적용된 것을 확인할 수 있습니다.

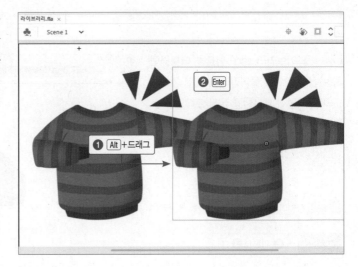

06 이전에 복사한 심볼은 삭제하고, 다시 Library 패널에서 '라이브러리.psd' 심볼을 마우스 오른쪽 버튼으로 클릭한 다음 **Duplicate**를 실행합니다.

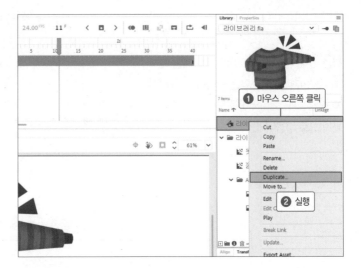

07 | Duplicate Symbol 대화상자가 표시되면 Name에 기존 심볼 이름 뒤에 Copy가 붙어 표시됩니다. 〈OK〉 버튼을 클릭하여 심볼을 복제합니다.

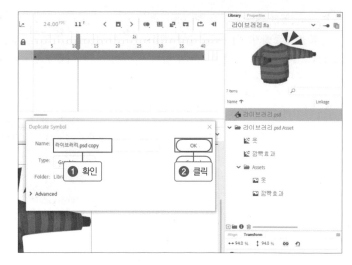

08 | 복제한 '라이브러리.psd copy' 심볼을 스테이지로 드래그합니다. 드래그한 심볼을 더블클릭하여 심볼 안으로 들어갑니다.

09 | 자유 변형 도구(圖)로 옷을 회전합니다.

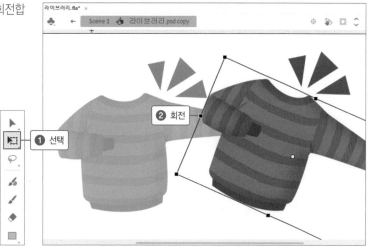

10 │ 상단에서 'Scene 1'을 클릭하여 해당 심볼 밖으로 빠져나와 Enter를 눌러 애니메이션을 재생합니다. 복제한 심볼은 회전을 제외한 나머지 애니메이션은 그대로 유지됩니다.

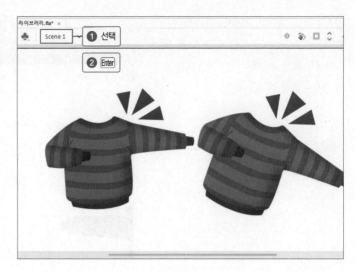

11 │ 복제할 심볼을 마우스 오른쪽 버튼으로 클릭한 다음 **Duplicate Symbol**을 실행하거나 설정한 단축키로 심볼을 복제하여 사용할 수도 있습니다.

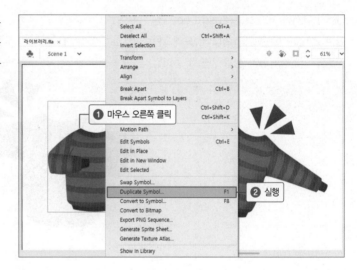

12 │ 다른 스테이지로 이름이 동일한 심볼을 복사하여 붙여 넣으려면 먼저 Ctrl+C를 눌러 해당 심볼을 복사합니다.

13 | 다른 스테이지로 이동하여 Ctrl+V를 눌러 붙여 넣습니다.

이때 이름이 동일한 심볼이 있기 때문에 Resolve Library Conflict 대화상자가 표시됩니다. 'Put duplicate items into a folder'를 선택한 다음 〈OK〉 버튼을 클릭합니다.

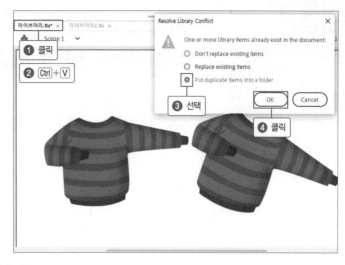

TIP Resolve Library Conflict 대화상자 살펴보기

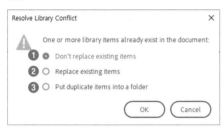

❶ Don't replce existing items : 기존 항목 대체 안함
❷ Replace existing items : 기존 항목 대체
❸ Put duplicate items into a folder : 폴더에 중복 항목 넣기

14 | 심볼 이름이 중복되어도 복사한 스테이지의 심볼이 그대로 들어온 것을 확인할 수 있습니다.

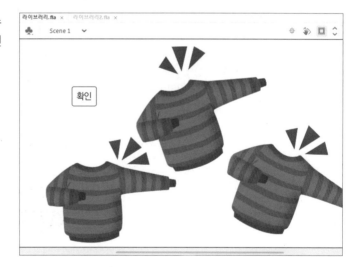

Assets 패널로
활용적인 파일 관리하기

ADOBE ANIMATE

ANIMATION

15

Assets 패널에는 애니메이션 프로젝트에서 사용할 수 있는 미리 준비된 에셋이 포함되어 있습니다. 자주 사용하는 애니메이션 심볼을 에셋에 저장하고 공유할 수 있습니다.

Assets 패널 기능 알아보기

01 │ 메뉴에서 (**Window**) → **Assets**를 실행하여 Assets 패널을 표시합니다.

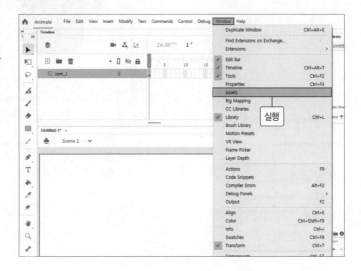

02 │ (Default) 탭에는 Animated, Static, Sound Clips, (Custom) 탭에는 Animated, Static이 포함되어 있습니다. 'Animated'는 두 개 이상의 프레임이 있는 심볼, 'Static'에는 하나의 프레임과 이미지가 있는 심볼, 'Sound Clips'에는 샘플 배경과 이벤트 사운드가 있습니다.

03 빠른 검색을 위해 애니메이션 에셋을 필터링할 수 있습니다.

 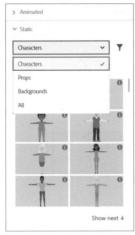 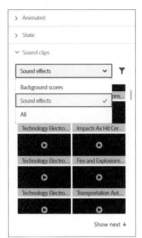

04 에셋을 패널에 추가하는 방법은 두 가지가 있습니다. Library 패널에서 에셋으로 변환하려는 심볼을 마우스 오른쪽 버튼으로 클릭한 다음 **Export Asset** 또는 **Save As Asset**을 실행합니다.

TIP
❶ Export Asset : 에셋을 파일로 저장하여 나중에 Assets 패널에서 가져올 수 있습니다.
❷ Save As Asset : 파일에 저장하지 않고 직접 Assets 패널에 저장할 수 있습니다.

05 Export Asset을 실행한 경우 〈Export〉 버튼을 클릭하여 파일을 저장합니다.

TIP 내보낸 에셋 파일은 '.ana' 파일 형식으로 저장됩니다.

06 | Save As Asset을 실행한 경우 〈Save〉 버튼을 클릭하면 내보낸 에셋이 (Custom) 탭에 추가됩니다.

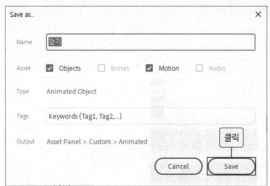 

07 | Assets 패널의 (Custom) 탭에서 에셋을 가져올 수 있습니다. 'Import assets' 아이콘(＋)을 클릭한 다음 '.ana' 파일 형식의 에셋 파일을 불러옵니다.

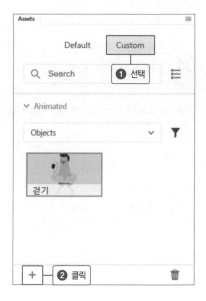

08 | 에셋을 삭제하려면 에셋을 선택하고 'Delete assets' 아이콘(🗑)을 클릭합니다. 에셋을 마우스 오른쪽 버튼으로 클릭한 다음 **Delete**를 실행하여 삭제할 수도 있습니다.

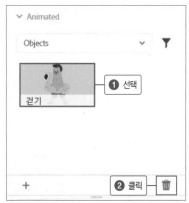 

TIP Rename을 실행하면 에셋의 이름을 변경할 수 있습니다.

ANIMATION

16

애니메이트에서 이미지 및 비디오 내보내기

애니메이트에서 작업한 애니메이션을 이미지 혹은 비디오로 내보내서 최종본을 출력해 봅시다.

애니메이션 PNG 시퀀스 내보내기

01 | Library 패널 또는 스테이지에서 심볼을 선택합니다. 마우스 오른쪽 버튼을 클릭한 다음 **Export PNG Sequence**를 실행합니다.

02 | Export PNG Sequence 대화상자가 표시되면 저장 위치를 지정한 다음 〈저장〉 버튼을 클릭합니다. 다시 Export PNG Sequence 대화상자가 표시되면 원하는 옵션을 설정한 다음 〈Export〉 버튼을 클릭하여 PNG 시퀀스로 내보냅니다.

TIP Export PNG Sequence 대화상자 살펴보기

❶ Width : 이미지 출력의 폭을 설정합니다. 기본값은 심볼의 폭입니다.

❷ Height : 이미지 출력의 높이를 설정합니다. 기본값은 심볼의 높이입니다.

❸ Resolution : 이미지 출력의 해상도를 설정합니다. 기본값은 72dpi입니다.

❹ Colors : 이미지 출력의 비트 심도를 지정합니다. 8, 24, 32bit를 선택할 수 있습니다. 기본값은 투명성을 지원하는 32bit입니다.

❺ Smooth : 이미지 출력 가장자리에 매끄러움을 적용할 것인지 여부를 설정합니다. 투명 배경을 사용하지 않고, 이미지가 스테이지의 현재 색상과 다른 배경색 위에 배치된 경우 이 옵션을 체크 해제합니다.

애니메이션 GIF 내보내기

01 | GIF 파일로 내보내기위해 메뉴에서 **(File)** → **Export** → **Export Animated GIF**를 실행합니다.

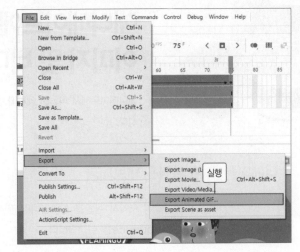

02 | Export Image 대화상자가 표시되면 'GIF'로 지정하고 〈Done〉 버튼을 클릭하여 애니메이션을 GIF 파일로 내보냅니다.

JPEG 시퀀스 및 JPEG 이미지 내보내기

01 | 메뉴에서 **(File)** → **Export** → **Export Image**를 실행합니다.

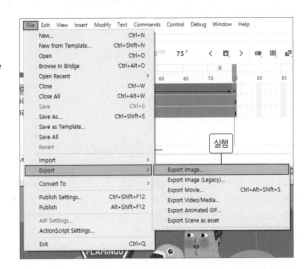

02 | Export Image 대화상자가 표시
되면 Name을 'JPEG High'로 지정한 다
음 〈Done〉 버튼을 클릭하여 애니메이션을
JPEG 파일로 내보냅니다.

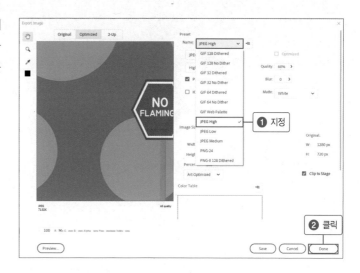

Adobe Media Encoder로 HD 비디오 내보내기

01 | 메뉴에서 (**File**) → **Export** → **Export Video/
Media**를 실행합니다.

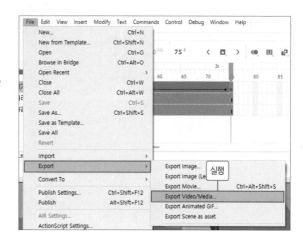

02 | Export Media 대화상자가 표시되면 원하는 옵션을 설정한 다음 〈Export〉 버튼을 클릭합니다.

TIP **Export Media 알아보기**

❶ Render size : 해상도에 맞춰 렌더링 크기를 설정합니다.
각 스테이지의 폭 및 높이와 같은 값을 설정하며, 렌더링 폭
및 렌더링 높이를 변경하려면 원하는 대로 스테이지 크기를
수정합니다.

❷ Ignore stage color : 트랙으로 인코딩됩니다. 따라서 내보
낸 QuickTime 동영상을 다른 내용 위에 오버레이하여 배경
색상 또는 장면을 변경할 수 있습니다.

❸ Span : 내보내는 비디오의 위치를 지정합니다.

❹ Format : 내보내는 비디오의 형식을 지정합니다.

❺ Output : 비디오의 저장 위치를 지정합니다.

❻ Start Adobe Media Encoder Render Queue
immediately : Animate의 비디오 내보내기 작업이 완료된
후 Adobe Media Encoder가 시작됩니다.

Adobe Media Encoder는 Adobe Creative Cloud에서
Animate를 설치하는 경우 자동으로 설치됩니다.

Part 3

애프터 이펙트로 애니메이션 작업하기

애프터 이펙트는 애니메이션뿐만 아니라 영화 합성에도 사용되는 광범위한 기능을 가진 프로그램입니다. 그중 가장 기초되는 키프레임과 그래프를 사용해서 애니메이션을 제작하고 애프터 이펙트의 기초를 단단하게 만들어 봅니다.

애프터 이펙트 설치 및 작업 알아보기

애프터 이펙트를 설치하고 나에게 맞는 작업 환경과 인터페이스를 설정합니다. 나만의 작업 환경을 저장해서 애니메이션 제작을 더욱 편리하게 합니다. 애프터 이펙트 애니메이션의 기본인 키프레임을 연습합니다.

애프터 이펙트 설치하기

01 어도비 홈페이지(adobe.com/kr)에 접속합니다. 메뉴에서 '도움말 및 지원'을 클릭한 다음 〈다운로드 및 설치〉 버튼을 클릭합니다.

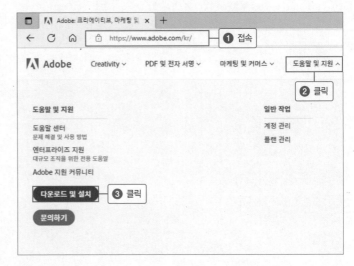

02 Creative Cloud 모든 앱의 〈다운로드〉를 클릭하여 설치합니다.

03 Creative Cloud Desktop에서 '계정'을 선택한 다음 '환경 설정'을 클릭합니다.

04 '앱'을 선택하고 기본 설치 언어를 'English(International)'로 지정한 다음 〈완료〉 버튼을 클릭합니다.

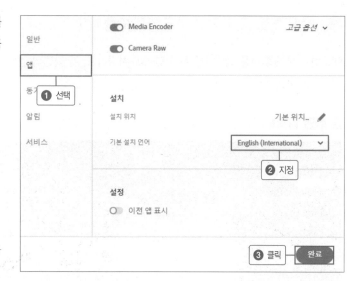

TIP 기본 설치 언어를 선택하지 않으면 자동으로 한글 프로그램으로 설치됩니다.

05 After Effects 〈설치〉 버튼을 클릭합니다.

06 로딩 화면이 표시된 다음에 애프터 이펙트가 실행됩니다.

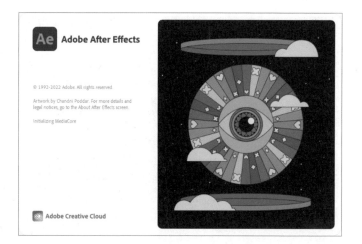

애프터 이펙트 홈과 작업 화면 알아보기

애프터 이펙트를 처음 실행하면 홈 화면이 표시됩니다. 홈 화면의 인터페이스와 작업 화면에
있는 패널들을 알아보겠습니다.

홈 화면 살펴보기

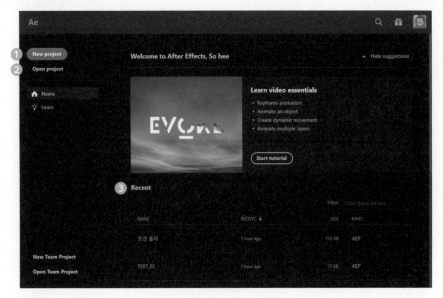

❶ **New Project** : 새로운 프로젝트를 만듭니다.

❷ **Open Project** : 기존 프로젝트를 불러옵니다.

❸ **Recent** : 최근 작업 목록을 표시합니다.

작업 화면 알아보기

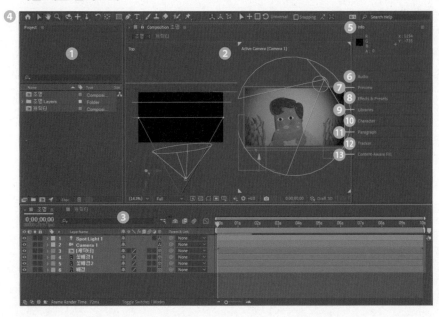

1 **Project 패널** : 프로젝트에 사용할 모든 에셋을 가져오고 구성하는 패널입니다.

2 **Composition 패널** : 최종적으로 나오는 애니메이션 화면이 표시됩니다.

3 **Timeline 패널** : 애니메이션 레이어가 표시되며 키프레임으로 타이밍을 조절합니다.

4 **Tools 패널** : 작업에 필요한 여러 가지 툴이 표시되어 있습니다.

5 **Info 패널** : 프로젝트 파일에 대한 정보를 보여 줍니다.

6 **Audio 패널** : 오디오 파일의 재생과 제어를 합니다.

7 **Preview 패널** : 프로젝트의 미리 보기를 제공합니다.

8 **Effects & Presets 패널** : 애프터 이펙트의 모든 효과가 나열되어 있습니다.

9 **Libraries 패널** : 화면 내에서 Creative Cloud Libraries를 사용할 수 있습니다.

10 **Character 패널** : 글씨체 및 크기, 굵기를 조절합니다.

11 **Paragraph 패널** : 문장의 배열과 문단의 높낮이를 조절합니다.

12 **Tracker 패널** : 애니메이션의 움직임을 추적합니다.

13 **Content-Aware Fill 패널** : 영상 내 불필요한 부분을 삭제합니다.

그 외의 필요한 패널들을 커스텀할 수 있습니다.

TIP 패널을 선택하면 파란색의 테두리로 표시되어 현재 활성화된 패널을 알 수 있습니다.

나만의 작업 환경 설정하기

01 | 필요하지 않은 패널에서 '패널 메뉴' 아이콘(■)을 클릭하고 'Close Panel'을 선택합니다.

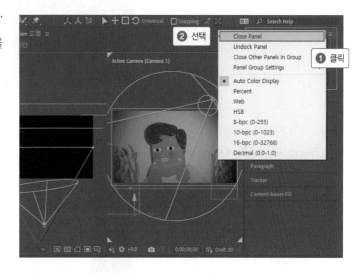

02 작업 환경을 저장하기 위해 메뉴에서 **(Window) → Workspace → Save as New Workspace**를 실행합니다.

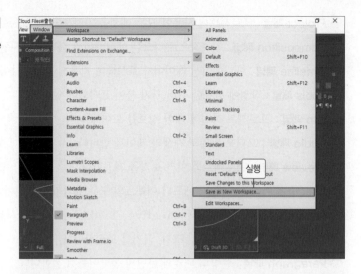

03 New Workspace 대화상자가 표시되면 Name에 나만의 패널 이름을 입력하고 〈OK〉 버튼을 클릭합니다.

04 작업 환경이 저장되었습니다. 메뉴에서 **(Window) → Workspace → 내가 저장한 이름**을 실행하여 언제든지 작업 환경을 변경할 수 있습니다.

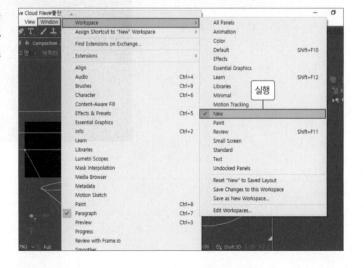

- 뒤로 팬 도구 : Y
- 회전 도구 : W
- Position : P
- Rotation : R
- Scale : S
- 속성 다중 표시 : Shift + 단축키

- 레이어에 적용된 키프레임 모두 확인 : U
- 타임라인 재생 길이 선택: B / N
- Easy Ease : F9
- 키프레임 효과 삭제 : 키프레임에 Ctrl + 클릭
- 화면 재생: Spacebar

애프터 이펙트에 포토샵(PSD) 파일 불러오기

01 │ 소스를 만든 폴더에서 Psd 형식의 파일을 선택하고 애프터 이펙트의 Project 패널로 드래그하여 불러옵니다.

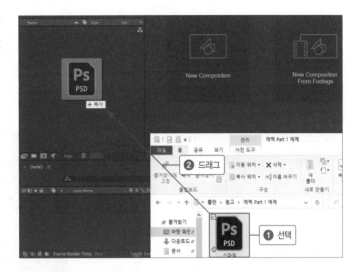

02 │ 01번과 다른 방법으로 파일 불러오 겠습니다. Project 패널에서 마우스 오른쪽 버튼을 클릭하고 **Import → File**(Ctrl + I) 을 실행합니다.

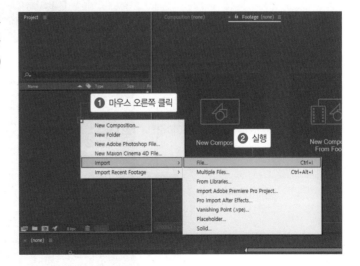

03 | Import File 대화상자가 표시되면 psd 파일을 불러올 폴더에서 파일을 선택한 다음 〈Import〉 버튼을 클릭합니다.

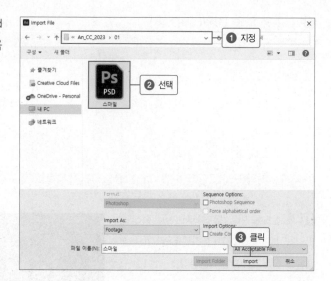

04 | psd 대화상자가 표시되면 Import Kind를 'Composition−Retain Layer Sizes'로 지정하고 Layer Options를 'Editable Layer Styles'로 선택한 다음 〈OK〉 버튼을 클릭합니다.

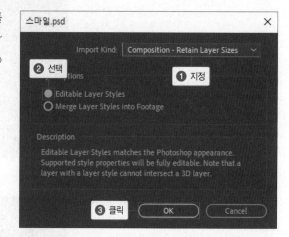

05 | Project 패널에서 컴포지션을 더블 클릭하면 컴포지션을 불러올 수 있습니다. Timeline 패널에서 psd 파일과 레이어가 동일한 것을 확인할 수 있습니다.

AFTER EFFECTS

ANIMATION

02

VOGUE

간단한 도구로 도형 애니메이션 만들기

애프터 이펙트의 간단한 도구를 이용하여 원에서 사각형으로 변형하는
애니메이션을 만들겠습니다.

● **완성 파일** : 도형 애니메이션_완성.aep

컴포지션 만들고 원과 배경 만들기

01 새로운 컴포지션을 만들기 위해 애프터 이펙트 작업 화면에서 'New Composition'을 클릭합니다.

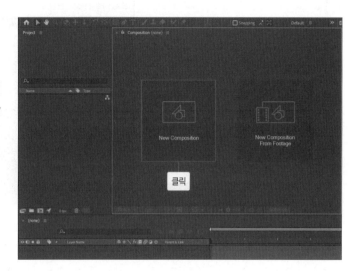

02 Composition Settings 대화상자가 표시되면 Composition Name에 '도형 애니메이션'을 입력하고 Width를 '1920px', Height를 '1080px'로 설정한 다음 Frame Rate를 '29.97'로 선택합니다. Duration을 '0:00:10:00'으로 설정하고 〈OK〉 버튼을 클릭합니다.

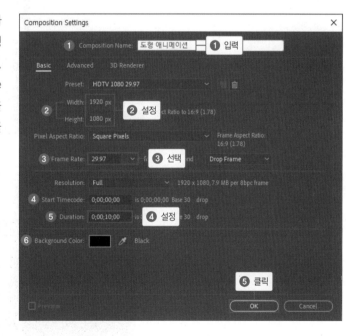

TIP Composition Settings 살펴보기

❶ Composition Name : 컴포지션의 이름을 입력합니다.
❷ Width/Height : 가로, 세로 크기를 설정합니다.
❸ Fram Rate : 프레임을 선택합니다.

❹ Start Timecode : 현재 시간 표시기의 시작을 설정합니다.
❺ Duration : 컴포지션의 총 길이를 설정합니다.
❻ Background Color : 배경 색상을 지정합니다.

03 | Tools 패널에서 사각형 도구(■)을 길게 클릭하여 표시되는 원형 도구 (●)를 선택합니다.

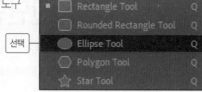

선택

04 | Tools 패널에서 Fill의 색상 상자를 클릭합니다. Shape Fill Color 대화상자가 표시되면 색상을 '노란색'으로 지정하고 〈OK〉 버튼을 클릭합니다.

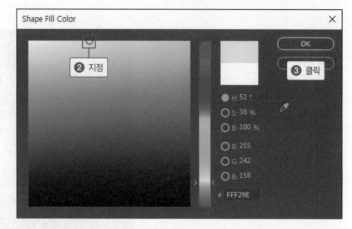

05 | Tools 패널에서 'Stoke'를 클릭합니다. Stroke Options 대화상자가 표시되면 'None'을 선택하고 〈OK〉 버튼을 클릭합니다.

06 | Composition 패널에서 Shift를 누른 상태로 드래그하여 원을 그립니다.

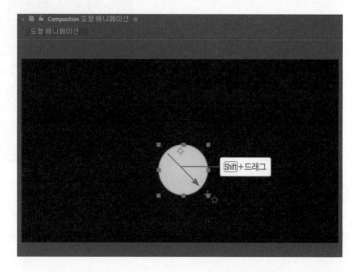

TIP Shift를 누른 상태로 도형을 그리면 모양이 흐트러지지 않는 도형을 만들 수 있습니다.

07 | Tools 패널에서 뒤로 팬 도구(▦)를 선택하고 원의 앵커 포인트를 중앙으로 이동합니다.

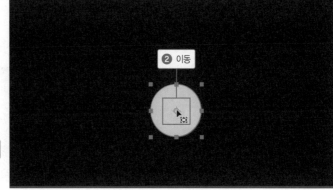

08 | 배경을 만들겠습니다. 메뉴에서 (**Layer**) → **New** → **Solid**([Ctrl]+[Y])를 실행합니다.

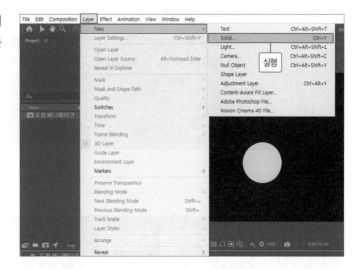

09 | Solid Settings 대화상자가 표시되면 크기를 화면과 동일하게 만들기 위해 〈Make Comp Size〉 버튼을 클릭하고 Color를 '분홍색'으로 지정한 다음 〈OK〉 버튼을 클릭합니다.

원에 애니메이션 적용하기

01 │ Timeline 패널에서 Solid 레이어를 선택하고 'Shape Layer 1' 레이어 아래로 드래그하여 이동합니다.

02 │ Solid 레이어의 'Lock' 아이콘(🔒)을 클릭하여 레이어를 잠급니다.

03 │ 'Shape Layer 1' 레이어를 선택하고 Enter를 눌러 이름을 '동그라미'로 변경합니다.

04 │ '동그라미' 레이어의 Transform 속성을 표시합니다.

TIP Zoom 슬라이드를 조절하여 타임라인을 확대, 축소하거나, ⊞, ⊟을 눌러 타임라인을 확대, 축소할 수 있습니다.

05 | Position과 Scale의 'Stop Watch' 아이콘(⊙)을 클릭하여 키프레임을 만듭니다.

06 | 현재 시간 표시기를 '18프레임'으로 이동하고 Position과 Scale의 'Add Keyframe' 아이콘(◆)을 클릭하여 새로운 키프레임을 만듭니다.

07 | 같은 방법으로 총 5개의 키프레임을 만듭니다.

TIP 예제에서는 '0초' '14프레임', '1초', '1초 16프레임', '2초 6프레임'에 키프레임을 만들었습니다.

08 | 현재 시간 표시기를 첫 번째 키프레임이 있는 '0초'로 이동합니다. Tools 패널에서 선택 도구(▶)를 선택하고 '동그라미' 레이어를 드래그하여 그림과 같이 화면 밖으로 이동합니다.

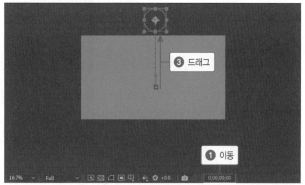

TIP Composition 패널 확대/축소 알아보기
Composition 패널 하단에서 Magnification ratio
popup을 지정하거나, 마우스 휠 돌리기, 또는 Tools
패널에서 확대/축소 도구(🔍)를 선택하여 확대/축소
할 수 있습니다.

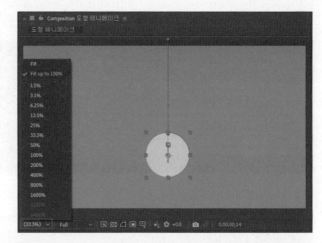

09 | 현재 시간 표시기를 두 번째 키프레
임이 있는 '14프레임'으로 이동합니다. '동그
라미' 레이어를 기존 위치보다 조금 아래로
이동합니다.

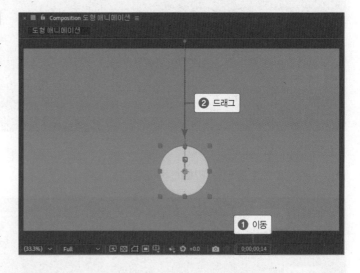

TIP J, K를 눌러 이전, 다음 키프레임으로
쉽게 이동할 수 있습니다.

10 | 현재 시간 표시기를 세 번째 키프레
임이 있는 '1초'로 이동합니다. '동그라미' 레
이어를 드래그하여 기존 위치보다 조금 위
로 이동합니다.

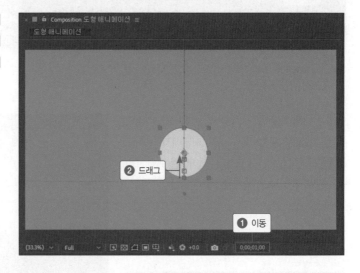

11 현재 시간 표시기를 네 번째 키프레임이 있는 '1초 16프레임'으로 이동합니다. '동그라미' 레이어를 드래그하여 두 번째 키프레임보다 조금 아래로 이동합니다.

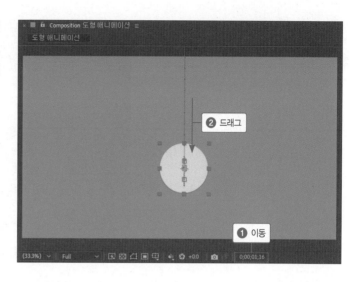

12 현재 시간 표시기를 마지막 키프레임이 있는 '2초 6프레임'으로 이동합니다. '동그라미' 레이어를 드래그하여 화면의 위로 이동하고 Spacebar를 눌러 화면을 재생합니다.

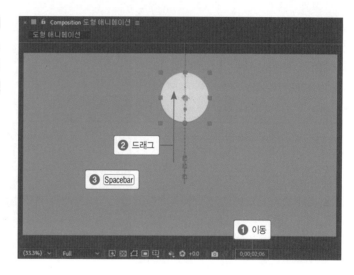

13 재생한 애니메이션의 타이밍을 변경하겠습니다. 키프레임을 하나씩 선택해서 간격을 드래그하거나, 키프레임을 드래그하여 전체 선택하고 Alt를 누른 상태로 마지막 키프레임을 왼쪽으로 드래그하면 전체 간격이 조절됩니다.

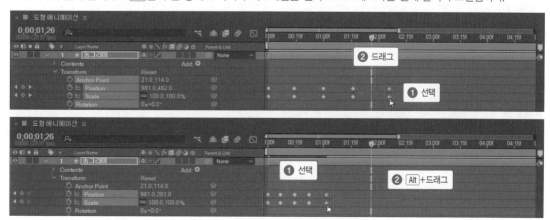

14 │ 전체 키프레임이 선택된 상태로 F9를 눌러 Easy Ease를 적용합니다.

15 │ 현재 시간 표시기를 두 번째 키프레임이 있는 프레임으로 이동합니다. 선택 도구(▶)가 선택된 상태로 '동그라미' 레이어를 그림과 같이 변형합니다.

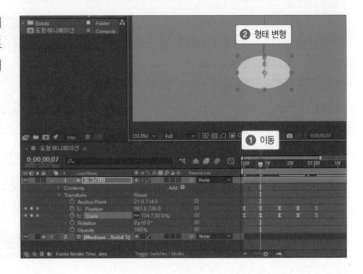

TIP 모형의 모양 변형하기

마우스 포인터를 모형의 점으로 위치하고 클릭한 상태로 원하는 형태가 되도록 드래그합니다.

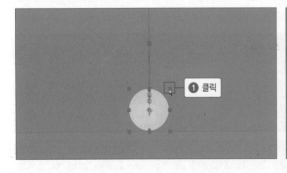 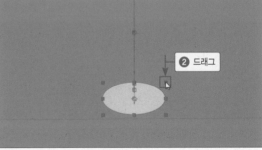

16 │ 현재 시간 표시기를 세 번째 키프레임이 있는 프레임으로 이동합니다. 15번과 같은 방법으로 '동그라미' 레이어의 모양을 세로로 길게 만듭니다.

17 │ 현재 시간 표시기를 네 번째 키프레임이 있는 프레임으로 이동합니다. 두 번째 키프레임에 있는 모양보다 덜 찌그러지게 변형합니다.

18 │ '동그라미' 레이어의 마지막 키프레임에서 동그라미가 네모 모형으로 바뀌는 애니메이션을 만들겠습니다. '동그라미' 레이어의 끝 점을 마지막 키프레임 위치까지 드래그하여 길이를 자릅니다.

TIP 마지막 키프레임 위치에 현재 시간 표시기를 위치하고 Alt +] 를 눌러 레이어의 길이를 조절해도 됩니다.

사각형 만들고 애니메이션 적용하기

01 │ Tools 패널에서 사각형 도구(■)를 선택하고 Shift를 누른 상태로 드래그하여 사각형을 만듭니다.

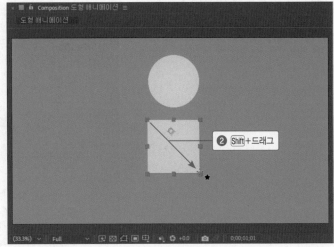

02 │ 'Shape Layer 1' 레이어를 선택하고 Enter를 눌러 이름을 '네모'로 변경합니다.

03 │ Tools 패널에서 뒤로 팬 도구(▦)를 선택하고 '네모' 레이어의 앵커 포인트를 정중앙으로 이동합니다.

04 | Tools 패널에서 선택 도구(▶)를 선택하고 Composition 패널에서 '네모', '동그라미' 레이어의 위치가 같도록 이동합니다.

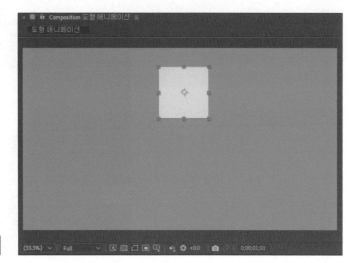

05 | Timeline 패널에서 '네모' 레이어의 시작 점을 '동그라미' 레이어의 끝 점에 맞게 드래그하여 조절합니다.

06 | '네모' 레이어의 Transform 속성을 표시하고 Position과 Rotation의 'Stop Watch' 아이콘(⏱)을 클릭하여 키프레임을 만듭니다.

07 | 현재 시간 표시기를 조금 뒤로 이동하고 'Add Keyframe' 아이콘(◆)을 클릭하여 키프레임을 만듭니다.

08 Composition 패널에서 '네모' 레이어를 화면 아래로 드래그하여 이동합니다. 같은 방법으로 두 개의 키프레임을 더 만듭니다.

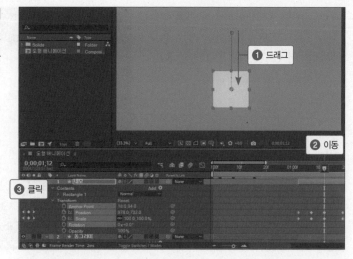

09 현재 시간 표시기를 두 번째 키프레임이 있는 프레임으로 이동하고 '네모' 레이어를 기존보다 아래로 드래그하여 이동합니다.

10 '네모' 레이어의 모양이 위아래로 찌그러지게 만듭니다.

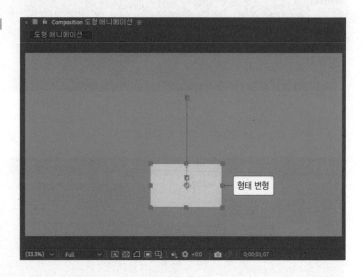

11 현재 시간 표시기를 세 번째 키프레임이 있는 프레임으로 이동하고 '네모' 레이어를 드래그하여 기존보다 위로 이동합니다.

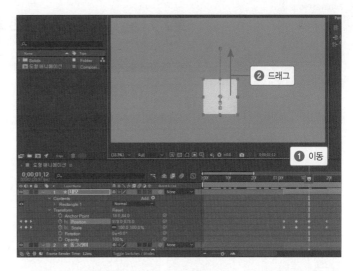

12 '네모' 레이어의 모양을 옆으로 찌그리고 위아래로 길어지게 변경합니다.

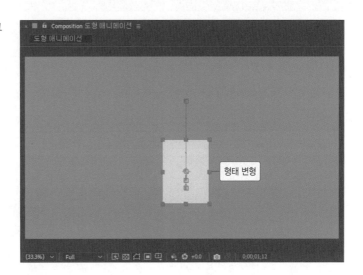

13 '네모' 레이어의 키프레임을 드래그하여 전체 선택한 상태로 F9를 눌러 Easy Ease를 적용합니다. Spacebar를 눌러 재생하고 원하는 타이밍에 맞게 키프레임의 간격을 조절합니다.

튕기는 바운싱 볼 만들기

애니메이션의 기초인 튕기는 바운싱 볼을 만들어 보며 애프터 이펙트 애니메이션의 키프레임을 연습해 봅니다.

● **예제 파일** : 03\바운싱볼.psd   ● **완성 파일** : 03\바운싱볼_완성.aep

볼의 움직임 만들기

01 │ Project 패널에서 마우스 오른쪽 버튼을 클릭한 다음 **Import → File**을 실행합니다.

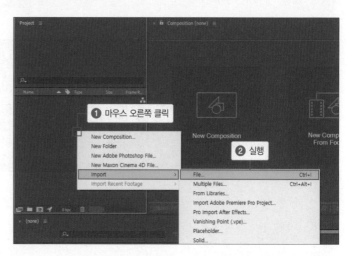

02 Import File 대화상자가 표시되면 03 폴더
에서 '바운싱볼.psd' 파일을 선택하고, Import As를
'Composition – Retain Layer Sizes'로 지정한 다음
⟨Import⟩ 버튼을 클릭합니다.

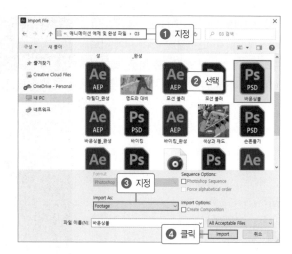

03 바운싱볼.psd 대화상자가 표시되면 ⟨OK⟩ 버튼을 클릭
합니다.

04 Project 패널에서 '바운싱볼' 컴포지
션을 더블클릭하여 불러옵니다.

05 | Timeline 패널에서 'eyes' 레이어의 'Parent' 아이콘(◎)을 'Ball' 레이어로 드래그하여 'eyes' 레이어를 'Ball' 레이어에 페어런트합니다.

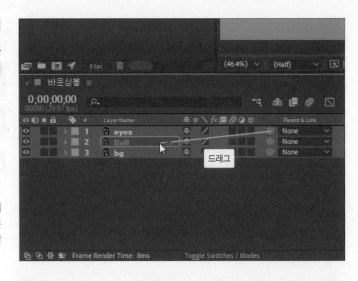

TIP 페어런트하면 'eyes' 레이어가 'Ball' 레이어의 움직임을 따라갑니다. 'Parent' 아이콘(◎)으로 레이어에 부모, 자식 관계를 지정할 수 있습니다.

06 | 'Ball' 레이어의 앵커 포인트를 변경합니다. 'Ball' 레이어를 선택하고 Tools 패널에서 뒤로 팬 도구(🔲)를 선택합니다. 볼의 중간에 있는 앵커 포인트를 중앙 하단으로 이동합니다.

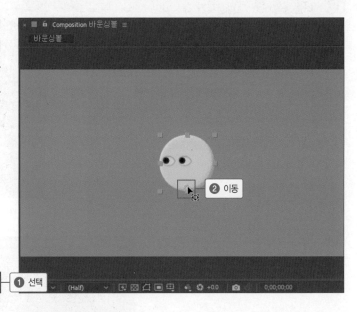

07 | 볼을 화면 아래로 이동합니다.

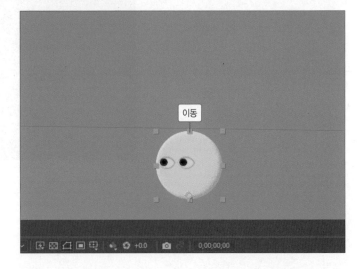

08 │ 'Ball' 레이어의 >를 클릭하여 Transform 항목을 표시합니다. '0초'에서 Position의 'Stop Watch' 아이콘(🕐)을 클릭하여 키프레임을 만듭니다.

09 │ 현재 시간 표시기를 '2초 29프레임'으로 이동하고 Position의 'Add Keyframe' 아이콘(◇)을 클릭하여 키프레임을 만듭니다.

TIP 타임라인의 확대 및 축소는 ➕, ➖를 눌러 조절할 수 있습니다.

10 │ 현재 시간 표시기를 '1초 12프레임'으로 이동하고 볼을 위로 이동합니다. 이때 키프레임이 자동 생성됩니다.

TIP 개체를 옮길 때 Shift를 누른 상태로 드래그하면 수직 또는 수평으로 이동할 수 있습니다.

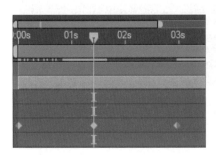

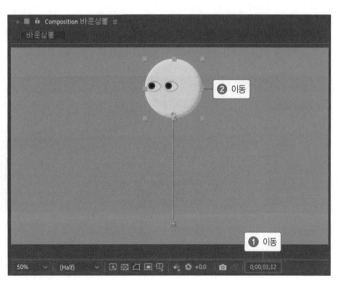

11 │ 키프레임을 모두 드래그하여 선택한 다음 F9 를 눌러 Easy ease를 적용합니다. Spacebar 를 눌러 재생합니다.

TIP Easy ease(▣)를 적용하면 자동으로 부드러운 속도를 만듭니다.

TIP 키프레임 알아보기

키프레임은 개체의 위치, 불투명도 또는 오디오 볼륨과 같은 값을 지정합니다. 일반적으로 두 개 이상의 키프레임이 사용되는
데, 하나는 변경 시작 지점을 나타내고 다른 하나는 변경 종료 지점의 새로운 상태를 나타냅니다. Stop Watch가 활성화된 경우
화면의 개체를 변형할 때마다 키프레임이 자동 설정 혹은 변경됩니다. 비활성화된 상태에서는 변경해도 동일하게 유지됩니다.

❶ 키프레임을 추가하려면 속성 이름 옆에 'Stop Watch' 아이콘(▣)을 클릭하여 활성화합니다.
❷ 다음 또는 이전 키프레임으로 이동하려면 'Add Keyframe' 또는 'Remove Keyframe' 아이콘(◆) 옆에 화살표를 클릭합니다.
　　단축키 J, K로 빠르게 이동할 수도 있습니다.
❸ 현재 시간 표시기를 키프레임에 스냅하려면 Shift 를 누른 상태에서 드래그합니다.
❹ 여러 키프레임을 선택하려면 Shift 를 누른 상태에서 키프레임을 클릭하거나 키프레임 주위를 드래그합니다.
❺ 키프레임을 삭제하려면 키프레임을 선택하고 Delete 를 누릅니다.

❻ 현재 시간에 키프레임 있음 ❼ 현재 시간에 키프레임 없음 ❽ 레이어 속성에 키프레임 없음

볼 형태 조절하기

01 | 볼의 기울기와 모양을 변경하겠습니다. 현재 시간 표시기를 '0초'로 이동하고 Scale과 Rotation의 'Stop Watch' 아이콘(⏱)을 클릭하여 키프레임을 만듭니다.

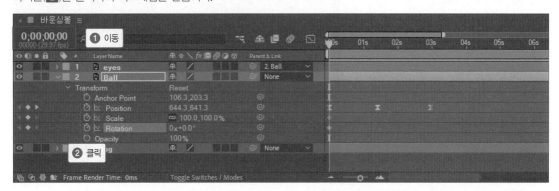

02 | Tools 패널에서 선택 도구(▶)로 볼의 모양을 찌그러뜨리고, 회전 도구(↻)로 그림과 같이 회전합니다.

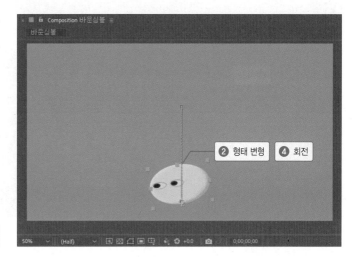

03 | 현재 시간 표시기를 '2초 29프레임'으로 이동하고 Scale과 Rotation의 'Add Keyframe' 아이콘(◆)을 클릭하여 키프레임을 만듭니다.

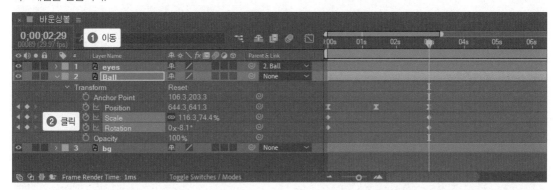

04 현재 시간 표시기를 '1초 12프레임'으로 이동합니다. Tools 패널에서 선택 도구(▶)로 볼의 모양을 늘리고 회전 도구(↻)로 그림과 같이 회전합니다.

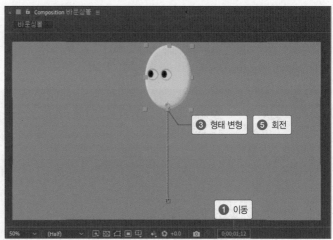

05 현재 시간 표시기를 '2초 29프레임'으로 이동하고 N을 눌러 Work Area의 끝을 지정합니다. Spacebar를 눌러 재생합니다.

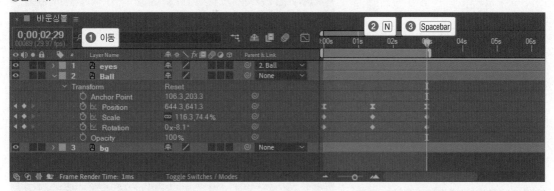

TIP Work Area 알아보기

Work Area는 드래그 또는 B와 N을 눌러 길이를 조절할 수 있습니다. Work Area가 지정된 만큼만 화면에서 재생됩니다.

06 애니메이션 타이밍을 위해서 키프레임의 간격을 조절하겠습니다. 키프레임을 드래그하여 전체 선택한 다음 [Alt]를 누른 상태로 키프레임의 끝을 '27프레임'까지 드래그합니다.

TIP 키프레임 일부를 드래그하여 타이밍을 조절할 수도 있습니다.

07 마지막 키프레임 위치인 '27프레임'에서 [N]을 눌러 Work Area를 지정한 다음 [Spacebar]를 눌러 재생합니다.

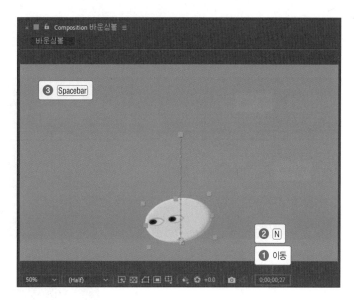

08 눈을 움직여서 볼에 더욱 입체감을 표현하겠습니다. 'eyes' 레이어의 >를 클릭하여 Transform 항목을 표시합니다.

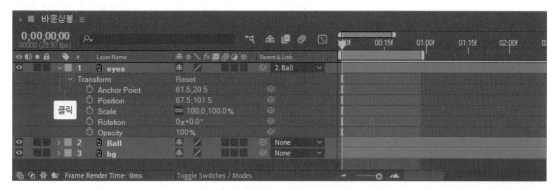

09 | Position과 Rotation의 'Stop Watch' 아이콘(⏱)을 클릭하여 '0초'에 키프레임을 만든 다음 눈의 위치를 그림과 같이 이동합니다.

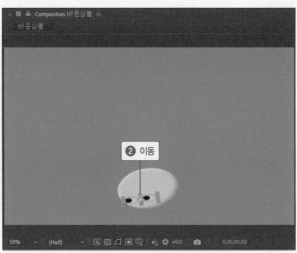

10 | 현재 시간 표시기를 '27프레임'으로 이동하고 Position과 Rotation의 'Add Keyframe' 아이콘(◆)을 클릭하여 키프레임을 만듭니다.

11 | 현재 시간 표시기를 '13프레임'으로 이동하고 눈의 위치를 그림과 같이 위로 이동합니다. Spacebar 를 눌러 튕기는 바운싱 볼을 확인합니다.

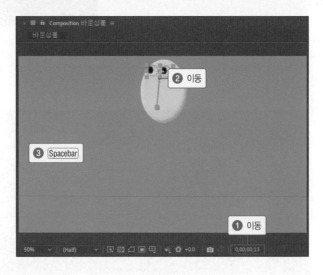

AFTER EFFECTS

ANIMATION 04

그래프로 속도 조절하여 흔드는 손 만들기

그래프 에디터에서 그래프를 가파르거나 완만하게 조절하여 속도를 조절할 수 있습니다. 그래프를 조절하여 자연스럽게 손을 흔드는 애니메이션을 만들어 봅시다.

● **예제 파일** : 03\손흔들기.psd　　● **완성 파일** : 03\손흔들기_완성.aep

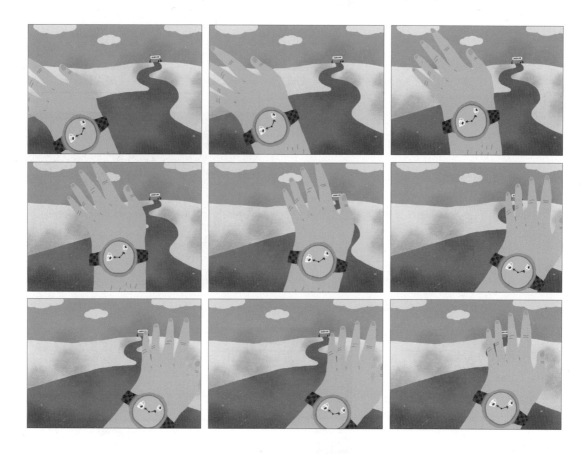

손 흔드는 애니메이션 만들기

01 | Project 패널에서 마우스 오른쪽 버튼을 클릭한 다음 **Import → File**을 실행합니다.

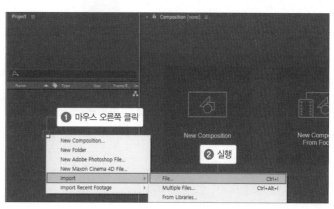

02 | Import File 대화상자가 표시되면 03 폴더에서 '손 흔들기'.psd 파일을 선택하고 Import As를 'Composition – Retain Layer Sizes'로 지정한 다음 〈Import〉 버튼을 클릭합니다.

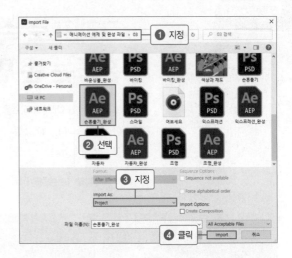

03 | 손흔들기.psd 대화상자가 표시되면 〈OK〉 버튼을 클릭합니다.

TIP Composition – Retain Layer Sizes로 지정하면 애니메이션을 위해 제작한 포토샵 레이어 크기 그대로 화면에 불러옵니다.

04 | Project 패널에서 '손흔들기' 컴포지션을 더블클릭하여 불러옵니다. 'Hand' 레이어의 'Label' 아이콘(■)을 클릭하여 원하는 색상을 지정하면 레이어의 색상이 변경됩니다.

TIP 레이어의 색상을 변경하면 화면에서 개체의 사각 테두리도 같은 색상으로 표시됩니다. 해당 기능은 레이어가 많은 화면을 작업할 때 유용합니다.

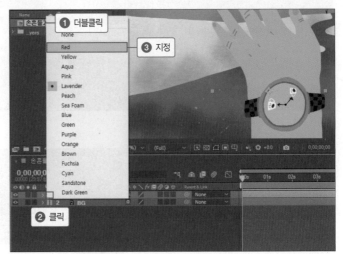

05 | Tools 패널에서 뒤로 팬 도구()를 선택하고 손의 앵커 포인트를 아래로 이동합니다.

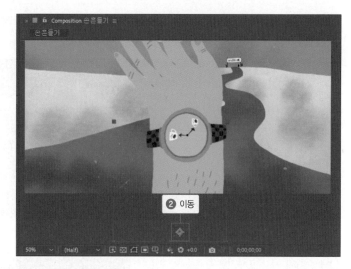

① 선택

② 이동

06 | Tools 패널에서 선택 도구(▶)와 회전 도구(↻)를 선택하고 손의 위치를 그림과 같이 변경합니다.

② 위치 조절 **④ 회전**

① 선택 **③ 선택**

07 | 'Hand' 레이어의 ＞를 클릭하여 Transform 항목을 표시하고 Position과 Rotation의 'Stop Watch' 아이콘()을 클릭하여 키프레임을 만듭니다.

① 클릭

② 클릭

08 ⊞를 눌러 타임라인을 확대한 다음 현재 시간 표시기를 '1초 17프레임'으로 이동합니다. Position과 Rotation의 'Add Keyframe' 아이콘(◇)을 클릭하여 키프레임을 만듭니다.

09 현재 시간 표시기를 '24프레임'으로 이동합니다. Tools 패널의 선택 도구(▶)와 회전 도구(↻)를 이용하여 그림과 같이 손을 반대 방향으로 변경합니다. 이때 자동으로 키프레임이 생성됩니다.

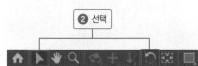

10 현재 시간 표시기를 '1초 17프레임'으로 이동하고 N을 눌러 Work Area를 지정합니다. 키프레임을 전체 선택한 다음 F9를 눌러 Easy Ease를 적용합니다.

그래프 에디터로 속도 조절하기

01 | 키프레임을 움직이지 않고 그래프로 속도를 조절하여 손이 화면 오른쪽에 있을 때 더 오래 머물도록 만들겠습니다. Timeline 패널에서 'Graph Editor' 아이콘(🖾)을 클릭합니다.

TIP 현재는 Edit Value Graph의 모습입니다.

02 | 그래프에서 마우스 오른쪽 버튼을 클릭한 다음 **Edit Speed Graph**를 실행합니다.

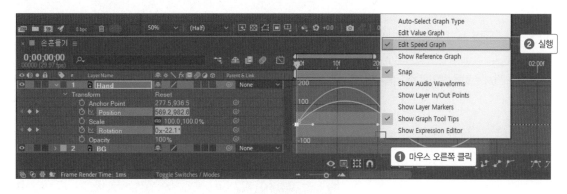

03 | 손이 오른쪽으로 기울어지는 부분의 키프레임을 드래그하여 선택합니다.

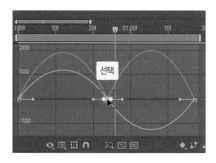

04 그래프의 핸들을 드래그하여 그림과 같이 그래프를 완만하게 만듭니다.

05 Spacebar를 눌러 완성된 애니메이션을 재생합니다. 그래프가 완만한 타이밍에서는 손이 느려지는 것을 확인할 수 있습니다.

TIP Edit Speed Graph 알아보기

그래프에는 Edit Value Graph와 Edit Speed Graph 두 가지 종류가 있습니다. 여기에서는 Edit Speed Graph에 대해 알아봅니다.

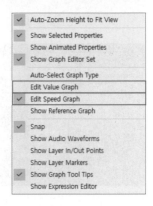

Transform 항목을 선택하지 않으면 그래프는 표시되지 않습니다.

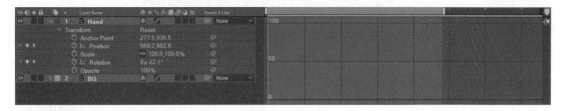

[Ctrl]을 누른 상태에서 다중 선택, [Shift]를 누른 상태에서 연속 선택으로 그래프를 확인할 수 있습니다.

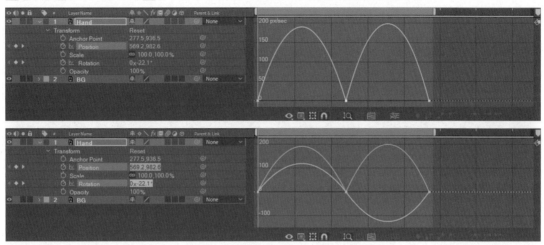

핸들을 드래그하여 그래프의 곡선을 조절합니다.

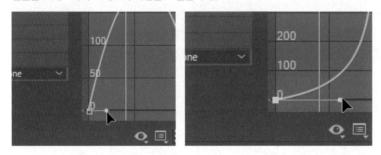

그래프는 완만할 때 속도가 느려지고, 가파를 때 속도가 빨라집니다. 애니메이션에 자주 사용되는 그래프 모양은 다음과 같습니다.

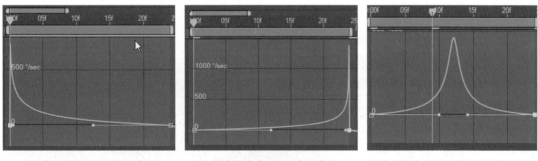

점점 느려지는 속도의 그래프   점점 빨라지는 속도의 그래프   시작과 끝이 느리고, 중간이 빠른 속도의
그래프

AFTER EFFECTS

ANIMATION

05

익스프레션으로 반복해서 걸어가는 캐릭터 만들기

관절을 알맞은 곳에 연결시켜서 실제 작업 시 내가 원하는 자세를 캐릭터
가 표현할 수 있게 만듭니다. 리깅 작업을 마친 다음 계속해서 걸어가는
캐릭터 애니메이션을 만들어 봅시다.

● **예제 파일** : 03\바이킹.psd　　● **완성 파일** : 03\바이킹_완성.aep

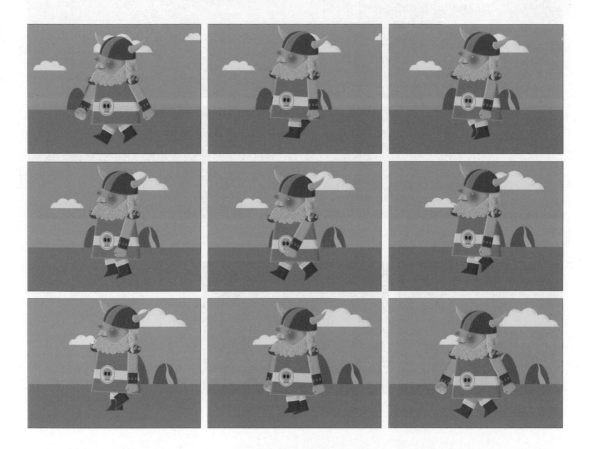

캐릭터 앵커 포인트 설정하기

01 | 03 폴더에서 '바이킹.psd' 파일을 불
러온 다음 Project 패널에서 '바이킹' 파일
을 더블클릭하여 컴포지션으로 불러옵니다.

① 파일 불러오기

② 더블클릭

02 | 애니메이션 작업을 위해 레이어의 색상을 변경하겠습니다. Ctrl을 누른 상태로 '어깨R' 레이어와 '어깨L' 레이어를 클릭하여 선택합니다.

03 | 'Label' 아이콘(■)을 클릭한 다음 'Yellow'를 선택합니다.

04 | Ctrl을 누른 상태로 '다리R' 레이어와 '다리L' 레이어를 선택합니다.

05 | 'Label' 아이콘(■)을 클릭한 다음 'Green'을 선택합니다.

06 | 같은 방법으로 캐릭터의 모든 레이어를 원하는 색상으로 구분합니다.

07 | Tools 패널에서 뒤로 팬 도구(■)를 선택하고 '얼굴' 레이어를 선택한 다음 앵커 포인트를 목 부분으로 이동합니다.

08 │ '팔R' 레이어를 선택한 다음 앵커 포인트를 어깨 부분으로 이동합니다.

09 │ '팔L' 레이어의 'Solo' 아이콘(■)을 클릭한 다음 앵커 포인트를 어깨 부분으로 이동합니다.

TIP 'Solo' 아이콘(■)이 활성화된 레이어만 화면 보이기 때문에 가려진 레이어의 작업이 수월합니다.

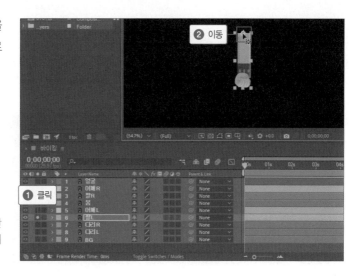

10 │ 09번과 같은 방법으로 '다리L' 레이어와 '다리R' 레이어의 앵커 포인트를 골반 부분으로 이동합니다.

'다리L' 레이어의 앵커 포인트 위치

'다리R' 레이어의 앵커 포인트 위치

11 | '몸' 레이어를 선택한 다음 앵커 포
인트를 골반 부분으로 이동합니다.

레이어 페어런트하고 걷는 자세 만들기

01 | 애니메이션에 맞게 캐릭터의 레이어를 페어런트합니다. '얼굴' 레이어의 'Parent' 아이콘(◎)을 '몸' 레이어로 드래
그합니다.

TIP '얼굴' 레이어의 Parent&Link가 '몸'으로 되어 있는지 확인합니다.

또는 Parent&Link를 클릭하여 '몸'으로 지정할 수도
있습니다.

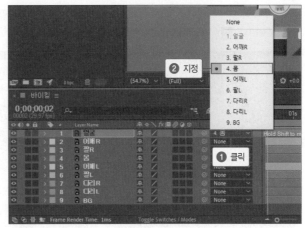

02 | 01번 과정과 같은 방법으로 'BG' 레
이어를 제외한 나머지 레이어를 '몸' 레이어
에 페어런트합니다.

03 | Tools 패널의 선택 도구(▶)와 회전
도구(⟳)로 캐릭터의 자세를 그림과 같이
걷기 시작하는 자세로 만듭니다.

TIP 같은 쪽의 팔과 다리가 같은 방향이 되
지 않게 주의합니다.

04 | Timeline 패널에서 '몸' 레이어의 >를 클릭하여 Transform 항목을 표시한 다음 Position과 Rotation의 'Stop Watch' 아이콘(◯)을 클릭하여 키프레임을 만듭니다.

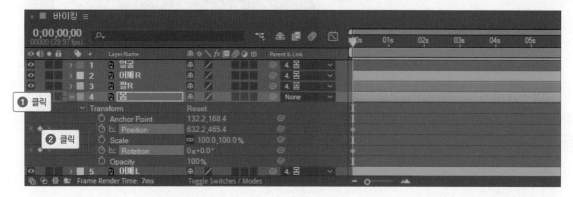

05 | '1초 10프레임'에서 Position과 Rotation의 'Add Keyframe' 아이콘(◇)을 클릭하여 키프레임을 만듭니다. '20프레임'에서도 'Add Keyframe' 아이콘(◇)을 클릭하여 키프레임을 만듭니다.

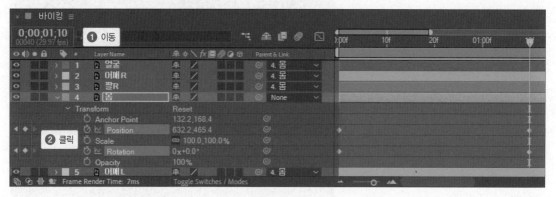

06 | '1초 10프레임'에서 Position과 Rotation의 'Add Keyframe' 아이콘(◇)을 클릭하여 키프레임을 만듭니다. '20프레임'에서도 'Add Keyframe' 아이콘(◇)을 클릭하여 키프레임을 만듭니다.

07 │ 현재 시간 표시기를 '10프레임'으로 이동합니다. Position과 Rotation의 'Add Keyframe' 아이콘(◈)을 클릭하여 키프레임을 만든 다음 그림과 같이 캐릭터의 몸이 조금 위로 올라가도록 변경합니다. '10프레임'의 키프레임을 선택한 다음 Ctrl+C를 눌러 복사합니다.

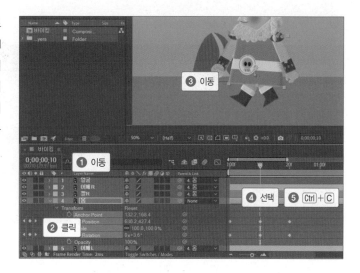

08 │ 현재 시간 표시기를 '1초'로 이동하고 Ctrl+V를 눌러 키프레임을 붙여 넣습니다.

09 │ 캐릭터의 팔을 앞뒤로 흔들기 위해 '팔R' 레이어의 >를 클릭하여 Transform 항목을 표시한 다음 Position과 Rotation의 'Stop Watch' 아이콘(⏱)을 클릭하여 키프레임을 만듭니다.

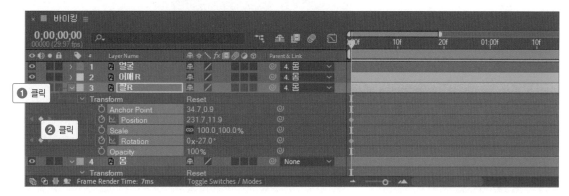

10 | '몸' 레이어와 '팔R' 레이어를 선택하고 U를 눌러 활성화된 키프레임만 표시합니다.

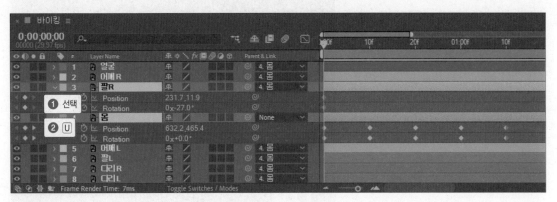

TIP 단축키 U로 레이어에서 현재 활성화된 키프레임만 확인할 수 있습니다.

11 | '1초 10프레임'에서 Position과 Rotation의 'Add Keyframe' 아이콘(◆)을 클릭하여 키프레임을 만듭니다.

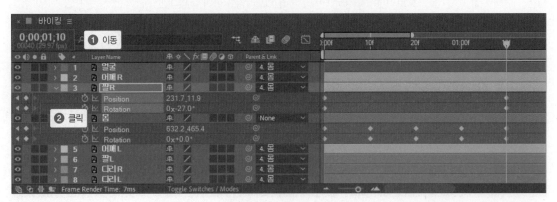

12 | 현재 시간 표시기를 '20프레임'으로 이동합니다. Tools 패널의 선택 도구(▶)와 회전 도구(◯)로 오른쪽 팔을 앞으로 향하게 변경합니다.

13 09번~12번 과정과 같은 방법으로 왼쪽 팔이 앞뒤로 흔들리게 키프레임을 만듭니다.

형태 변형

14 현재 시간 표시기를 '0초'로 이동합니다. '다리R' 레이어와 '다리L' 레이어의 Transform 항목을 표시한 다음 Position과 Rotation의 'Stop Watch' 아이콘( )을 클릭하여 키프레임을 만듭니다.

15 '다리R' 레이어와 '다리L' 레이어를 선택한 다음 U를 눌러 활성화된 키프레임만 표시합니다.

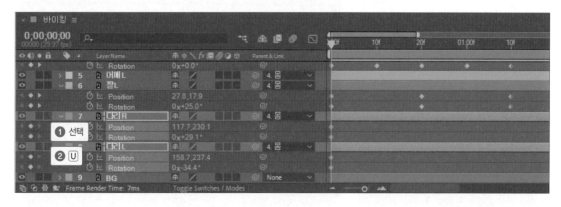

16 | 현재 시간 표시기를 '1초 10프레임'으로 이동하고 Position과 Rotation의 'Add Keyframe' 아이콘( )을 클릭하여 키프레임을 만듭니다.

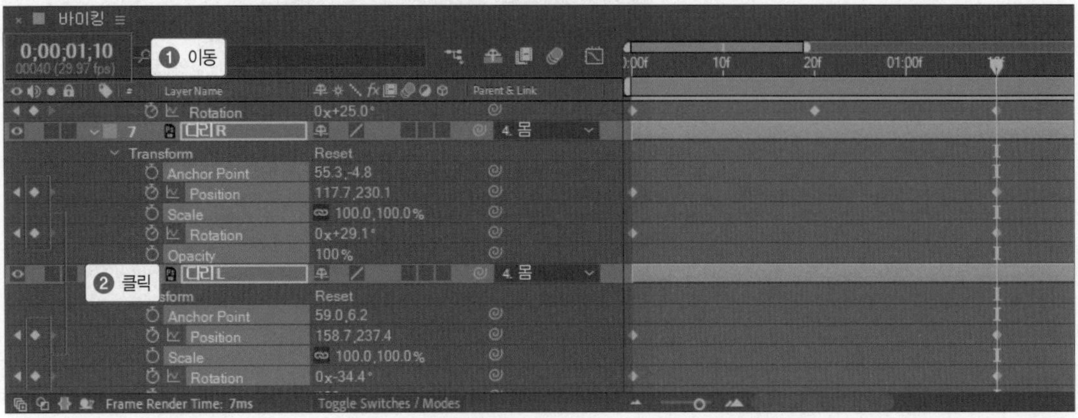

17 | 현재 시간 표시기를 '20프레임'으로 이동합니다. Tools 패널의 선택 도구( )와 회전 도구( )로 다리가 교차되게 만듭니다.

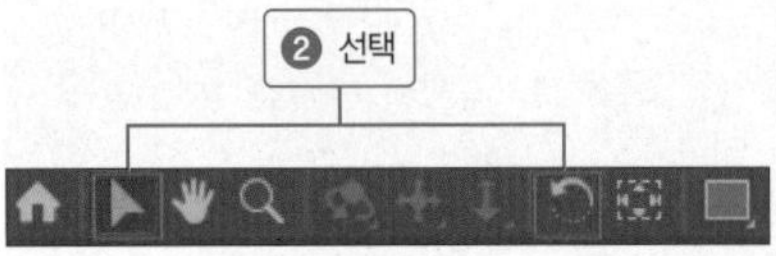

18 | 현재 시간 표시기를 '10프레임'으로 이동합니다. Tools 패널의 선택 도구( )와 회전 도구( )로 무릎이 굽혀지듯 뒤에서 앞으로 넘어오는 왼쪽 다리를 만듭니다.

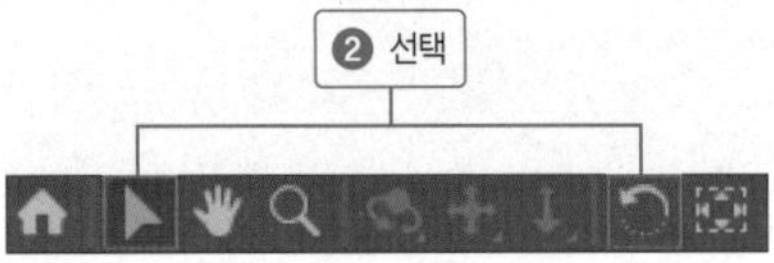

19 | 같은 방법으로 '1초'에서 오른쪽 다리도 무릎이 굽혀지듯 변경하여 키프레임을 만듭니다.

걷기를 무한 반복하고 배경 조절하기

01 | 걷기 애니메이션을 무한 반복하겠습니다. Ctrl+A를 눌러 모든 레이어를 전체 선택합니다.

02 | U를 눌러 레이어의 모든 활성화된 키프레임을 표시합니다.

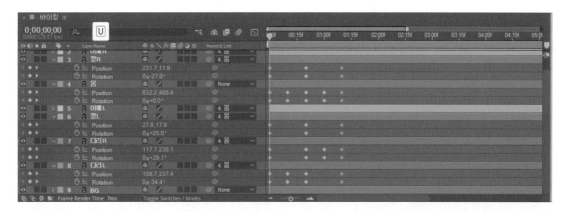

03 현재 시간 표시기를 '0초'로 이동한 다음 '팔R' 레이어에서 Alt 를 누른 상태로 Position의 'Stop Watch' 아이콘 (🕐)을 클릭합니다.

04 스크립트 영역에 'loopOut()'을 입력한 다음 레이어의 회색 부분을 클릭하여 적용합니다.

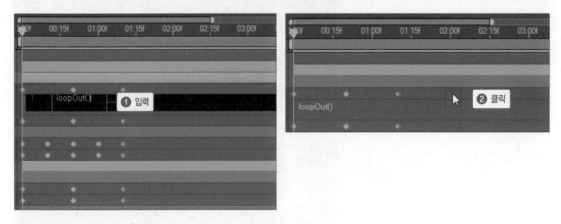

TIP 익스프레션 loopOut() 알아보기

키프레임을 직접 수십 개씩 만들 필요 없이 익스프레션으로 복잡한 애니메이션을 쉽게 만들어 연결할 수 있습니다. 여러 키프레임을 사용하여 반복되는 애니메이션을 만들기보다 익스프레션으로 자동화 애니메이션을 만들면 편리합니다.

Alt 를 누른 상태로 'Stop Watch' 아이콘(🕐)을 클릭합니다.

익스프레션에 'loopOut()'을 입력하거나 일부를 입력하여 표시되는 메뉴에서 선택합니다.

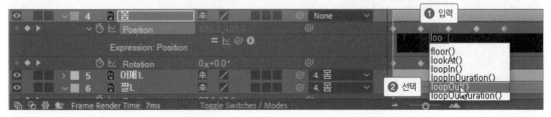

또는 'Expression language menu' 아이콘(▶)을 클릭한 다음 Property → loopOut을 실행합니다.

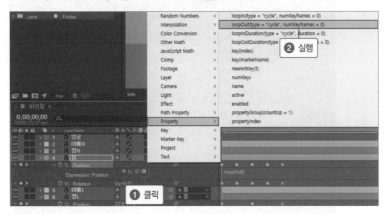

익스프레션은 레이어의 회색 부분을 클릭해서 적용을 완료합니다.

05 익스프레션이 적용된 '팔R' 레이어의 Position에서 마우스 오른쪽 버튼을 클릭한 다음 **Copy Expression Only**를 실행합니다.

06 Rotation을 선택하고 Ctrl+V를 눌러 익스프레션을 붙여 넣습니다.

TIP 숫자 색상이 빨간색으로 바뀌어 익스프레션이 적용된 것을 확인할 수 있습니다.

07 | 남은 레이어의 키프레임에도 Ctrl +V를 눌러 익스프레션을 붙여 넣습니다.

08 | Spacebar를 눌러 걷기 애니메이션을 재생합니다. loopOut으로 뒤에 키프레임 없이도 무한 반복 재생되는 것을 확인할 수 있습니다.

09 | 배경 이미지를 움직여서 화면에 공간감을 넣겠습니다. 'BG' 레이어를 선택하고 선택 도구(▶)로 배경 이미지를 그림과 같이 드래그하여 이동합니다.

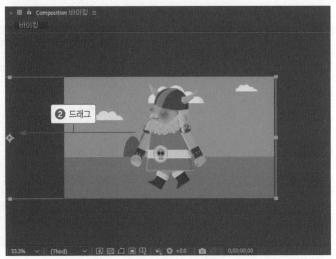

10 │ 현재 시간 표시기를 '0초'로 이동하고 'BG' 레이어 Position의 'Stop Watch' 아이콘(⏱)을 클릭하여 키프레임을 만듭니다.

11 │ 현재 시간 표시기를 '29프레임'으로 이동합니다. Shift를 누른 상태로 배경 이미지를 오른쪽으로 드래그하여 완성합니다.

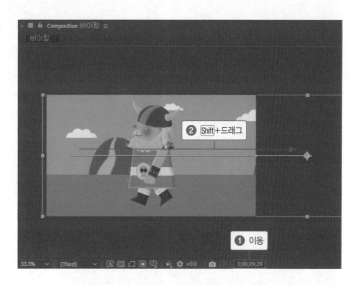

TIP 배경 이미지의 위치는 화면을 재생하면서 알맞은 속도로 이동되도록 조절합니다.

타임라인의 시간을 변경하려면 Ctrl+K를 눌러 표시되는 Composition Settings 대화상자에서 Duration을 설정합니다.

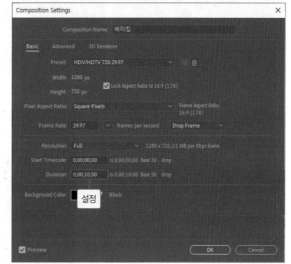

AFTER EFFECTS

ANIMATION

06

퍼핏 핀 도구로
뛰어가는 캐릭터 만들기

퍼핏 핀 도구를 사용하면 캐릭터 이미지 소스의 관절을 나누지 않고 이미지를 자연스럽게 구부릴 수 있습니다.

● 예제 파일 : 03\마틸다.psd　　● 완성 파일 : 03\마틸다_완성.aep

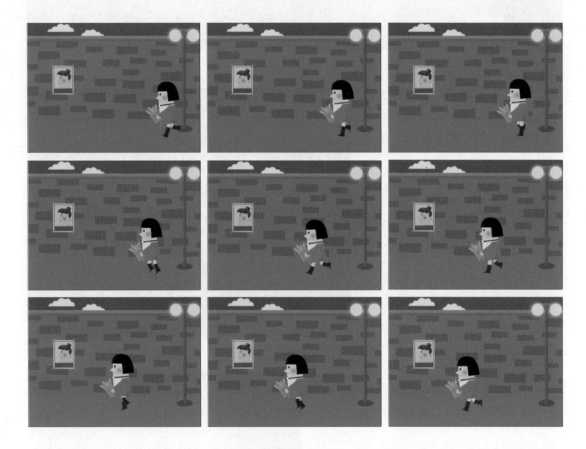

캐릭터 앵커 포인트 조절하고
레이어 페어런트하기

01 │ 03 폴더에서 '마틸다.psd' 파일을 불러온 다음 Project 패널에서 '마틸다' 컴포지션을 더블클릭하여 컴포지션으로 불러옵니다.

❶ 파일 불러오기
❷ 더블클릭

02 │ 캐릭터 리깅을 위해 Composition 패널 하단의 Magnification ratio popup을 '100%'로 지정합니다. 손 도구(✋) 또는 Spacebar를 누른 상태로 화면을 움직일 수 있습니다.

TIP 화면에서 마우스 휠을 돌려 화면을 확대, 축소할 수도 있습니다.

03 │ 레이어의 'Label' 아이콘(■)을 클릭하고 원하는 색상을 선택하여 보기 편리하게 변경합니다.

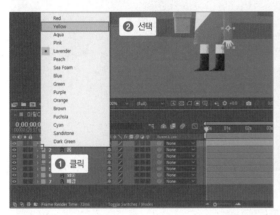

04 │ '팔' 레이어를 선택하고 뒤로 팬 도구(📌)로 앵커 포인트를 어깨 부분으로 이동합니다.

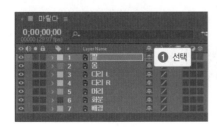

05 | '머리' 레이어를 선택하고 앵커 포인트를 목 부분으로 이동합니다.

06 | '다리 L' 레이어와 '다리 R' 레이어를 선택하고 앵커 포인트를 골반 부분으로 이동합니다.

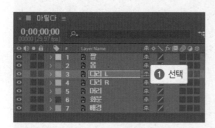

07 | '몸' 레이어를 선택하고 앵커 포인트를 골반 부분으로 이동합니다.

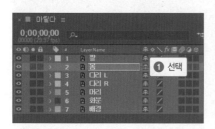

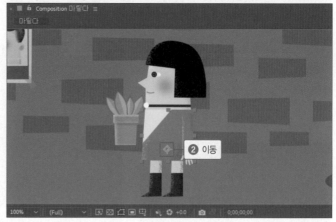

08 | Tools 패널의 선택 도구()와 회전 도구(↻)로 팔과 화분의 위치를 그림과 같이 변경합니다.

❶ 선택

❷ 형태 변형

09 | Ctrl을 누른 상태로 '몸' 레이어와 '배경' 레이어를 제외한 모든 레이어를 클릭 하여 선택합니다.

Ctrl+클릭

10 | 'Parent' 아이콘(◎)을 드래그하여 선택한 레이어를 모두 '몸' 레이어로 페어런트합니다.

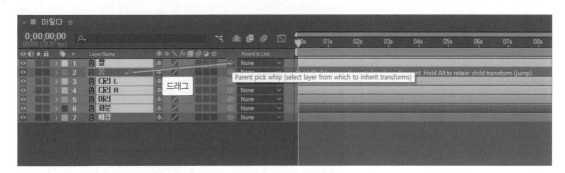

드래그

11 | 같은 방법으로 '화분' 레이어는 '팔' 레이어로 드래그하여 페어런트합니다.

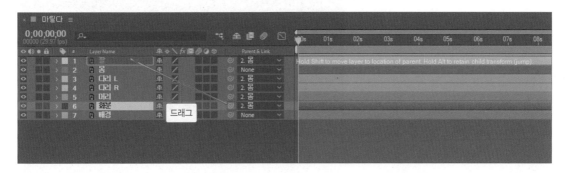

드래그

퍼핏 핀 추가하고 뛰는 자세
만들기

01 | Tools 패널의 선택 도구(▶)와 회전 도구(↻)로 캐릭터의 자세를 그림과 같이 변경합니다.

02 | '다리 L' 레이어를 선택한 다음 퍼핏 핀 도구(✦)로 그림과 같이 클릭하여 다리에 3개의 핀을 추가합니다.

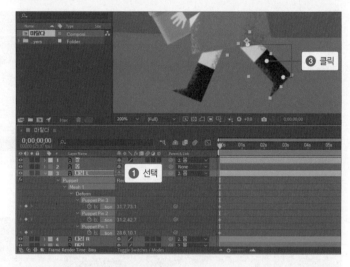

03 | 같은 방법으로 '다리 R' 레이어를 선택한 다음 퍼핏 핀 도구(✦)로 그림과 같이 클릭하여 다리에 3개의 핀을 추가합니다.

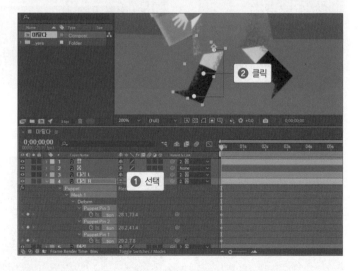

TIP 퍼핏 핀 도구 알아보기

퍼핏 핀 도구를 사용하면 스틸 이미지 및 벡터 그래픽에 자연스러운 동작을 빠르게 추가할 수 있습니다. 캐릭터의 팔이나 다리를 구부리기 위해 소스를 수정할 필요 없이 간단하게 관절 애니메이션을 작업할 수 있습니다.

Mesh의 'Show'를 체크 표시하면 메시가 표시됩니다.

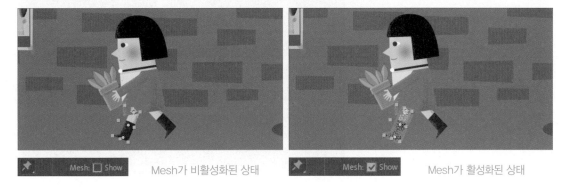

Mesh가 비활성화된 상태 · Mesh가 활성화된 상태

04 │ '다리 L' 레이어와 '다리 R' 레이어의 Transform 항목을 표시한 다음 Position과 Rotation의 'Stop Watch' 아이콘(◯)을 클릭하여 키프레임을 만듭니다.

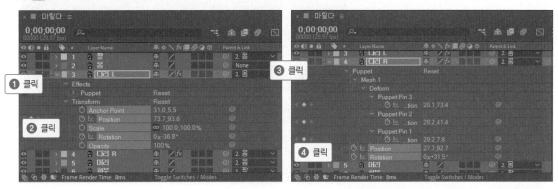

05 │ Shift를 누른 상태로 '배경' 레이어와 '화분' 레이어를 제외한 나머지 캐릭터 레이어를 클릭하여 선택합니다.

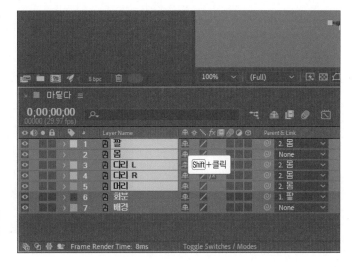

TIP '팔' 레이어를 선택하고 Shift를 누른 상태로 '머리' 레이어를 선택하면 두 레이어 사이에 있는 레이어가 한 번에 선택됩니다.

06 | Position 속성만 표시하기 위해서 P를 누릅니다.

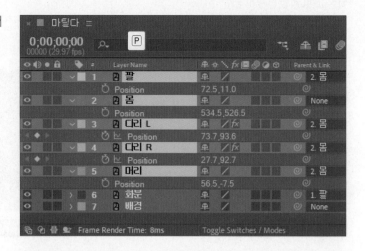

07 | Rotation 속성도 함께 표시하기 위해 Shift + R을 누릅니다.

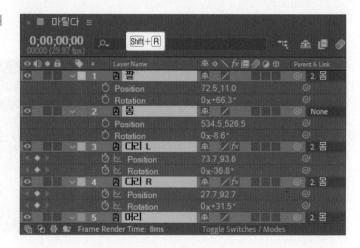

08 | '팔' 레이어 Position과 Rotation의 'Stop Watch' 아이콘(⌚)을 클릭하여 키프레임을 만듭니다.

TIP 다른 레이어가 다중 선택되어 있어 다른 레이어에도 동시에 Position과 Rotation에 키프레임이 만들어집니다.

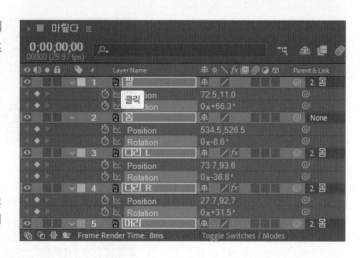

09 │ '1초'에서 선택한 레이어의 'Add Keyframe' 아이콘(◇)을 클릭하여 키프레임을 만듭니다.

10 │ '15프레임'에서도 'Add Keyframe' 아이콘(◇)을 클릭하여 키프레임을 만듭니다.

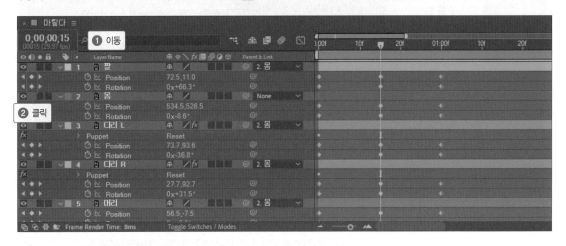

11 │ '다리 L' 레이어를 선택한 상태에서 ⓤ를 두 번 눌러 키프레임을 표시합니다.

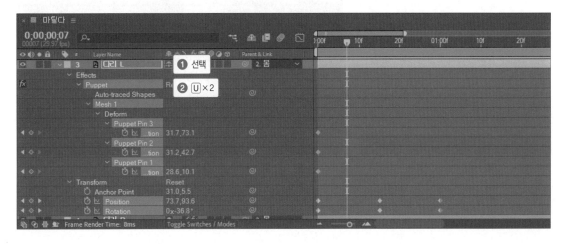

12 | 선택 도구(▶)로 핀을 움직여 그림과 같이 구부러진 다리를 만듭니다.

13 | 퍼핏 핀을 적용한 키프레임을 모두 선택한 다음 Ctrl+C를 눌러 복사합니다. 현재 시간 표시기를 '1초'로 이동하고 Ctrl+V를 눌러 키프레임을 붙여 넣습니다.

14 | '15프레임'에서 Tools 패널의 선택 도구(▶)와 회전 도구(◑)로 다리의 방향과 형태를 앞으로 가게 만듭니다.

15 | '다리 R' 레이어를 선택하고 U를 두 번 눌러서 키프레임을 표시합니다. 퍼핏 핀을 적용한 키프레임을 모두 선택한 다음 Ctrl+C를 눌러 복사합니다.

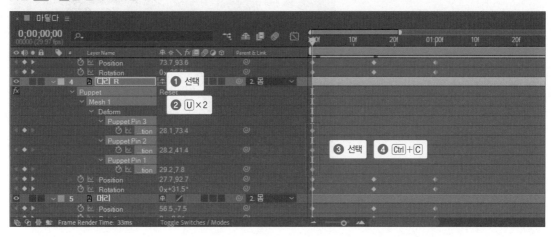

16 | 현재 시간 표시기를 '1초'로 이동하고 Ctrl+V를 눌러 키프레임을 붙여 넣습니다.

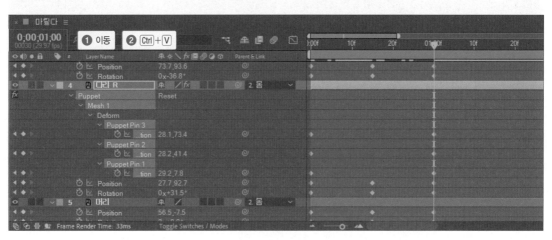

17 | 현재 시간 표시기를 '15프레임'으로 이동합니다. Tools 패널의 선택 도구(▶)와 회전 도구(⟳)로 다리의 방향과 형태를 뒤로 향하게 구부려 만듭니다.

18 │ '몸' 레이어를 선택한 다음 현재 시간 표시기를 '7프레임'으로 이동합니다. Tools 패널의 선택 도구(▶)와 회전 도구(↻)로 몸이 조금 위로 올라가도록 변경합니다.

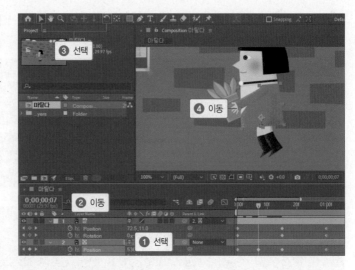

19 │ 만든 키프레임을 선택한 다음 Ctrl+C를 눌러 복사합니다.

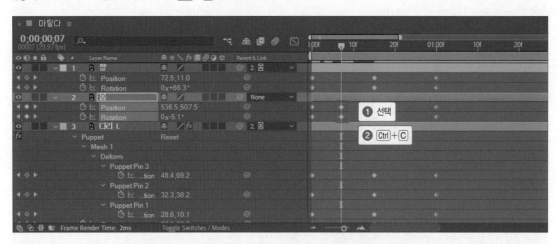

20 │ 현재 시간 표시기를 '22프레임'으로 이동하고 Ctrl+V를 눌러 붙여 넣습니다.

21 '팔' 레이어를 선택한 다음 '7프레임'에서 몸이 위로 향할 때 팔은 중력에 의해 아래로 내려가도록 팔을 아래로 변경합니다. 만든 키프레임을 선택한 다음 Ctrl +C를 눌러 복사합니다.

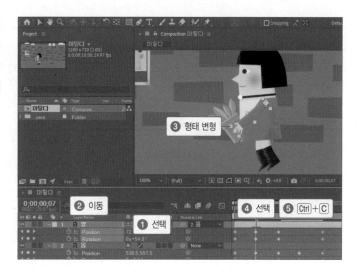

22 몸이 한 번 더 위로 향하는 '22프레임'에서 Ctrl+V를 눌러 붙여 넣습니다.

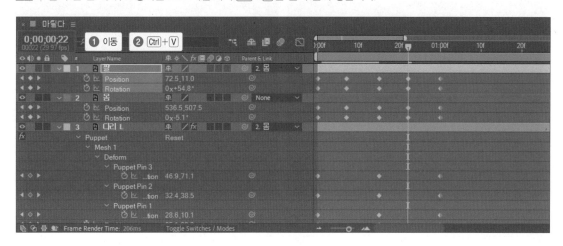

23 '다리 L' 레이어를 선택한 다음 '7프레임'에서 핀을 조절하여 뒤에서 앞으로 오는 다리의 무릎을 더욱 굽히게 만듭니다.

24 | '22프레임'에서 앞에서 뒤로 가는 다리는 무릎을 편 모양으로 변경합니다.

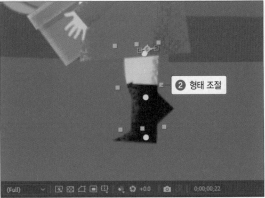

25 | 반대편 다리도 마찬가지로 '다리 R' 레이어를 선택한 다음 '7프레임'에서 앞에서 뒤로 오는 다리의 무릎을 펴 줍니다.

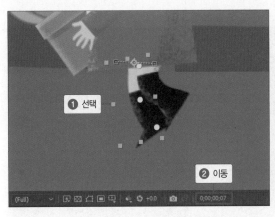

26 | '22프레임'에서 뒤에서 앞으로 오는 다리의 무릎을 더 구부립니다. Spacebar를 눌러 재생하여 뛰는 애니메이션을 한 번 확인합니다.

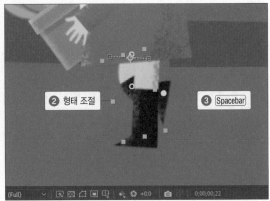

뛰기를 무한 반복하고 배경과 어울리게 캐릭터 조절하기

01 │ 뛰는 애니메이션을 무한 반복하기 위해 **Alt**를 누른 상태로 '팔' 레이어에서 Position의 'Stop Watch' 아이콘(⏱)을 클릭합니다.

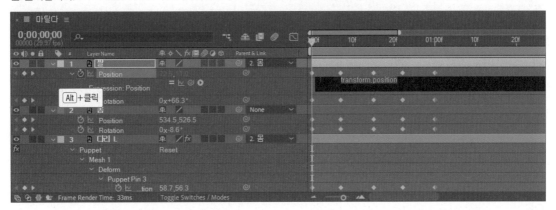

02 │ 스크립트 영역에 'loopOut()'을 입력한 다음 레이어의 회색 부분을 클릭하여 적용합니다.

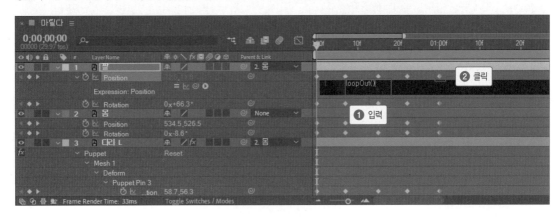

03 │ '팔' 레이어의 Position을 마우스 오른쪽 버튼으로 클릭한 다음 **Copy Expression Only**를 실행합니다.

04 '팔' 레이어의 Rotation을 선택하고 Ctrl+V를 눌러 익스프레션을 붙여 넣습니다.

TIP Position의 숫자가 빨간색으로 변경되면 익스프레션이 적용된 것을 확인할 수 있습니다.

05 '몸' 레이어의 Position과 Rotation을 선택하고 Ctrl+V를 눌러 익스프레션을 붙여 넣습니다.

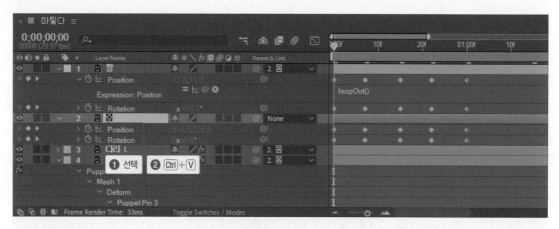

06 '다리 L' 레이어와 '다리 R' 레이어의 퍼핏을 적용한 키프레임과 Position, Rotation을 선택하고 Ctrl+V를 눌러 익스프레션을 붙여 넣습니다.

07 모든 레이어의 키프레임에 Ctrl+V를 눌러 익스프레션을 붙여 넣습니다.

08 Spacebar를 눌러 재생하여 동작이 반복적으로 재생되는지 확인합니다.

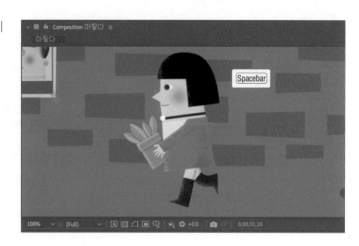

09 캐릭터가 뛰면서 배경을 가로질러 가도록 만들겠습니다. 타임라인에서 마우스 오른쪽 버튼을 클릭한 다음 **New → Null Object**를 실행합니다.

10 │ 선택 도구(▶)로 Null Object를 캐
릭터의 몸으로 이동합니다.

11 │ '몸' 레이어의 'Parent' 아이콘(◎)을 'Null 1' 레이어로 드래그하여 페어런트합니다.

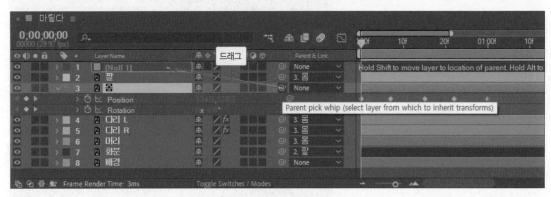

TIP Null은 보이지 않는 핸들입니다. 레이어에 키프레임을 만들지 않고 움직이고 싶을 때 Null Object를 만든 다음 레이어를
Null에 페어런트합니다. Null 자체에 키프레임을 만들어서 페어런트된 개체를 움직일 수 있으며, Null은 최종 영상에 표시되지
않습니다.

12 │ '0초'에서 Null Object를 화면 밖으
로 드래그하여 캐릭터를 이동합니다.

13 │ 'Null 1' 레이어의 Transform 항목을 표시한 다음 Position의 'Stop Watch' 아이콘(◉)을 클릭합니다.

14 │ 현재 시간 표시기를 '2초 16프레임'으로 이동하고 Null Object를 반대쪽 화면 밖으로 드래그하여 캐릭터를 이동합니다.

15 │ Spacebar를 눌러 재생하면서 Null의 키프레임 간격을 조절하여 애니메이션의 속도를 원하는 대로 변경해 완성합니다.

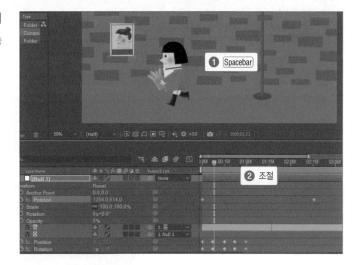

마스크를 이용한 눈 깜빡이기

캐릭터 애니메이션에서 빠질수 없는 눈 깜빡이기 애니메이션입니다.
마스크를 사용해서 자연스럽게 눈을 깜빡이는 캐릭터를 만들겠습니다.

● **예제 파일** : 03\눈 깜빡이기.psd   ● **완성 파일** : 03\눈 깜빡이기_완성.aep

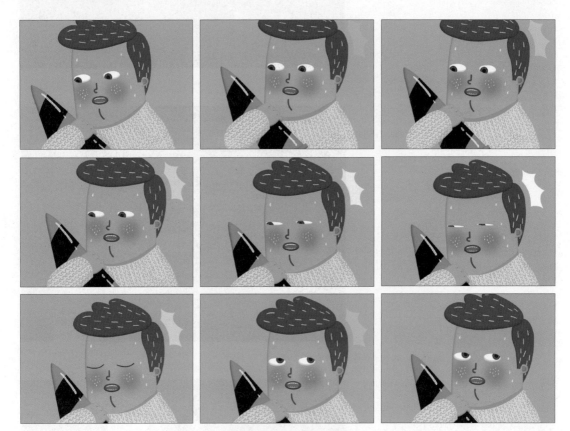

개체 연결하고 앵커 포인트 설정하기

01 │ Project 패널에서 마우스 오른쪽 버튼을 클릭한 다음 **Import → File**을 실행합니다.

02 | Import File 대화상자가 표시되면 03 폴더에서 '눈 깜빡이기.psd' 파일을 선택하고 〈Import〉 버튼을 클릭합니다.

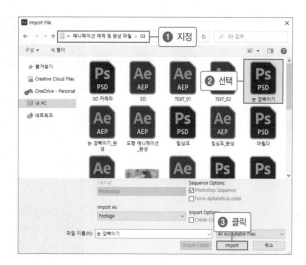

03 | 눈 깜빡이기.psd 대화상자가 표시되면 Import Kind를 'Composition – Retain Layer Sizes'로 지정하고 Layer Options를 'Editable Layer Styles'로 선택한 다음 〈OK〉 버튼을 클릭합니다.

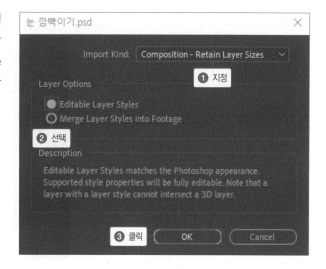

04 | Project 패널에서 '눈 깜빡이기' 컴포지션을 더블클릭하여 불러옵니다.

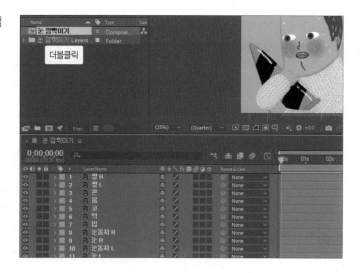

05 눈을 하나의 컴포지션으로 묶겠습니다. Shift를 누른 상태로 '눈동자 R', '눈 R', '눈동자 L', '눈 L' 레이어를 클릭하여 다중 선택합니다. 선택된 레이어에서 마우스 오른쪽 버튼을 클릭하고 **Pre-compose**를 실행합니다.

06 Pre-compose 대화상자가 표시되면 New composition name에 '눈'을 입력하고 〈OK〉 버튼을 클릭합니다.

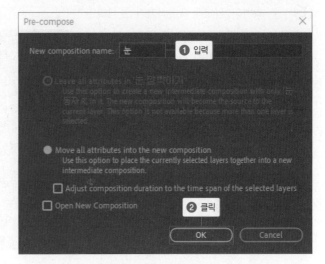

07 Timeline 패널에서 '눈' 컴포지션 레이어를 더블클릭해서 불러옵니다.

08 | '눈' 컴포지션의 크기를 변경하겠습니다. Composition 패널에서 'Region of interest' 아이콘(▣)을 클릭합니다.

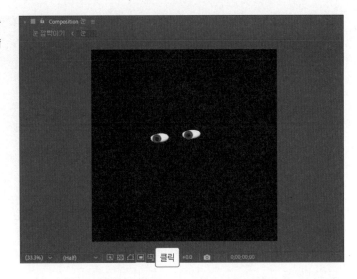

09 | 눈 크기에 맞게 드래그하여 영역을 지정합니다.

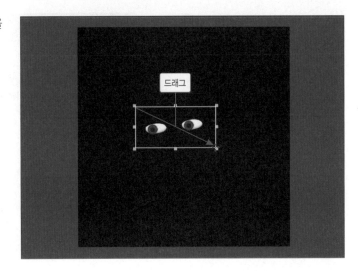

10 | 메뉴에서 (**Composition**) → **Crop Comp to Region of Interest**를 실행합니다.

11 | Timeline 패널에서 '눈 깜빡이기' 컴포지션을 클릭합니다.

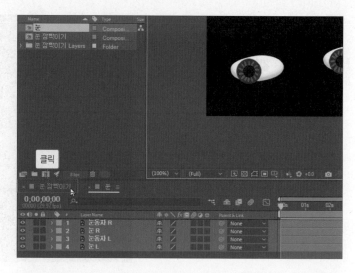

12 | Tools 패널에서 선택 도구(▶)를 선택하고 '눈' 컴포지션의 위치를 조절합니다.

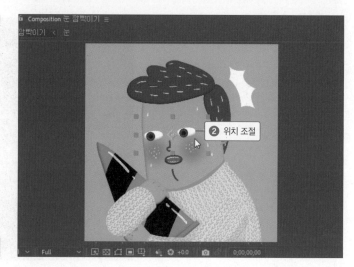

13 | Timeline 패널에서 레이어의 'Label' 아이콘(■)을 클릭해서 레이어의 색상을 각각 다르게 지정하여 작업하기 편한 환경으로 만듭니다.

14 │ '팔 R'과 '팔 L' 레이어의 'Parent' 아이콘(◎)을 '몸' 레이어로 드래그하여 페어런트합니다.

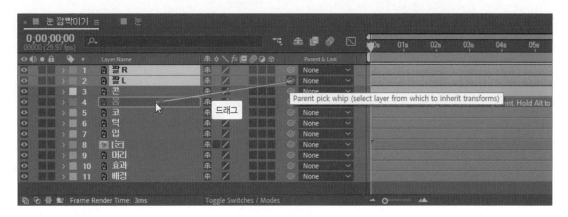

15 │ '콘' 레이어의 'Parent' 아이콘(◎)을 '팔 R' 레이어로 드래그하여 페어런트합니다.

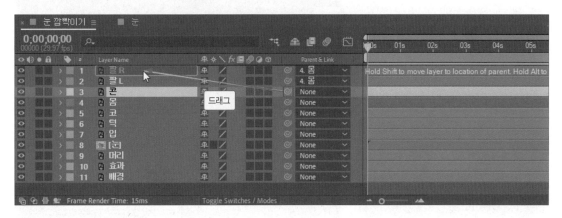

16 │ Shift를 누른 상태로 얼굴 요소에 해당하는 '코', '턱', '입', '눈' 레이어를 클릭하여 다중 선택하고 'Parent' 아이콘
(◎)을 드래그하여 '머리' 레이어로 연결합니다.

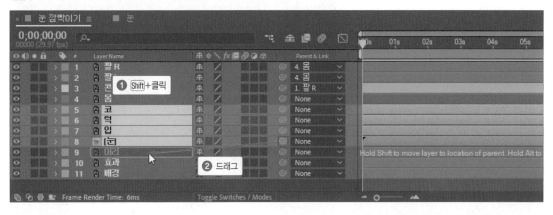

17 | 같은 방법으로 '머리' 레이어를 '몸' 레이어로 연결합니다.

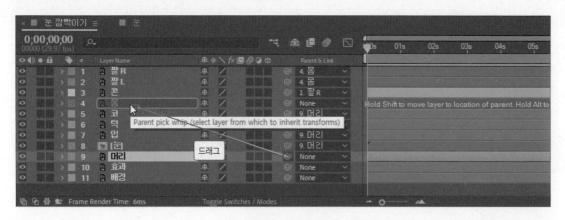

18 | 레이어의 앵커 포인트를 변경하겠습니다. '몸' 레이어를 선택하고 Tools 패널에서 뒤로 팬 도구(■)를 선택한 다음 몸의 앵커 포인트를 허리로 이동합니다.

19 | '머리' 레이어를 선택하고 앵커 포인트를 목으로 이동합니다.

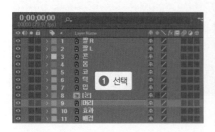

20 | '팔 R' 레이어를 선택하고 앵커 포인
트를 팔꿈치로 이동합니다.

21 | '팔 L' 레이어를 선택하고 앵커 포인
트를 어깨로 이동합니다.

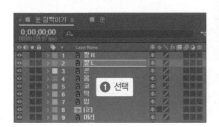

눈 애니메이션 만들고 완성하기

01 | Timeline 패널에서 '눈' 컴포지션을
클릭하여 들어갑니다.

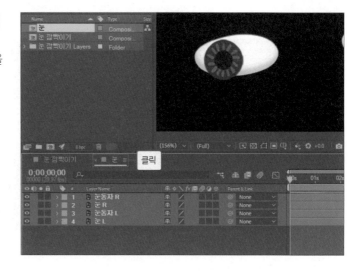

02 | Ctrl을 누른 상태로 '눈 R', '눈 L' 레이어를 클릭하여 다중 선택합니다. Ctrl+D를 눌러 '눈'을 복제합니다.

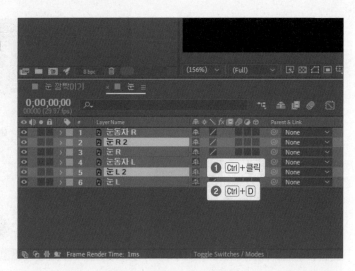

03 | 복제한 레이어를 각각의 눈동자 레이어 위로 이동합니다.

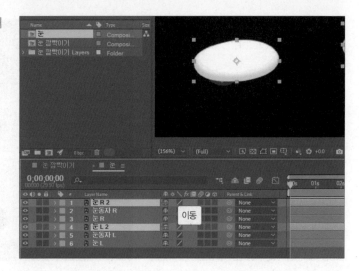

04 | 'Transfer Controls' 아이콘(⬚)을 클릭하여 Track Matte를 표시합니다.

05 '눈동자 R' 레이어의 Track Matte를 'Alpha Matte "눈 R 2"'로 지정합니다.

06 '눈동자 R'을 선택 도구(▶)로 선택
하고 움직이면 '눈 R' 안에서 눈동자가 움직
이는 것을 확인할 수 있습니다.

TIP Track Matte는 바로 아래에 있는 레이
어에만 적용됩니다.

07 '눈동자 L' 레이어의 Track Matte를 'Alpha Matte "눈 L 2"'로 지정합니다.

08 | 깜빡이는 눈을 만들겠습니다. [Ctrl]+[A]를 눌러 레이어를 전체 선택합니다. 현재 시간 표시기를 '2초'로 이동하고
[Alt]+[]를 눌러 레이어 길이를 자릅니다.

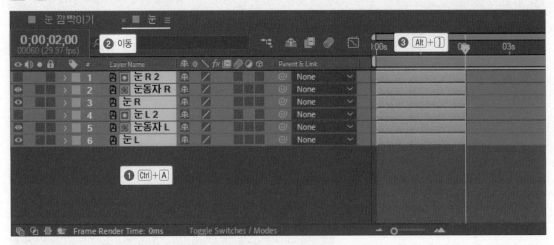

TIP 단축키 [Alt]+[], [Alt]+[]로 레이어의 앞, 뒤 길이를 변경할 수 있습니다.

09 | 레이어가 전체 선택 된 상태로 [Ctrl]+[D]를 눌러 복제합니다.

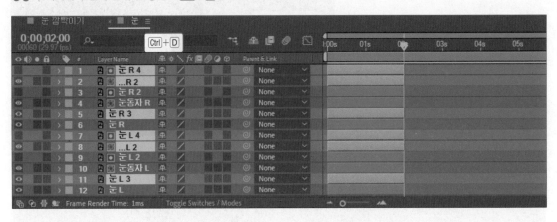

10 | 복제된 레이어만 선택된 상태로 위로 드래그하여 가장 상단으로 이동합니다.

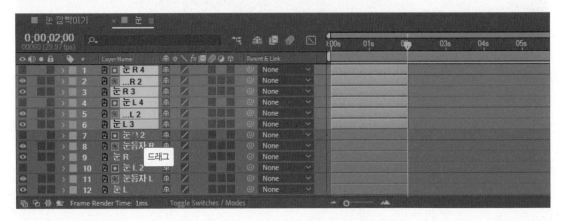

11 | 복제한 레이어를 드래그하여 '2초' 뒤로 배치하고 레이어의 끝을 드래그하여 길이를 늘립니다.

12 | Tools 패널에서 펜 도구(🖊)를 선택하고 'Fill'을 클릭합니다. Fill Options 대화상자가 표시되면 'None'을 선택하고 〈OK〉 버튼을 클릭합니다.

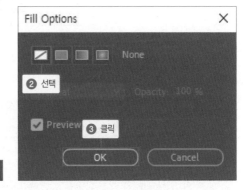

13 | Stroke를 '6px'로 설정하고 색상 상자를 클릭합니다. Shape Stroke Color 대화상자가 표시되면 색상을 '짙은 갈색 (#3F3131)'으로 지정하고 〈OK〉 버튼을 클릭합니다.

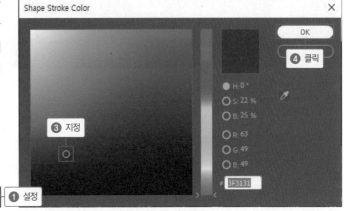

14 | 펜 도구(🖊)로 감은 눈을 그립니다.

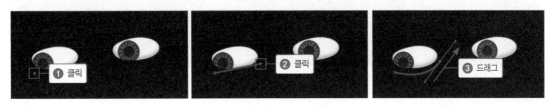

15 | 감은 눈을 선택하고 (Ctrl)+(D)를 눌러 복제합니다. 선택 도구(▶)로 감은 눈의 위치를 그림과 같이 이동합니다.

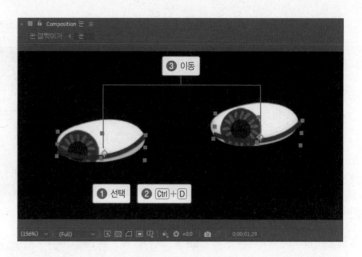

16 | Timeline 패널에서 (+)를 눌러 타임라인을 확대하고 현재 시간 표시기를 '2초 3프레임'으로 이동합니다. (Alt)+([)를 눌러 레이어의 앞부분을 비어있는 지점에 위치하게 자릅니다.

17 | 뒷부분도 현재 시간 표시기를 위치에 맞게 이동하고 (Alt)+(])를 눌러 레이어의 길이를 자릅니다.

18 │ '눈 R 2' 레이어를 선택하고 ⑤를 눌러 Scale을 속성을 표시합니다. 현재 시간 표시기를 '1초 25'프레임으로 이동합니다.

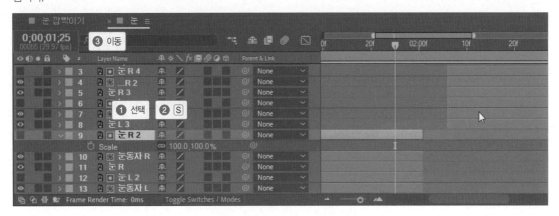

19 │ Scale의 'Stop Watch' 아이콘(⊙)을 클릭하여 키프레임을 만듭니다. 현재 시간 표시기를 '2초'로 이동하고 Scale의 'Add Keyframe' 아이콘(◆)을 클릭하여 총 두 개의 키프레임을 만듭니다.

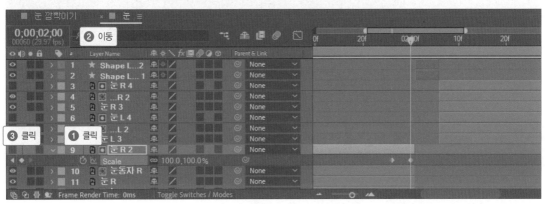

20 │ 선택 도구(▶)로 '눈 R 2'를 그림과 같이 위아래로 찌그러지게 만듭니다.

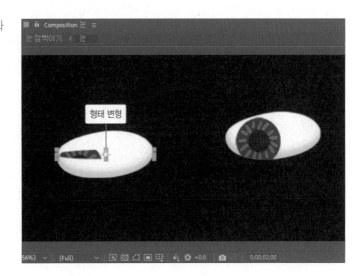

21 │ '눈 R 2' 레이어의 키프레임을 드래그하여 모두 선택하고 Ctrl+C를 눌러 복사합니다. '눈 R' 레이어를 선택하고 S를 눌러 Scale 속성을 표시합니다.

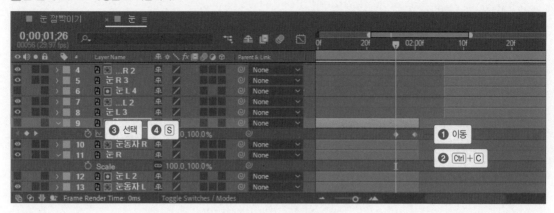

22 │ '눈 R' 레이어의 Scale을 선택하고 Ctrl+V를 눌러 키프레임을 붙여 넣기 합니다.

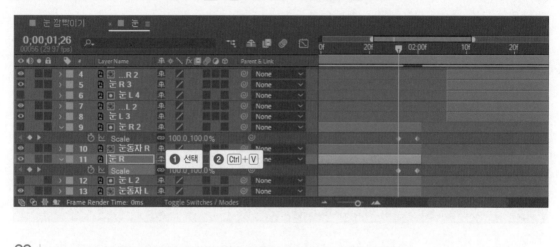

23 │ 18번~22번과 같은 방법으로 '눈 L', '눈 L 2' 레이어도 눈감는 키프레임을 만듭니다.

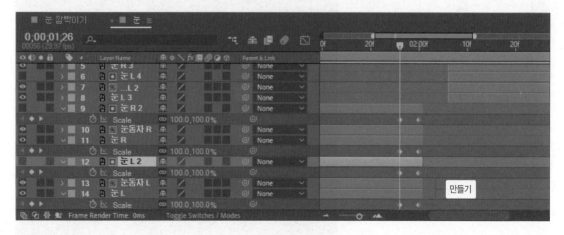

24 눈을 감았다 뜬 후에 '눈동자 R 2', '눈동자 L 2' 레이어 눈동자의 위치를 이동하여 시선을 이동할 수 있는 애니메이션으로 응용할 수 있습니다.

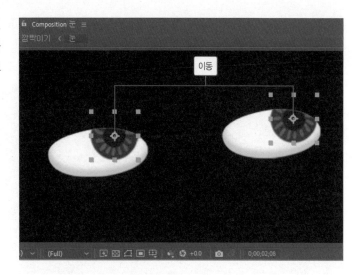

25 '눈 깜빡이기' 컴포지션으로 돌아와서 '몸' 레이어를 선택하고 P를 눌러 Position 속성을 표시한 다음 Shift+R을 눌러 Rotation 속성을 동시에 표시합니다. 현재 시간 표시기를 '1초 22프레임'으로 이동하고 'Stop Watch' 아이콘(⊙)을 클릭하여 키프레임을 만듭니다.

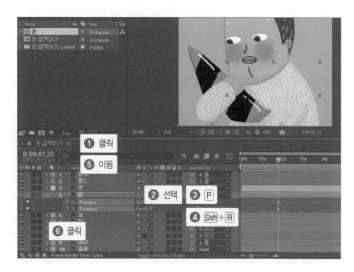

26 현재 시간 표시기를 '2초 7프레임'으로 이동합니다. 선택 도구(▶)와 회전 도구(↻)로 이동하고 회전하여 시선이 바뀌는 순간 놀란 듯이 몸을 뒤로 넘기는 키프레임을 만듭니다.

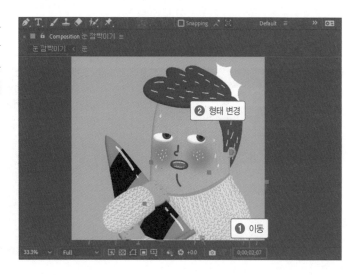

27 | 깜짝 놀라는 효과가 나타났다가 사라지게 만들겠습니다. '효과' 레이어를 선택하고 T를 눌러 Opacity 속성을 표시합니다. 'Stop Watch' 아이콘(⌚)을 클릭하여 2초 정도에서 사라지는 타이밍을 자유롭게 설정한 두 개의 키프레임을 만듭니다.

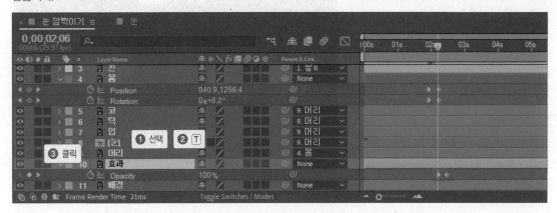

28 | 현재 시간 표시기를 '2초 6프레임'으로 이동합니다. Opacity를 '0%'로 설정하고 키프레임을 선택한 다음 Ctrl+C를 눌러 복사합니다.

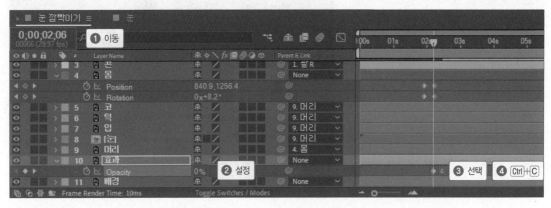

29 | 현재 시간 표시기를 '2초 22프레임'으로 이동하고 Ctrl+V를 눌러 키프레임을 붙여 넣어 눈 깜빡이는 애니메이션을 완성했습니다.

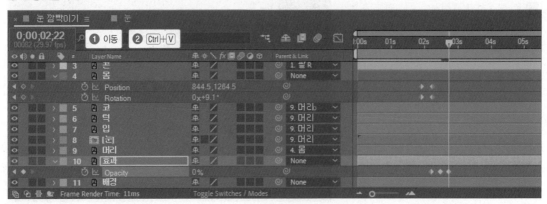

익스프레션 기능 알아보기

익스프레션은 키프레임을 하나하나 사용하지 않고 애니메이션을 만드는 기능입니다. 익스프레션은 종류가 다양하지만 그중 가장 흔하게 쓰이는 것들에 대해 알아봅니다.

● **예제 파일** : 03\익스프레션.psd   ● **완성 파일** : 03\익스프레션_완성.aep

01 │ Project 패널에서 Ctrl+I를 눌러 Import File 대화상자가 표시되면 03 폴더에서 '익스프레션.psd' 파일을 불러오고 Project 패널에서 '익스프레션' 파일을 더블클릭하여 컴포지션으로 불러옵니다.

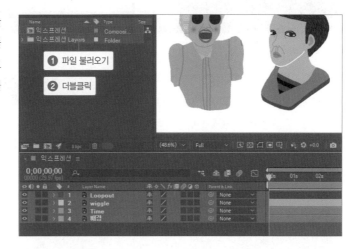

02 │ Timeline 패널에서 'Time' 레이어를 선택하고 R을 눌러 Rotation 속성을 표시합니다.

03 Alt 를 누른 상태로 Rotation의 'Stop Watch' 아이콘(⏱)을 클릭하여 스크립트 영역을 활성화합니다. 스크립트 영역에서 'time*5'를 입력하고 타임라인의 빈 부분을 클릭하여 비활성화합니다.

TIP Enter 를 누르면 스크립트 영역에 줄바꿈이 나타납니다. 타임라인의 빈 부분 클릭으로 닫아주도록 합니다.

04 Spacebar 를 눌러 재생하면 'Time' 레이어가 회전하는 것을 확인할 수 있습니다. time*5는 1초에 5°씩 회전함을 나타냅니다.

05 스크립트 영역에 'time*–5'를 입력하고 Spacebar 를 눌러 재생하면 역방향으로 돌아가는 것을 확인할 수 있습니다.

TIP time*값 : 초당 회전 값 / time*–값 : 초당 왼쪽으로 회전 값

wiggle로 흔들림과
투명도 적용하기

01 | 'wiggle' 레이어를 선택하고 P와
Shift+T를 눌러 Position, Opacity 속성을
표시합니다.

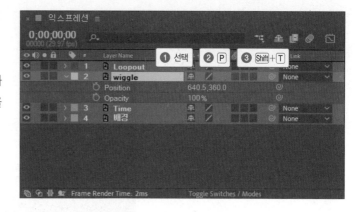

02 | Alt를 누른 상태로 Position의 'Stop Watch' 아이콘(◯)을 클릭하여 스크립트 영역을 활성화합니다. 스크립트
영역에 'wiggle(100,5)'을 입력하고 타임라인의 빈 공간을 클릭하여 비활성화합니다.

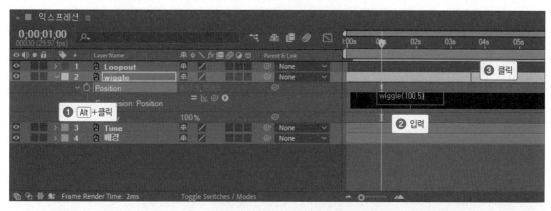

03 | Spacebar를 눌러 재생하면 'wiggle'
레이어가 흔들리는 것을 확인할 수 있습니다.

TIP wiggle(A,B) : A는 초당 횟수, B는 값의
범위입니다.

04 같은 익스프레션을 Opacity에도 적용하겠습니다. 'wiggle' 레이어의 Position에서 마우스 오른쪽 클릭한 다음 **Copy Expression Only**를 실행합니다.

05 'wiggle' 레이어의 Opacity를 선택하고 Ctrl+V를 눌러 붙여 넣기 합니다.

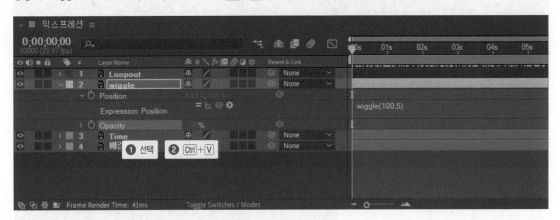

06 Opacity의 스크립트 영역을 클릭하고 'wiggle(10,90)'을 입력하여 변경합니다.

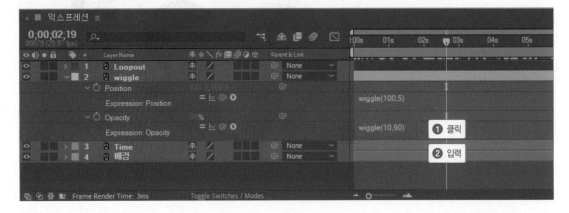

07 Spacebar 를 눌러 투명도가 변하는
것을 확인합니다.

Loopout으로 반복 재생하기

01 'Loopout' 레이어를 선택하고 P를
눌러 Position 속성을 표시한 다음 'Stop
Watch' 아이콘(ⓧ)을 클릭하여 키프레임
을 만듭니다.

02 'Loopout' 레이어를 화면 위로 드래그합니다. 현재 시간 표시기를 '1초 1프레임'으로 이동하고 'Loopout' 레이어
를 위에서 아래로 드래그하여 화면 아래로 내려가게 합니다.

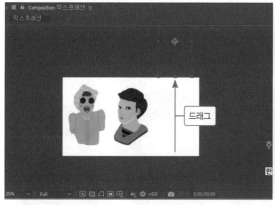
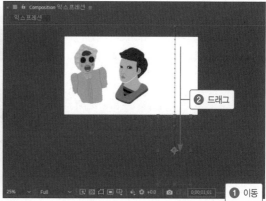

03 | Alt를 누른 상태로 Position의 'Stop Watch' 아이콘(⏱)을 클릭하여 스크립트 영역을 활성화합니다. 스크립트 영역에 'loopOut()'를 입력하고 타임라인의 빈 공간을 클릭하여 비활성화합니다.

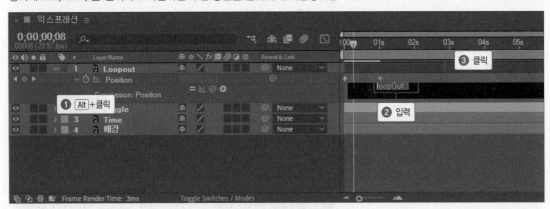

04 | Spacebar 를 눌러 재생하면 두 개의 키프레임이 반복 재생되는 것을 확인할 수 있습니다.

05 | 스크립트 영역에 'loopOut("ping pong")'을 입력하면 키프레임이 왕복 재생됩니다.

립싱크 애니메이션 만들기

음성파일 예제를 불러와서 립싱크 애니메이션을 만듭니다. 립싱크는 캐릭터의 동작과 함께 나타내면 더욱 생동감 넘치는 캐릭터 애니메이션으로 만들 수 있습니다.

● **예제 파일** : 03\립싱크.psd   ● **완성 파일** : 03\립싱크_완성.aep

입의 키프레임 만들기

01 │ Project 패널에서 Ctrl+I를 눌러 Import File 대화상자가 표시되면 03 폴더에서 '립싱크.psd' 파일을 불러오고 Project 패널에서 '립싱크' 파일을 더블클릭하여 컴포지션으로 불러옵니다.

02 | Shift를 누른 상태로 입에 해당되는 레이어를 모두 클릭하여 다중 선택하고 오른쪽 마우스 클릭한 다음 **Pre-compose**를 실행합니다.

03 | Pre-compose 대화상자가 표시되면 New composition name에 '입'을 입력하고 〈OK〉 버튼을 클릭합니다.

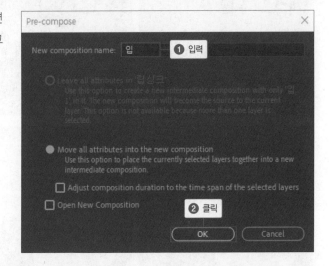

04 | 만들어진 '입' 컴포지션을 더블클릭하여 안으로 들어갑니다.

05 | Composition 패널에서 'Region of Interest' 아이콘(▣)을 클릭합니다.

06 | 입에 해당하는 부분을 드래그하여 영역을 지정합니다.

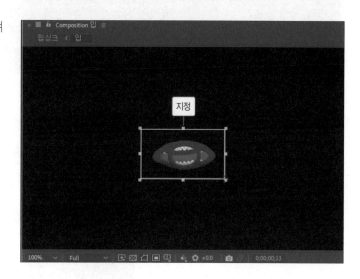

07 | 메뉴에서 (**Composition**) → **Crop Comp to Region of Interest**를 실행합니다.

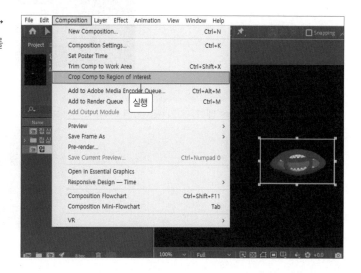

08 | 현재 시간 표시기를 '0초'로 이동하고 Ctrl+A를 눌러 모든 레이어를 선택한 다음 Alt+[]을 눌러 레이어를 자릅니다.

09 | Timeline 패널에서 ⊕를 여러 번 눌러 확대하면 모든 레이어가 '1프레임'으로 잘려있는 것을 확인할 수 있습니다.

10 | 입을 차례대로 재생되게 만들겠습니다. 전체 레이어가 선택된 상태로 마우스 오른쪽 버튼을 클릭한 다음 **Keyframe Assistant → Sequence Layers**를 실행합니다.

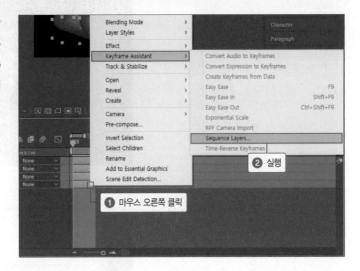

11 | Sequence Layers 대화상자가 표시되면 〈OK〉 버튼을 클릭합니다.

12 │ '입 4' 레이어의 가장 앞인 '3프레임'에 현재 시간 표시기를 위치하고 N을 눌러 Work Area를 짧게 만듭니다.

13 │ Work Area에서 마우스 오른쪽 버튼을 클릭한 다음 **Trim Comp to Work Area**를 실행합니다.

14 │ Work Area가 입 레이어 길이만큼 잘라진 것을 확인합니다.

15 │ '립싱크' 컴포지션으로 돌아갑니다. 선택 도구(▶)로 입을 이동하여 위치를 조절하고 Timeline 패널에서 ⊞을 눌러 타임라인을 확대합니다.

16 | '입' 컴포지션에서 마우스 오른쪽 버튼을 클릭한 다음 **Time Enable Time Remapping**을 실행합니다.

17 | 두 개의 키프레임이 생성됩니다. '입' 레이어의 두 번째 키프레임을 선택하고 Delete를 눌러 삭제합니다.

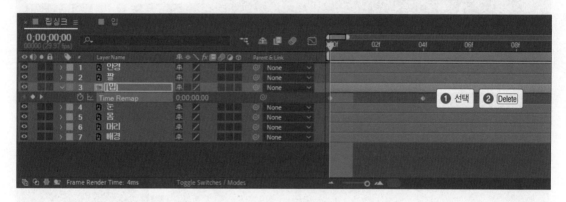

18 | 첫 번째 키프레임을 선택하고 마우스 오른쪽 버튼을 클릭한 다음 **Toggle Hold Keyframe**을 실행합니다.

음원에 맞춰 립싱크 완성하기

01 | Project 패널에서 Ctrl+I를 눌러 Import File 대화상자가 표시되면 03 폴더에서 '여보세요.mp3' 파일을 불러옵니다. Project 패널에서 '여보세요.mp3' 파일을 Timeline 패널로 드래그하여 불러옵니다.

02 | '여보세요.mp3' 레이어의 >를 클릭하고 Audio → Waveform 속성을 표시하면 타임라인에 오디오 웨이브가 표시됩니다.

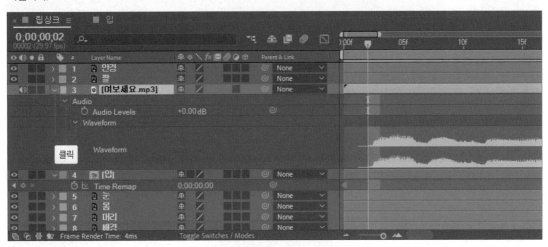

TIP Spacebar를 눌러 재생하거나 Ctrl를 누른 상태로 타임라인을 드래그하여 오디오를 재생할 수 있습니다.

03 | 오디오가 시작되는 지점인 '2프레임'에서 '입' 레이어의 Time Remap을 '0:00:00:01'로 설정합니다. 타임라인에 네모 모양(■)의 키프레임이 생성됩니다.

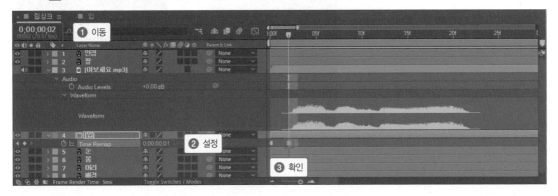

04 현재 시간 표시기를 '4프레임'으로 이동하고 '입' 레이어의 Time Remap을 '0:00:00:02'로 설정하여 키프레임을 생성합니다.

05 현재 시간 표시기를 '6프레임'으로 이동하고 '입' 레이어의 Time Remap을 '0:00:00:03'으로 설정하여 키프레임을 생성합니다.

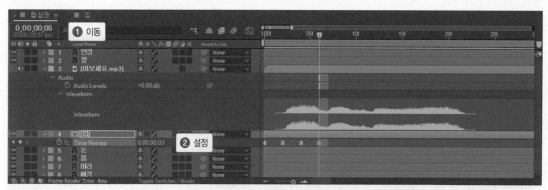

TIP '입' 컴포지션 안에 1프레임씩 다른 입의 이미지가 들어있습니다. 이 이미지들을 한 프레임씩 보여지게 합니다.

06 필요한 키프레임을 Ctrl+C, Ctrl +V를 눌러 복사, 붙여 넣기 하면서 립싱크를 완성합니다.

모션 블러 적용하기

모션 블러를 사용해서 움직이는 개체에 다른 효과를 주지 않아도 속도감을 손쉽게 나타낼 수 있습니다. 모션 블러는 개체의 움직임에 따라 자동으로 나타납니다.

● **예제 파일** : 03\모션 블러.psd　　● **완성 파일** : 03\모션 블러_완성.aep

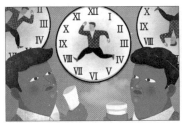

01 │ Project 패널에서 Ctrl+I를 눌러 Import File 대화상자가 표시되면 03 폴더에서 '모션 블러.psd'파일을 불러온 다음 Project 패널에서 '모션 블러' 컴포지션을 더블클릭하여 컴포지션으로 불러옵니다.

02 │ '사람.psd' 레이어를 선택하고 R을 눌러 Rotation 속성을 표시한 다음 'Stop Watch' 아이콘(⏱)을 클릭하여 키프레임을 만듭니다. 현재 시간 표시기를 '3초'로 이동하고 Rotation을 '3x+0°'로 설정합니다.

03 │ Switch 항목에서 'Motion Blur' 아이콘(◉)을 클릭하여 적용된 것을 확인합니다.

TIP 아이콘이 표시된 경우 활성화된 것이고 아이콘이 표시되지 않은 경우 비활성화된 것입니다.

3D 레이어와 카메라 활용하여 애니메이션 만들기

3D 레이어와 카메라로 카메라에 가까운 개체와 먼 개체를 구분해서 입체 감있는 장면을 나타냅니다.

● **예제 파일** : 03\3D 카메라.psd   ● **완성 파일** : 03\3D 카메라_완성.aep

3D 레이어로 변경하기

01 | 03 폴더에서 '3D 카메라.psd' 파일을 불러온 다음 Project 패널에서 '3D 카메라' 컴포지션을 더블클릭하여 컴포지션으로 불러옵니다.

02 | Timeline 패널에서 레이어의 'Label' 아이콘(■)을 클릭해서 레이어의 색상을 각각 다르게 지정하여 작업하기 편한 환경으로 만듭니다.

03 | Tools 패널에서 뒤로 팬 도구(■)를 선택하고 '손', '캐릭터' 레이어를 각각 선택한 다음 앵커 포인트를 하단 중앙으로 이동합니다.

'손' 레이어의 앵커 포인트 위치

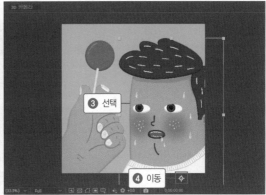

'캐릭터' 레이어의 앵커 포인트 위치

04 | '손'과 '캐릭터' 레이어에 간단한 애니메이션을 적용하겠습니다. '손' 레이어를 선택하고 P를 눌러 Position 속성을 표시한 다음 Shift+R을 눌러 Rotation 속성을 동시에 표시합니다.

05 | '손' 레이어의 Position과 Rotation 의 'Stop Watch' 아이콘(◯)을 클릭하여 키프레임을 만듭니다. 현재 시간 표시기를 '2초'로 이동하고 'Add Keyframe' 아이콘 (◇)을 클릭하여 키프레임을 만듭니다.

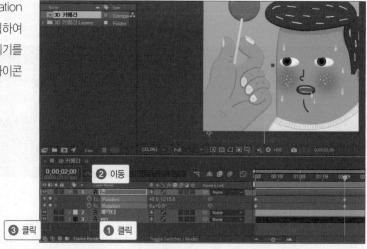

06 | 현재 시간 표시기를 '1초'로 이동하고 '손' 레이어가 화면 중앙에 위치하도록 이동합니다.

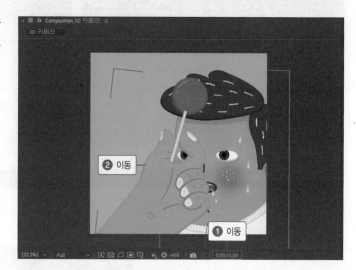

07 | '캐릭터' 레이어를 선택하고 P를 선택하여 Position 속성을 표시한 다음 Shift +R을 눌러 Rotation 속성을 동시에 표시합니다.

08 │ '캐릭터' 레이어에서 Position과 Rotation의 'Stop Watch' 아이콘(◉)을 클릭하여 키프레임을 만듭니다.
현재 시간 표시기를 '2초'로 이동하고 'Add Keyframe' 아이콘(◆)을 클릭하여 키프레임을 만듭니다.

09 │ 현재 시간 표시기를 '1초'로 이동하고 '손' 레이어가 화면 중앙에 위치하도록 이동합니다.

10 │ 모든 레이어를 3D로 변경하겠습니다. 레이어의 '3D Layer' 아이콘(◉)을 클릭합니다.

TIP 변경된 레이어에 X, Y, Z 축의 3D 화살표가 나타나는 것을 확인할 수 있습니다.

3D 카메라로 애니메이션 만들기

01 | Timeline 패널에서 마우스 오른쪽 버튼을 클릭하고 **New → Camera**를 실행합니다.

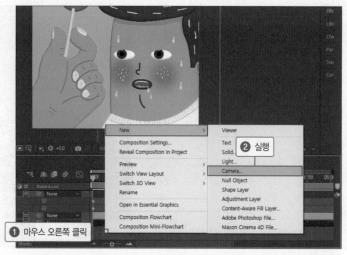

02 | Camera Settings 대화상자가 표시되면 별도의 설정 없이 〈OK〉 버튼을 클릭합니다.

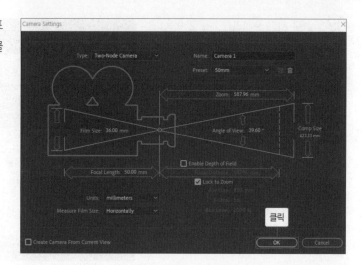

03 | Composition 패널 하단에서 3D View Layout을 '2 Views'로 지정합니다.

04 | 왼쪽 화면을 선택하고 3D View Popup을 'Left'로 지정합니다.

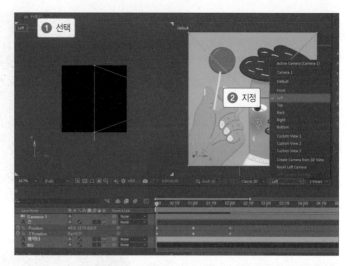

TIP 선택된 화면은 하늘색 삼각형(◩)으로 구분되며, 뷰의 각도를 설정할 수 있습니다.

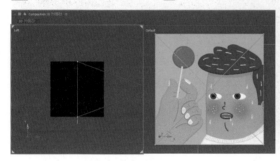

왼쪽 화면이 선택된 상태

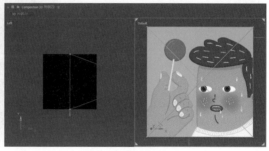

오른쪽 화면이 선택된 상태

05 | Left View로 지정한 왼쪽 화면을 선택하고 카메라를 선택하여 카메라 방향을 확인합니다.

06 | Timeline 패널에서 'BG' 레이어를 선택하고 Left View에서 'BG' 레이어의 Z 축 파란 화살표를 선택합니다.

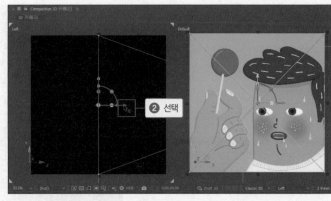

07 | 'BG' 레이어의 파란색 Z 화살표를 왼쪽으로 드래그하여 카메라에서 멀어지게 만듭니다.

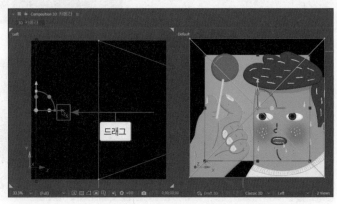

TIP 카메라에서 멀어지기 때문에 오른쪽 카메라 기본(Default) 화면에서는 배경이 작아집니다.

08 | 작아진 배경의 크기를 조절하여 키우겠습니다. Timeline 패널에서 'BG' 레이어를 선택하고 S를 눌러 Scale 속성을 표시합니다.

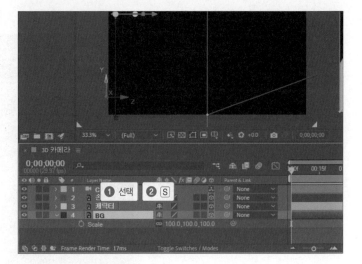

09 | Scale에 마우스 포인터를 위치하고 오른쪽으로 드래그하여 값을 크게 설정합니다. Default View 화면에 'BG' 레이어가 가득 찰 정도로만 변경합니다.

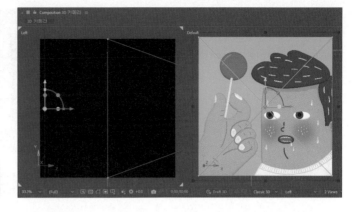

10 | '손' 레이어를 선택하고 U를 눌러 적용된 키프레임을 모두 표시합니다.

11 | '손' 레이어의 Position 키프레임을 전부 드래그하여 선택합니다.

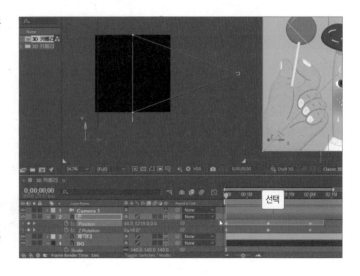

TIP 다중 선택된 키프레임은 한 번에 이동 값을 변경할 수 있습니다.

12 Left View 화면에서 '손' 레이어의 파란색 Z 화살표를 오른쪽으로 드래그하여 카메라에 가깝게 이동합니다.

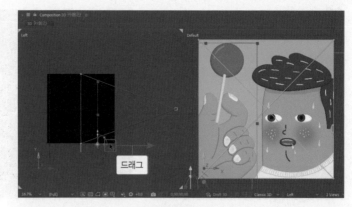

TIP Default View 화면에서 '손'의 크기가 커지는 것을 확인합니다.

13 Timeline 패널에서 '캐릭터' 레이어를 선택하고 U를 눌러 모든 키프레임을 표시합니다.

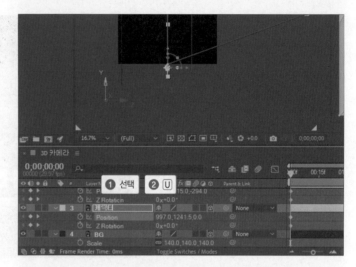

14 '캐릭터 레이어의 Position의 키프레임을 드래그하여 전체 선택합니다. Left View에서 '캐릭터' 레이어의 파란색 Z축을 드래그하여 카메라에서 조금 멀어지게 만듭니다.

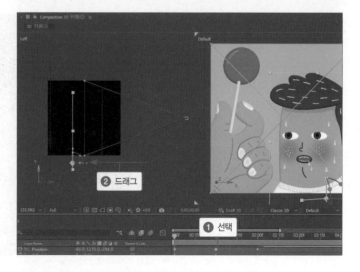

15 │ 오른쪽 Default View를 선택하고 3D View Popup을 'Active Camera'로 지정하여 변경합니다.

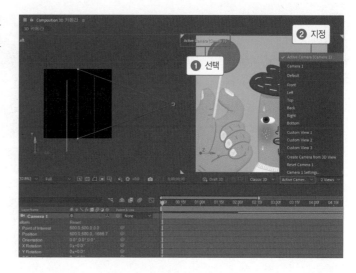

16 │ 왼쪽 Left View를 선택하고 3D View Popup을 'Custom View 1'로 지정하여 변경합니다.

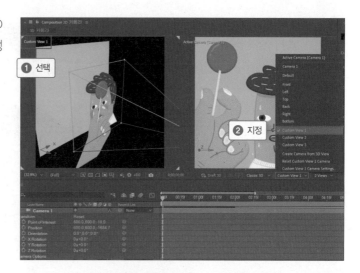

TIP Custom View 살펴보기

Custom View에서 Alt 를 누른 상태로 마우스 포인터를 움직이면 다양한 각도로 화면을 볼 수 있습니다.

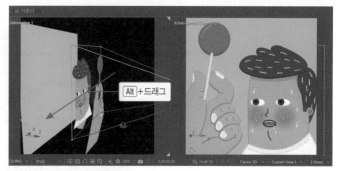

17 3D 카메라를 움직여보겠습니다. Timeline 패널에서 'Camera 1' 레이어의 >를 클릭하여 Transform 속성을 표시하고 Point of Interest, Position의 'Stop Watch' 아이콘(⏱)을 클릭하여 '0초'에 키프레임을 만듭니다.

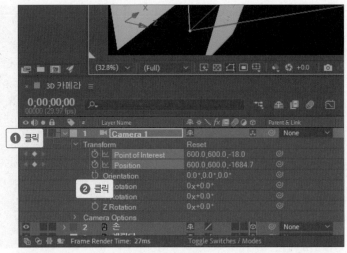

18 현재 시간 표시기를 '1초'와 '2초'로 이동하고 'Add Keyframe' 아이콘(◇)을 클릭하여 키프레임을 두 개 만듭니다.

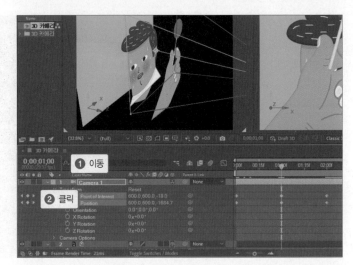

19 현재 시간 표시기를 '1초'로 이동하고 Custom View 1에서 카메라의 파란색 Z축을 드래그하여 '캐릭터'와 '손' 레이어에 가까워지게 Zoom In 합니다.

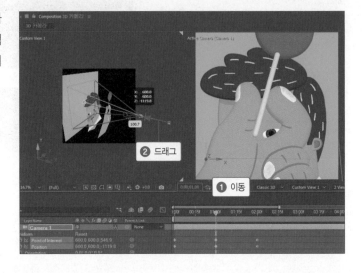

20 | Timeline 패널에서 'Camera 1' 레이어의 키프레임을 드래그하여 전체 선택하고 F9를 눌러 Easy Ease를 적용합니다.

21 | 카메라의 심도를 조절하기 위해 'Camera 1' 레이어에서 Camera Options 의 >를 클릭하여 속성을 표시합니다.

22 | Depth of Field의 'Off'를 클릭하여 'On'으로 변경합니다.

23 | Aperture를 '800pixels'로 설정합니다.

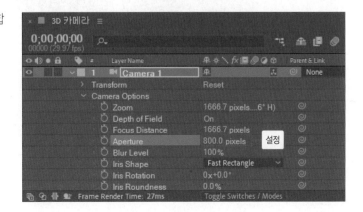

24 | Composition 패널에서 왼쪽 화면을 선택하고 3D View Popup을 'Left'로 지정합니다.

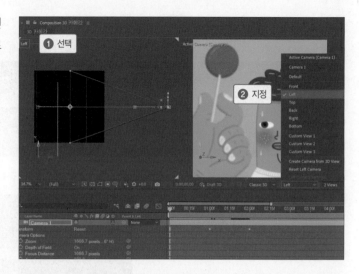

25 | Timeline 패널 'Camera 1' 레이어의 Focus Distance 값을 입력하는 곳에 마우스 포인터를 위치하고 드래그하여 카메라의 분홍색 선이 '손' 레이어에 가깝게 위치하도록 조절합니다.

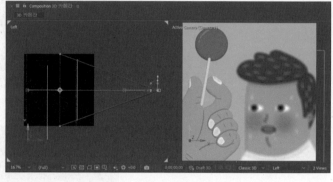

TIP Focus Distance가 가까운 '손' 레이어는 선명해집니다.

26 | Spacebar를 눌러 재생하여 심도가 바뀌는 화면을 확인합니다.

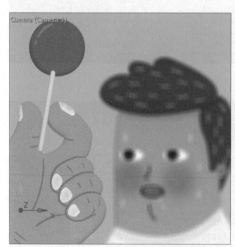

조명으로 애니메이션에 그림자 넣기

그림자를 따로 만들지 않아도 조명을 이용해서 손쉽게 그림자를 적용할 수 있습니다. 혹은 화면의 분위기를 바꾸기 위해 조명의 색상을 조절하면서 카메라의 심도와 조명을 함께 적절히 사용하면 원하는 효과를 얻을 수 있습니다.

● **예제 파일** : 03\조명.psd ● **완성 파일** : 03\조명_완성.aep

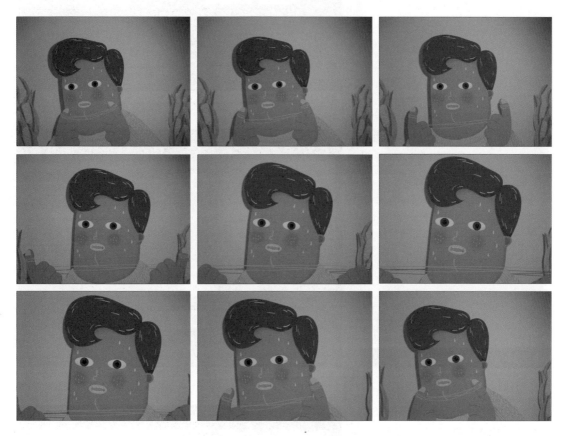

캐릭터에 애니메이션 적용하기

01 │ 03 폴더에서 '조명.psd' 파일을 불러온 다음 Project 패널에서 '조명' 컴포지션을 더블클릭하여 컴포지션으로 불러옵니다.

02 | Timeline 패널에서 레이어의 'Label' 아이콘(■)을 클릭해서 레이어의 색상을 각각 다르게 지정하여 작업하기 편한 환경으로 만듭니다.

03 | Tools 패널에서 뒤로 팬 도구(■)를 선택하고 '손R', '손L' 레이어를 선택한 다음 앵커 포인트를 팔꿈치로 이동합니다.

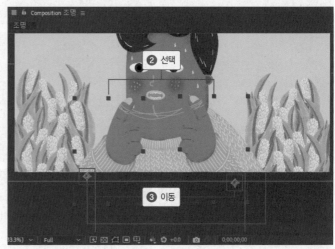

04 | 같은 방법으로 '몸통' 레이어를 선택하고 앵커 포인트를 골반 쪽으로 이동합니다.

05 | Timeline 패널에서 '손R', '손L' 레이어를 선택하고 'Parent' 아이콘(◎)을 '몸통' 레이어로 드래그하여 페어런트합니다.

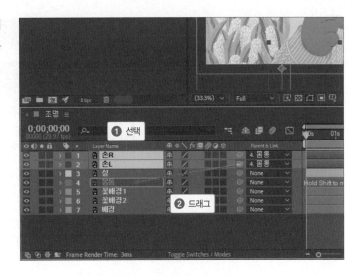

06 | 같은 방법으로 Timeline 패널에서 '실' 레이어의 'Parent' 아이콘(◎)을 '손R' 레이어로 드래그하여 연결합니다.

07 | '몸통' 레이어를 선택하고 [P]를 눌러 Position 속성을 표시한 다음 [Shift]+[R]을 눌러 Rotation 속성을 동시에 표시합니다. Position과 Scale의 'Stop Watch' 아이콘(◎)을 클릭하여 키프레임을 만듭니다.

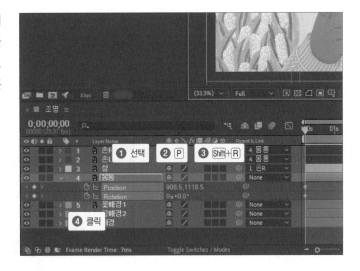

08 캐릭터를 앞뒤로 움직이면서 실을 늘렸다 줄이는 애니메이션을 만들겠습니다. Tools 패널에서 회전 도구(⟲)를 선택하고 그림과 같이 '몸통' 레이어를 회전하여 기울입니다.

09 '몸통' 레이어의 키프레임을 드래그하여 선택하고 Ctrl+C를 눌러 복사합니다. 현재 시간 표시기를 '1초 14프레임'으로 이동하고 Ctrl+V를 눌러 붙여 넣기 합니다.

10 현재 시간 표시기를 '22프레임'으로 이동하고 회전 도구(⟲)로 '몸통' 레이어를 반대 방향으로 회전합니다.

11 │ '몸통' 레이어의 키프레임을 드래 그하여 모두 선택하고 [F9]를 눌러 Easy Ease를 적용합니다.

12 │ '몸통' 레이어 Position의 키프레임 을 모두 드래그하여 선택한 다음 [Alt]를 누 른 상태로 'Stop Watch' 아이콘(◎)을 클 릭합니다.

13 │ 타임라인에 스크립트 영역이 활성화되면 'loopOut()'을 입력하고 타임라인의 빈 부분을 클릭하여 비활성화합 니다.

14 | '몸통' 레이어의 Position에서 마우스 오른쪽 버튼을 클릭한 다음 **Copy Expression Only**를 실행합니다.

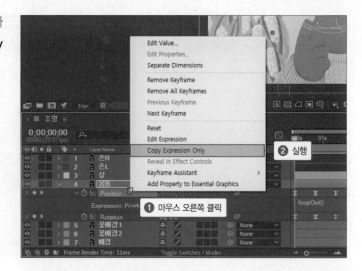

15 | '몸통' 레이어의 Rotation을 선택하고 Ctrl+V를 눌러 붙여 넣기 합니다.

16 | '손' 레이어에 애니메이션을 추가하겠습니다. Shift를 누른 상태로 '손R', '손L' 레이어를 클릭하여 다중 선택합니다.

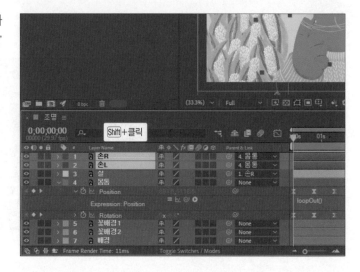

17 │ P를 눌러 Position 속성을 표시하고 Shift+R을 눌러 Rotation 속성을 동시에 표시합니다.

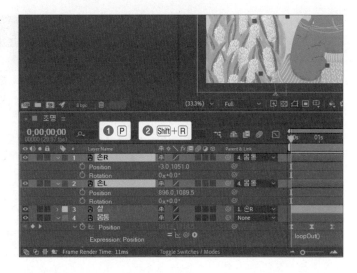

18 │ '손R', '손L' 레이어의 Position과 Rotation의 'Stop Watch' 아이콘(◯)을 클릭하여 키프레임을 만듭니다.

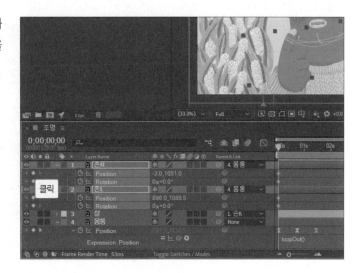

19 │ '몸통' 레이어의 마지막 키프레임에 맞춰 현재 시간 표시기를 '1초 14프레임'으로 이동하고 'Add Keyframe' 아이콘(◯)을 클릭하여 키프레임을 만듭니다.

20 │ 현재 시간 표시기를 '22프레임'으로 이동하고 '손R', '손L' 레이어를 그림과 같이 형태를 변경합니다.

21 │ '손R', '손L' 레이어의 키프레임을 드래그하여 모두 선택하고 F9 를 눌러 Easy Ease를 적용합니다.

실뜨기하는 애니메이션 만들기

01 │ '실' 레이어를 선택하고 P 를 눌러 Position 속성을 표시한 다음 Shift+R 을 눌러 Rotation 속성을 동시에 표시합니다.

02 | '실' 레이어의 Position과 Rotation 의 'Stop Watch' 아이콘(⏱)을 클릭하여 키프레임을 만듭니다. 현재 시간 표시기를 '1초 13프레임'으로 이동한 다음 'Add Keyframe' 아이콘(◆)을 클릭하여 같은 키프레임을 만듭니다.

03 | 현재 시간 표시기를 '22프레임'으로 이동하고 '실' 레이어를 그림과 같이 변형합니다.

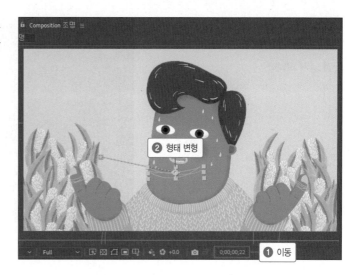

04 | '실' 레이어의 키프레임을 드래그하여 전체 선택하고 F9를 눌러 Easy Ease 를 적용합니다.

05 │ '몸통' 레이어의 Position에서 마우스 오른쪽 버튼을 클릭한 다음 **Copy Expression Only**를 실행합니다.

06 │ '손R', '손L' 레이어의 Position과 Rotation을 각각 선택하고 Ctrl+V를 눌러 붙여 넣기 합니다.

07 │ '실' 레이어의 'Solo' 아이콘(●)을 클릭하여 Composition 패널 화면에 '실' 레이어만 보이게 합니다.

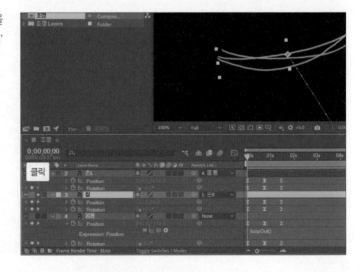

08 Tools 패널에서 퍼핏 핀 도구(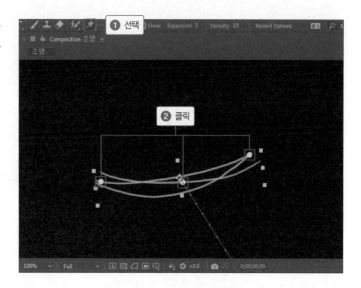)를 선택하고 그림과 같이 '실' 레이어를 클릭하여 세 개의 포인트를 만듭니다.

09 다시 Timeline 패널에서 '실' 레이어의 'Solo' 아이콘(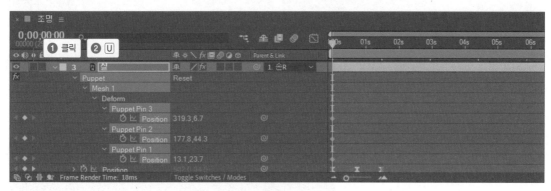)을 클릭하여 비활성화하고 ⓤ를 눌러 Puppet 속성을 표시합니다.

10 다른 키프레임의 위치와 같게 키프레임을 추가하겠습니다. 먼저 현재 시간 표시기를 '1초 14프레임'으로 이동하고 '실' 레이어의 모든 'Add Keyframe' 아이콘()을 클릭하여 키프레임을 만듭니다.

11 현재 시간 표시기를 '22프레임'으로 이동하고 퍼핏 핀을 클릭 드래그하여 그림과 같이 변경합니다.

12 '실' 레이어의 Puppet Pin 키프레임을 드래그하여 전체 선택하고 F9를 눌러 Easy Ease를 적용합니다.

13 '실' 레이어의 Position에서 마우스 오른쪽 버튼을 클릭한 다음 **Copy Expression Only**를 실행합니다.

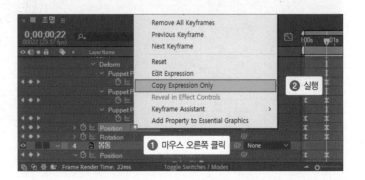

14 | '실' 레이어의 모든 Puppet Pin의 Position을 각각 선택하고 [Ctrl]+[V]를 눌러 붙여 넣기 합니다.

15 | 캐릭터에 해당되는 '손R', '손L', '실', '몸통' 레이어를 [Shift]를 누른 상태로 클릭하여 모두 선택하고 마우스 오른쪽 버튼을 클릭한 다음 **Pre-compose**를 실행합니다.

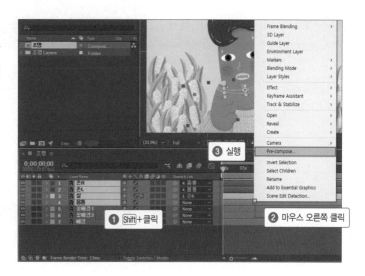

16 | Pre-compose 대화상자가 표시되면 New composition name에 '캐릭터'를 입력하고 〈OK〉 버튼을 클릭합니다.

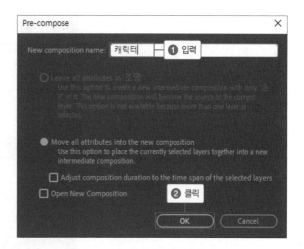

3D 카메라와 조명 추가하여
애니메이션 완성하기

01 | Timeline 패널에서 모든 레이어의 '3D Layer' 아이콘(▣)을 클릭합니다.

02 | Composition 패널 하단에서 3D View Layout을 '2 Views'로 지정합니다.

03 | Timeline 패널의 빈 공간에서 마우스 오른쪽 버튼을 클릭한 다음 **New →
Camera**를 실행합니다.

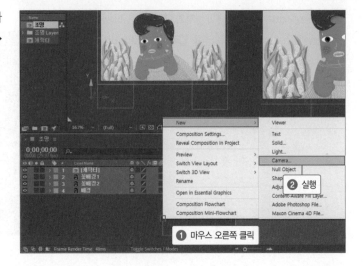

04 Camera Settings 대화상자가 표시되면 〈OK〉 버튼을 클릭합니다.

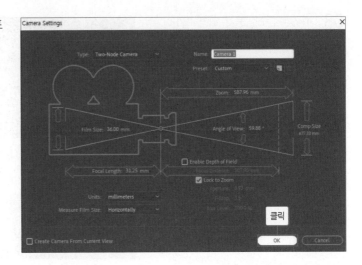

05 Composition 패널에서 왼쪽 화면을 선택하고 3D View Popup을 'Left'로 지정합니다.

06 같은 방법으로 오른쪽 화면을 선택하고 'Active Camera'로 지정합니다.

07 '배경' 레이어를 선택하고 Left View에서 '배경' 레이어의 파란색 Z축을 왼쪽으로 드래그하여 카메라에서 멀어지게 만듭니다.

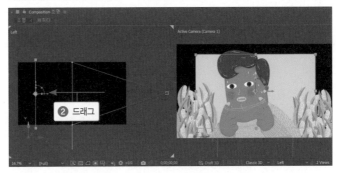

08 Timeline 패널에서 '배경' 레이어가 선택된 상태로 ⑤를 눌러 Scale 속성을 표시합니다.

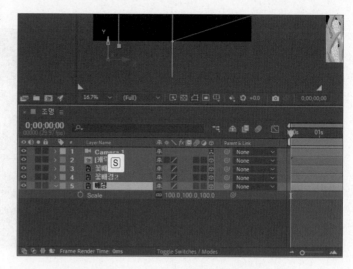

09 Scale의 값을 입력하는 곳에 마우스 포인터를 위치하고 오른쪽으로 드래그하여 크게 설정합니다.

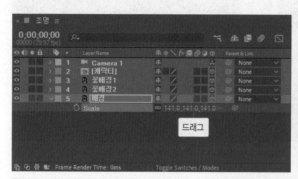

10 '꽃배경2' 레이어를 선택하고 Left View에서 파란색 Z축을 왼쪽으로 드래그하여 '배경' 레이어 앞으로 이동합니다.

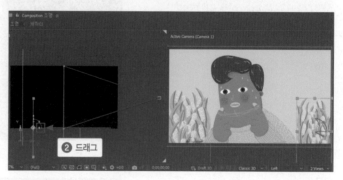

TIP Active Camera View를 확인하면서 레이어의 위치를 이동하도록 합니다.

11 | '캐릭터' 레이어를 선택하고 Left
View에서 파란색 Z축을 왼쪽으로 드래그
하여 '꽃배경' 레이어 사이로 위치를 이동합
니다.

12 | 'Camera 1' 레이어 Position의
'Stop Watch' 아이콘(🕐)을 클릭하여 '0초'
에 키프레임을 만듭니다. 현재 시간 표시기
를 '2초'로 이동하고 'Add Keyframe' 아이
콘(◇)을 클릭하여 같은 키프레임을 만듭
니다.

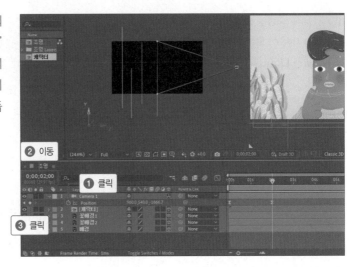

13 | 현재 시간 표시기를 '1초'로 이동하
고 Left View에서 카메라의 파란색 Z축을
왼쪽으로 드래그하여 Zoom In 되는 중간
프레임을 만듭니다.

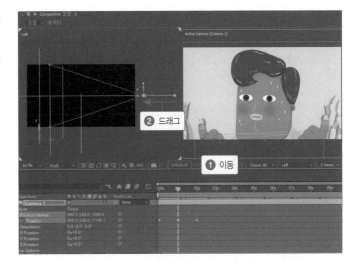

14 | Timeline 패널에서 'Camera 1' 레이어의 모든 키프레임을 드래그하여 전체 선택하고 F9를 눌러 Easy Ease를 적용합니다.

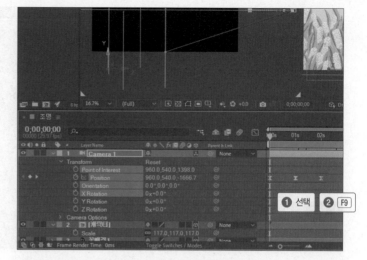

15 | 이제 조명을 설치기 위해 Timeline 패널에서 마우스 오른쪽 버튼을 클릭한 다음 **New → Light**를 실행합니다.

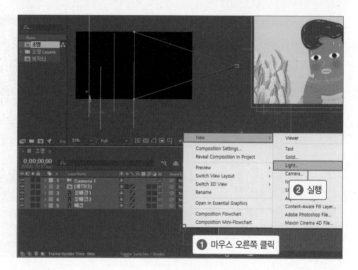

16 | Light Settings 대화상자가 표시되면 Light Type을 'Spot'으로 지정하고 Color를 '연한 핑크색'으로 지정한 다음 'Cast Shadows'를 체크 표시합니다. Shadow Darkness를 '50%'로 설정하고 〈OK〉 버튼을 클릭합니다.

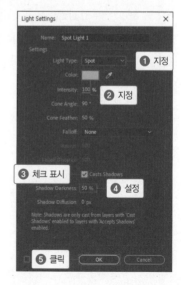

❶ Light Type : 조명의 속성을 나타냅니다.
   – Parallel : 태양과 같이 무한하게 멀리 떨어진 광원으로부터 직선의 무제한 조명을 방출합니다.
   – Spot : 무대 제작에서 사용되는 플래시나 집중 조명처럼 광원 뿔로 제한되는 광원으로부터 조명을 방출합니다.
   – Point : 전구 하나에서 나오는 광선과 같이 제한되지 않은 전 방향 조명을 방출합니다.
   – Ambient : 광원이 없지만 장면의 전반적인 밝기에 영향을 주고 그림자를 표시하지 않는 조명을 만듭니다.
❷ Color : 빛의 색상입니다.
❸ Intensity : 조명의 밝기입니다. 음수 값은 조명을 만들지 않습니다.
❹ Cone Angle : 광원을 둘러싸는 광원 뿔의 각도로, 먼 거리에 있는 빔의 폭을 결정합니다.
❺ Cone Feather : 집중 조명 가장자리의 부드러운 정도입니다.
❻ Falloff Radius : 밝기 감소의 유형입니다.
❼ Falloff Distance : 조명으로부터 밝기가 감소하는 거리를 설정합니다.
❽ Cast Shadows : 광원으로 레이어에 그림자의 여부를 설정합니다.
❾ Shadow Darkness : 그림자의 농도를 설정합니다.
❿ Shadow Diffusion : 그림자를 표시하는 레이어의 거리에 따라 그림자의 부드러움을 설정합니다.

17 왼쪽 화면을 선택하고 3D View Popup을 'Top'으로 지정하여 변경합니다. Top View에서 'Spot Light 1' 레이어 위치를 그림과 같이 조절합니다.

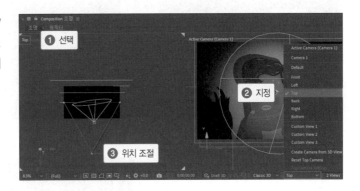

18 'Spot Light 1' 레이어의 >를 클릭하여 Light Option 속성을 표시하면 조명에 대한 옵션을 변경할 수 있습니다.

TIP 한 화면에 여러 개의 조명을 만들 수 있습니다.

TIP 필요하다면 'Spot Light 1' 레이어 Transform의 >를 클릭하여 속성을 표시하고 'Stop Watch' 아이콘(◷)을 클릭하여 움직임을 제어할 수 있습니다.

19 | 모든 레이어의 Material Options 속성을 표시하고 Cast Shadows의 'Off'를 클릭하여 'On'으로 변경합니다.

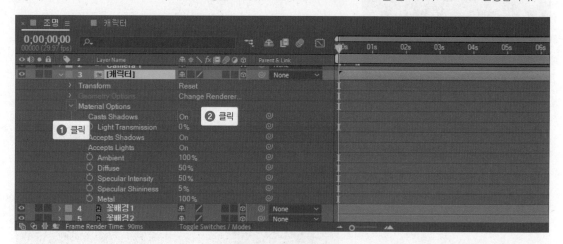

20 | 캐릭터를 따라 움직이는 그림자를 확인합니다.

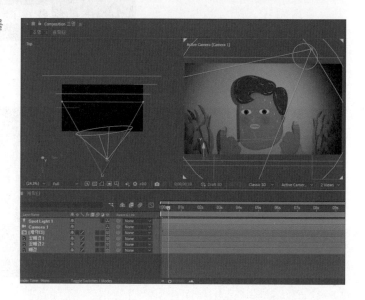

팝업 애니메이션과
Pan Down 화면 연습하기

3D 레이어와 3D 카메라를 동시에 사용해서 아래로 길게 Pan Down 하는 장면을 연습하겠습니다. 동시에 팝업 북과 같은 애니메이션 효과로 심화된 3D 레이어 더욱 쉽게 이해할 수 있습니다.

● **예제 파일** : 03\자동차.ai ● **완성 파일** : 03\자동차_완성.aep

3D 레이어로 만들고 배치
정리하기

01 │ Project 패널에서 마우스 오른쪽 버튼을 클릭한 다음 **Import → File**을 실행하여 03 폴더에서 '자동차.ai' 파일을 불러옵니다.

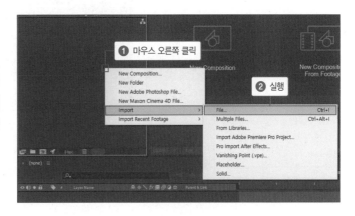

02 | Project 패널에서 '자동차' 파일을
더블클릭하여 불러옵니다.

03 | Timeline 패널에서 레이어의 'Label'
아이콘(■)을 클릭해서 레이어의 색상을 각
각 다르게 지정하여 작업하기 편한 환경으
로 만듭니다.

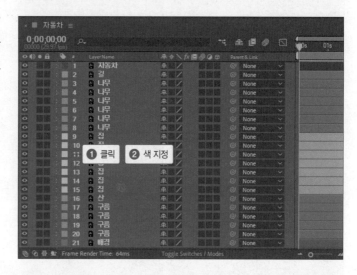

04 | 전체 레이어를 선택하고 '3D Layer'
아이콘(■)을 클릭하여 3D 레이어로 변경
합니다.

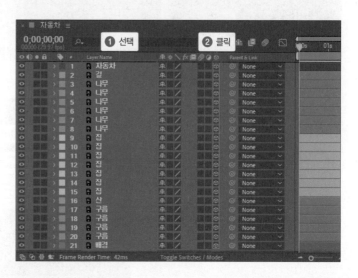

05 │ Composition 패널 하단의 3D View Layout를 '2Views'로 지정하여 화면을 변경합니다.

06 │ 메뉴에서 (**Layer**) → **New** → **Camera**를 실행합니다.

07 │ Camera Settings 대화상자가 표시되면 〈OK〉 버튼을 클릭합니다.

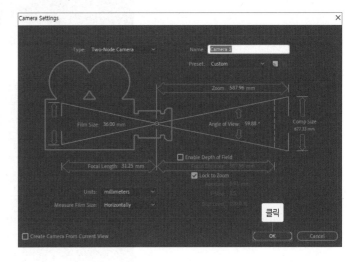

08 │ '배경' 레이어를 선택하고 Left View
에서 파란색 Z축 화살표를 왼쪽으로 드래그
하여 카메라와 멀어지게 이동합니다.

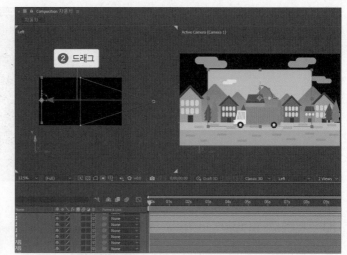

09 │ Timeline 패널에서 '배경' 레이어가
선택된 상태로 S를 눌러 Scale 속성을 표
시합니다.

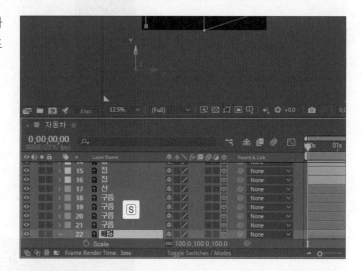

10 │ Active Camera View에서 '배경'
레이어가 긴 직사각형이 되도록 그림과 같
이 크기를 조절합니다.

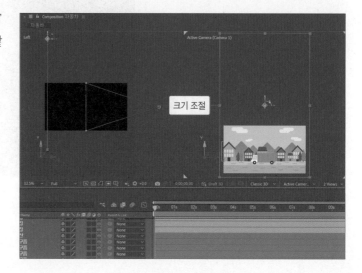

11 | Timeline 패널에서 [Shift]를 누른 상태로 '구름' 레이어를 모두 클릭하여 선택합니다.

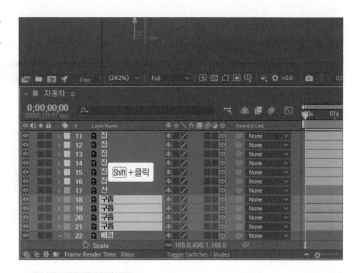

12 | Left View에서 '구름' 레이어의 파란색 Z축 화살표를 왼쪽으로 드래그하여 '배경' 레이어 앞으로 이동합니다.

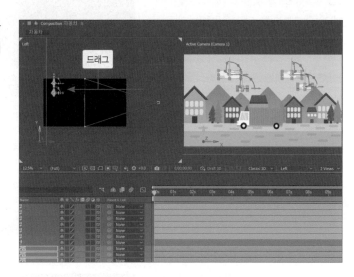

13 | 같은 방법으로 '산' 레이어를 선택하고 Left View에서 파란색 Z축 화살표를 왼쪽으로 드래그하여 '구름' 레이어 앞으로 이동합니다.

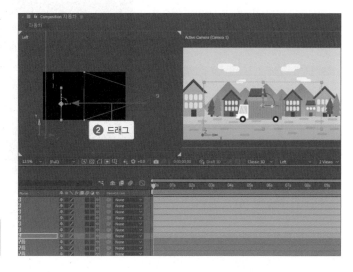

14 Timeline 패널에서 '산' 레이어가 선택된 상태로 ⓢ를 눌러 Scale 속성을 표시한 다음 Active Camera View에 가득차도록 크기를 설정합니다.

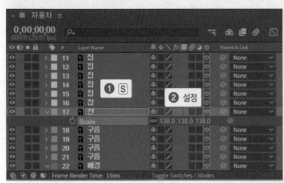

15 Timeline 패널에서 Shift를 누른 상태로 '집' 레이어를 모두 클릭하여 다중 선택합니다.

16 Left View에서 파란색 Z축 화살표를 왼쪽으로 드래그하여 '산' 레이어 앞으로 이동합니다.

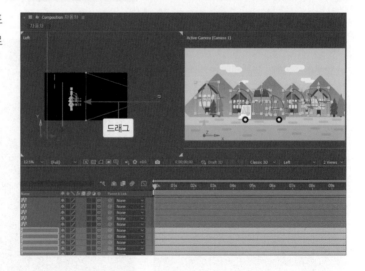

17 | Active Camera View에서 '집' 레이어 위치를 그림과 같이 땅에 맞게 이동합니다.

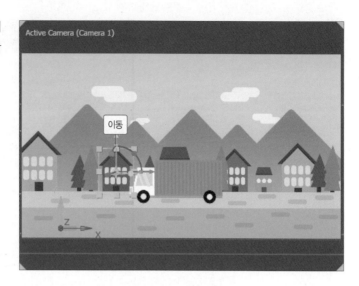

18 | Timeline 패널에서 Shift 를 누른 상태로 '나무' 레이어를 모두 클릭하여 다중 선택합니다.

19 | Left View에서 '나무' 레이어의 파란색 Z축 화살표를 왼쪽으로 드래그하여 '집' 레이어의 앞으로 이동합니다.

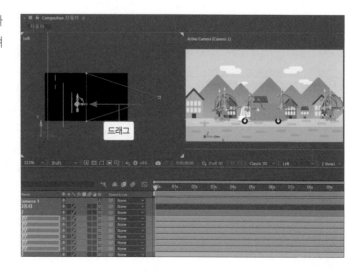

20 | Active Camera View에서 '나무' 레이어 위치를 그림과 같이 조절합니다.

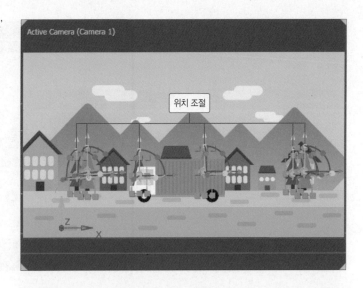

21 | 같은 방법으로 '자동차' 레이어를 선택하고 파란색 Z축 화살표를 왼쪽으로 드래그하여 '길' 레이어의 앞으로 살짝 이동합니다.

구름이 이동하는 애니메이션 만들기

01 | Timeline 패널에서 Shift를 누른 상태로 '구름' 레이어를 모두 클릭하여 다중 선택하고 P를 눌러 Position 속성을 표시합니다.

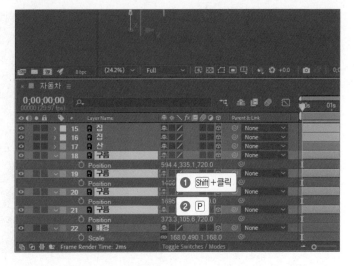

02 | Position의 'Stop Watch' 아이콘
(⏱)을 클릭하여 키프레임을 만듭니다.

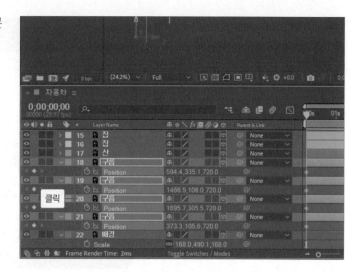

03 | 현재 시간 표시기를 '9초 29프레임'
으로 이동하고 Active Camera View에서
구름이 한쪽으로 흐르도록 위치를 이동합
니다.

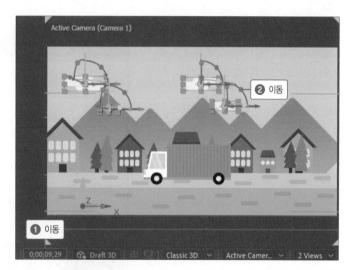

TIP 타임라인의 길이가 다르다면 Ctrl+K를 누릅니다.
Composition Settings 대화상자를 표시하고 Duration
을 설정하여 컴포지션 길이를 조절할 수 있습니다.

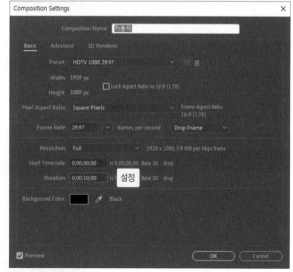

04 Shift를 누른 상태로 크기가 큰 구름 두 개를 클릭하여 다중 선택합니다.

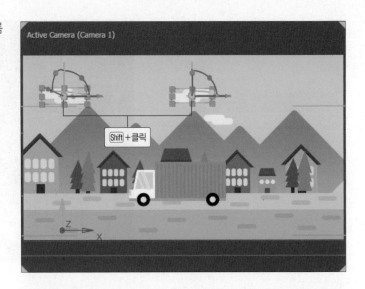

05 원근감을 표현하겠습니다. Active Camera View에서 작은 구름보다 조금 더 빨리 움직이게 왼쪽으로 이동합니다.

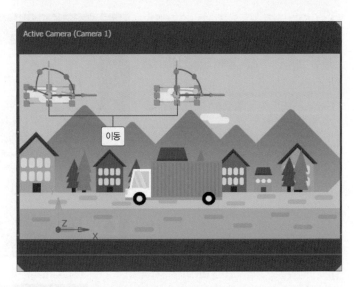

산, 나무, 집의 앵커 포인트 설정하기

01 Tools 패널에서 뒤로 팬 도구(⬚)를 선택하고 '산' 레이어의 앵커 포인트를 중앙 하단으로 이동합니다.

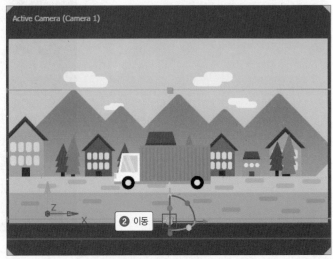

02 | Timeline 패널에서 모든 '집' 레이어의 'Solo' 아이콘(⬤)을 클릭하여 해당 레이어만 보이게 합니다.

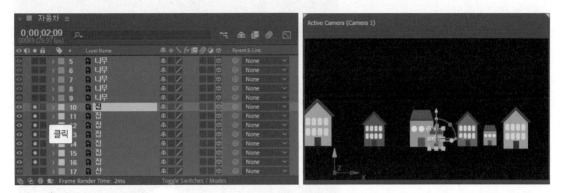

03 | Tools 패널에서 뒤로 팬 도구(⬚)를 선택하고 모든 '집' 레이어의 앵커 포인트를 중앙 하단으로 이동합니다.

04 | Timeline 패널에서 모든 '나무' 레이어의 'Solo' 아이콘(⬤)을 클릭하여 해당 레이어만 보이게 합니다.

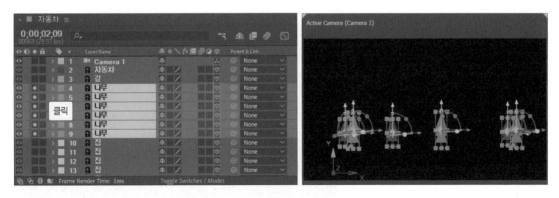

05 모든 '나무' 레이어의 앵커 포인트를 중앙 하단으로 이동합니다.

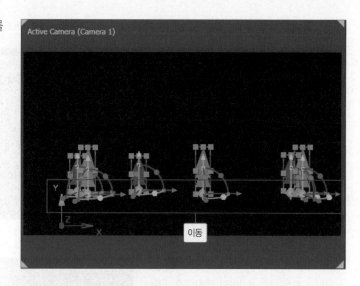

팝업 북 애니메이션 만들기

01 Timeline 패널에서 하나의 '나무' 레이어의 >를 클릭하여 Transform 속성을 표시합니다. 현재 시간 표시기를 '1초'로 이동하고 X Rotation의 'Stop Watch' 아이콘(🖳)을 클릭하여 키프레임을 만듭니다.

02 팝업 북처럼 일어나는 효과를 만들 겠습니다. 현재 시간 표시기를 '19프레임'으로 이동하고 '나무' 레이어의 X Rotation을 '95'로 설정합니다.

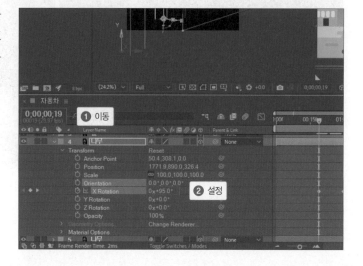

03 | 현재 시간 표시기를 '1초 8프레임', '1초 20프레임'으로 이동하고 각각 프레임에서 'Add Keyframe' 아이콘(◆)을 클릭하여 두 개의 키프레임을 만듭니다.

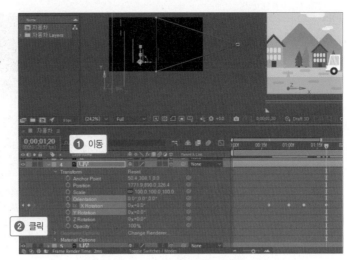

04 | 현재 시간 표시기를 두 번째 키프레임이 있는 '1초'로 이동하고 X Rotation을 '-9°'로 설정하여 뒤로 살짝 넘어갔다가 반동에 의해 다시 돌아오게 만듭니다.

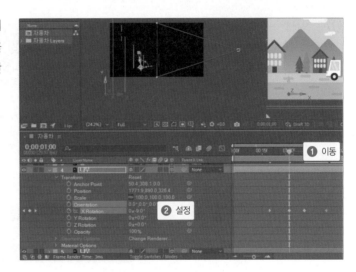

05 | 현재 시간 표시기를 세 번째 키프레임이 있는 '1초 8프레임'으로 이동하고 X Rotation을 '4"'로 설정하여 앞으로 살짝 기울어지게 만듭니다.

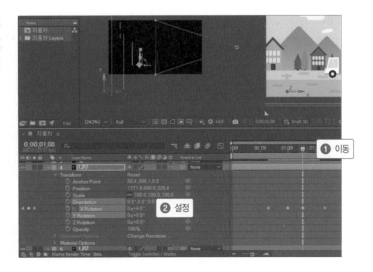

06 │ '나무' 레이어의 키프레임을 전부 드래그하여 선택하고 Ctrl+C를 눌러 복사합니다.

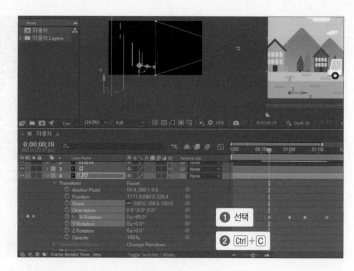

07 │ Shift를 누른 상태로 나머지 '나무' 레이어를 클릭하여 다중 선택합니다.

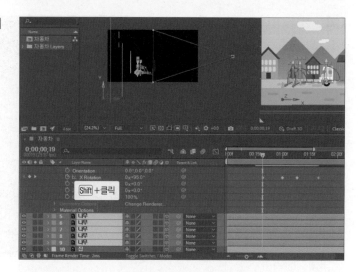

08 │ Ctrl+V를 눌러 붙여 넣기 합니다. U를 눌러 키프레임이 적용되었는지 확인합니다.

09 │ '나무' 레이어들의 키프레임을 드래
그하여 그림과 같이 랜덤하게 배치합니다.

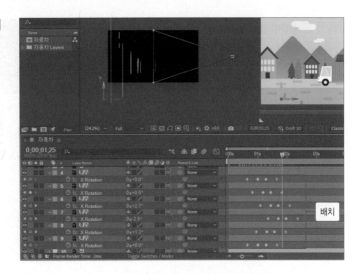

10 │ '나무' 레이어의 키프레임 전체 드래
그하여 선택하고 **F9**를 눌러 Easy Ease
를 적용합니다.

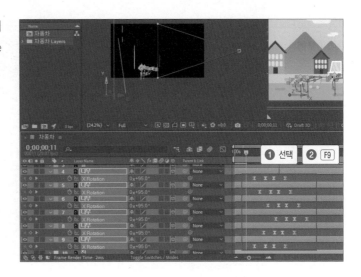

11 │ '산' 레이어 X Rotation의 'Stop
Watch' 아이콘(⏱)을 클릭하고 키프레임
을 만듭니다. 현재 시간 표시기를 이동하고
'Add Keyframe' 아이콘(◈)을 클릭하여
네 개의 키프레임을 만듭니다.

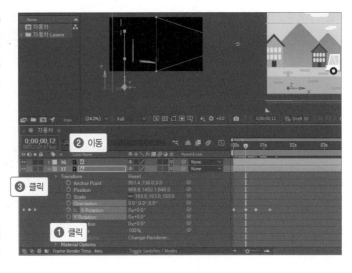

TIP 예제에서는 '0초', '12프레임', '22프레
임', '1초 7프레임'에 키프레임을 만들었습니다.

12 | 현재 시간 표시기를 첫 번째 키프레임이 있는 '0초'로 이동하고 X Rotation을 '90°'로 설정합니다.

13 | 현재 시간 표시기를 두 번째 키프레임이 있는 '12프레임'으로 이동하고 X Rotation을 '–10°'로 설정합니다.

14 | 현재 시간 표시기를 세 번째 키프레임이 있는 '22프레임'으로 이동하고 X Rotation을 '4°'로 설정합니다.

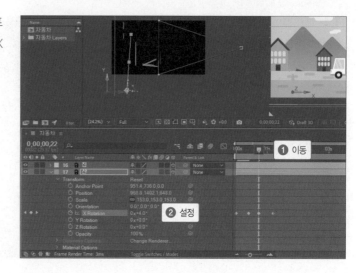

15 | '산' 레이어의 키프레임을 전체 드래그하여 선택하고 F9 를 눌러 Easy Ease를 적용한 다음 Ctrl+C 를 눌러 전체 키프레임을 복사합니다.

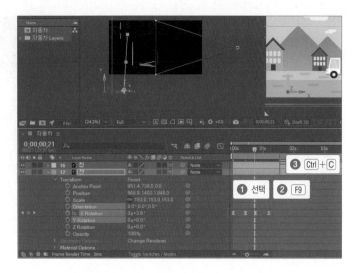

16 | Shift 를 누른 상태로 모든 '집' 레이어를 클릭하여 다중 선택합니다.

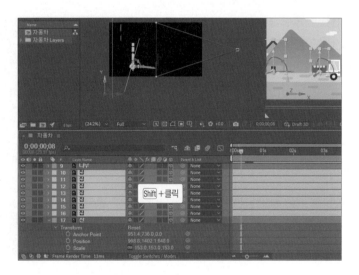

17 | Ctrl+V 를 눌러 붙여 넣기 합니다. U 를 눌러 적용된 키프레임을 확인합니다.

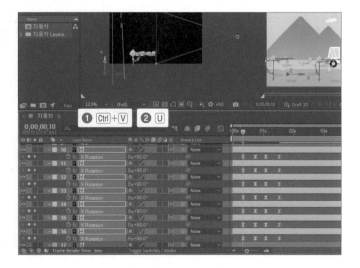

18 '집' 레이어들의 키프레임을 드래그
하여 그림과 같이 랜덤하게 배치합니다.

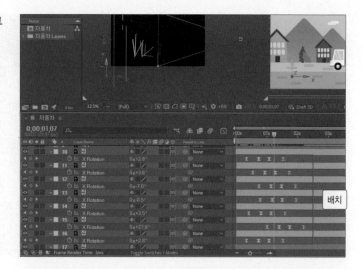

19 Tools 패널에서 뒤로 팬 도구(⬚)를
선택하고 '길' 레이어의 앵커 포인트를 중앙
하단으로 이동합니다.

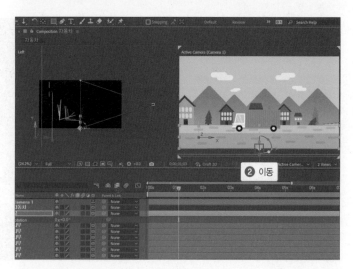

20 복사했던 '집' 레이어의 키프레임을
'길' 레이어에도 붙여 넣겠습니다. '길' 레이
어를 선택하고 Ctrl+V를 눌러 복사된 키
프레임을 붙여 넣기 합니다.

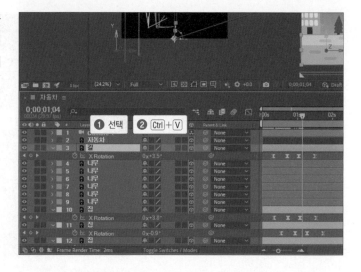

자동차와 카메라에 애니메이션 적용하고 완성하기

01 | 자동차가 흔들리는 효과를 적용하 겠습니다. '자동차' 레이어를 선택하고 P를 눌러 Position 속성을 표시합니다.

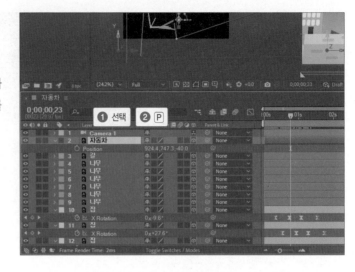

02 | 흔들리는 익스프레션을 적용하기 위 해 Alt 를 누른 상태로 '자동차' 레이어 Position의 'Stop Watch' 아이콘(⊙)을 클 릭합니다.

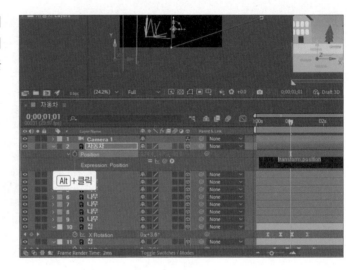

03 | 타임라인에 스크립트 영역이 활성화 되면 'wiggle(5,5)'를 입력하고 타임라인의 빈 부분을 클릭하여 비활성화합니다.

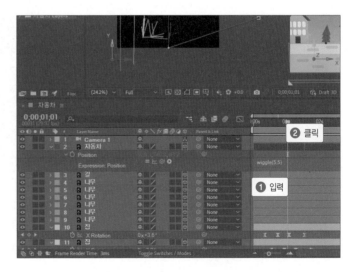

04 | 화면에 레이어가 순차적으로 나타나도록 Timeline 패널에서 레이어를 그림과 같이 드래그하여 시작 위치를 조절합니다.

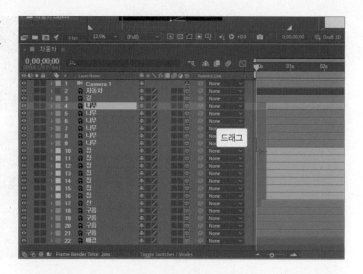

05 | 모든 레이어가 나타난 다음 카메라를 위로 움직이겠습니다. 현재 시간 표시기를 모든 레이어가 나타난 '1초 26프레임'으로 이동합니다.

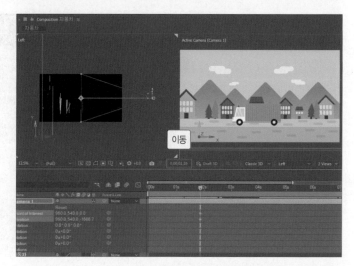

06 | 'Camera 1' 레이어의 Position of interest와 Position의 'Stop Watch' 아이콘(🔘)을 클릭하여 키프레임을 만듭니다.

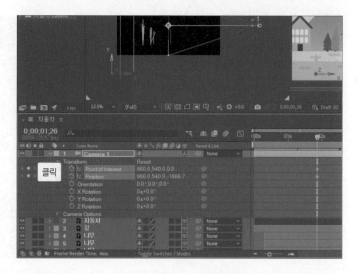

07 │ 현재 시간 표시기를 '4초'로 이동하고 Left View에서 카메라의 초록색 Y축 화살표를 위로 드래그하여 하늘이 보이도록 합니다. '4초'에 만들어진 키프레임을 선택하고 Ctrl+C를 눌러 복사합니다.

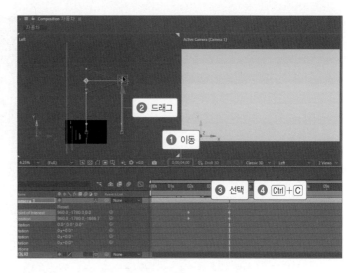

08 │ 현재 시간 표시기를 '4초 29프레임'으로 이동하고 Ctrl+V를 눌러 붙여 넣기 합니다.

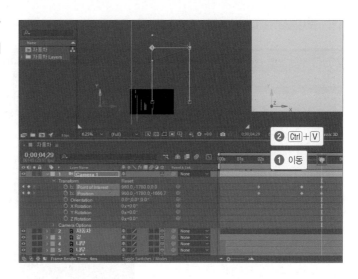

09 │ 현재 시간 표시기를 첫 번째 키프레임이 있는 '1초 26프레임'으로 이동하고 키프레임을 선택한 다음 Ctrl+C를 눌러 복사합니다.

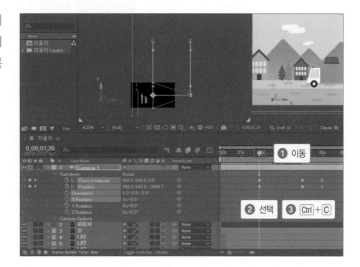

10 | 현재 시간 표시기를 '7초'로 이동하고 Ctrl+V를 눌러 붙여 넣기 합니다.

11 | '자동차' 레이어가 '7초'부터 보이게 드래그하여 시작 위치를 변경합니다.

12 | '자동차' 레이어를 선택하고 P를 눌러 Position 속성을 표시합니다.

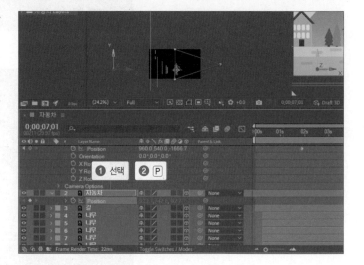

13 │ Active Camera View에서 '자동차' 레이어의 빨간색 X축 화살표를 오른쪽으로 드래그하여 화면 밖으로 이동합니다. 현재 시간 표시기를 '9초 28프레임'으로 이동하고 Active Camera View에서 '자동차' 레이어의 빨간색 X축 화살표를 왼쪽으로 드래그하여 화면 밖으로 이동합니다.

14 │ 모든 레이어의 'Motion Blur' 아이콘(⬚)을 클릭하여 활성화합니다.

15 │ Spacebar 를 눌러 애니메이션을 재생합니다.

한 글자씩 나타나는
텍스트 애니메이션 만들기

플러그인을 사용해서 애니메이션을 손쉽게 만들 수 있지만, 기본적인 텍스트 애니메이션을 통해 움직임과 타이밍을 연습하면 애프터 이펙트에서 애니메이션 타이밍을 잡기 쉬울 것입니다.

● **완성 파일** : 03\나타나는 텍스트 애니메이션_완성.aep

01 │ 애프터 이펙트를 실행하고 Ctrl+N을 눌러 Composition Settings 대화상자가 표시되면 Wight를 '1280px', Height를 '720px'로 설정한 다음 Frame Rate를 '29.97'로 선택합니다. Duration을 '0:00:10:00'으로 설정하고 Background Color를 '연보라색'으로 지정한 다음 〈OK〉 버튼을 클릭합니다.

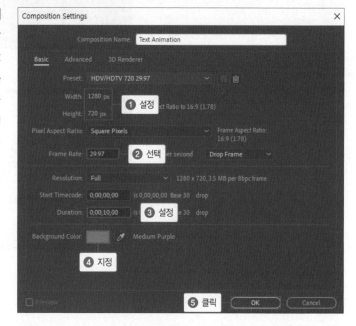

02 애니메이션을 적용할 텍스트 만들기
위해 Tools 패널에서 문자 도구(T)를 선택
합니다. Composition 패널 화면을 클릭하
고 'TEXT ANIMATION'을 입력합니다.

TIP Character 패널 살펴보기

메뉴에서 (Window)를 실행하거나 (Ctrl)+(6)을 눌러 표시할 수 있습니다.

❶ Font Family : 글꼴을 지정할 수 있습니다.
❷ Font Style : 글꼴의 굵기를 지정할 수 있습니다.
❸ Swap Fill and Stroke : 글꼴의 색상과 외곽선을 변경할 수 있습니다.
❹ Font Size : 글꼴의 크기를 설정합니다.
❺ Leading/Kerning : 행간과 자간을 설정합니다.
❻ Scale : 글씨체의 크기를 자유롭게 변경할 수 있습니다.

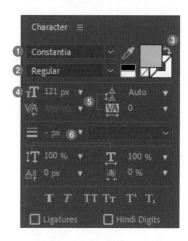

03 Tools 패널에서 사각형 도구(■)를
선택하고 Composition 패널에서 드래그하
여 하단에 사각형 모양을 만듭니다.

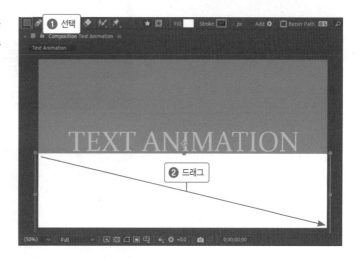

04 Timeline 패널에서 만들어진 셰이프 레이어를 선택하고 (Enter)를 눌러 'matte'로 이름을 변경합니다.

05 │ 'matte' 레이어를 드래그하여 'Text Animation' 레이어의 아래로 위치합니다.

06 │ Effects & Presets 패널에서 'set matte'를 검색하고 'Text Animation' 레이어로 드래그하여 적용합니다.

TIP 〔Window〕 메뉴 또는 Ctrl+5 를 눌러 Effects & Presets 패널을 불러올 수 있습니다.

07 │ Effect Controls 패널에서 Set Matte 항목의 Take Matte From Layer 를 'matte'로 지정합니다.

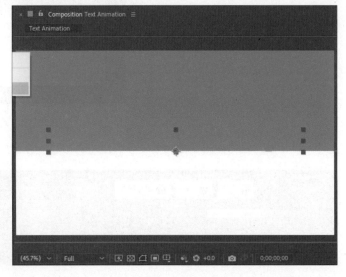

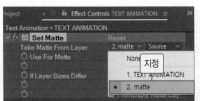

08 | 'Invert Matte'를 체크 표시합니다.

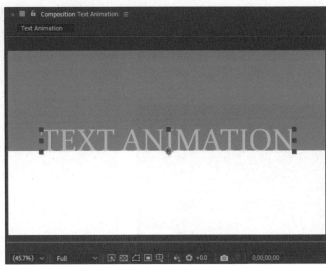

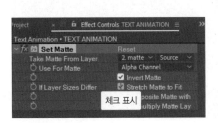

09 | Timeline 패널에서 'matte' 레이어의 '눈' 아이콘(◉)을 클릭합니다.

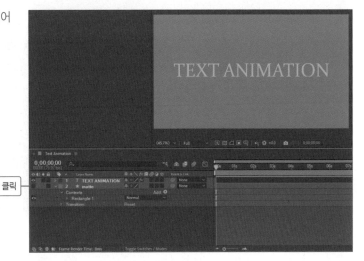

10 | 'Text Animation' 레이어의 Text 속성을 표시합니다. Animate를 추가하기 위해 오른쪽 ▶를 클릭하고 **Position**을 실행합니다.

11 Range Selector 1 → Position Y축에 마우스 포인터를 위치한 다음 Composition 패널에서 텍스트가 사라질 때까지 오른쪽으로 드래그합니다.

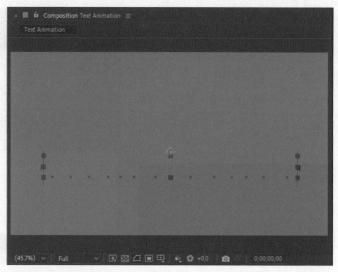

12 Range Selector 1 속성을 표시하고 Offset의 'Stop Watch' 아이콘( )을 클릭하여 키프레임을 만듭니다.

13 현재 시간 표시기를 '1초' 이동하고 'Add Keyframe' 아이콘( )을 클릭하여 키프레임을 하나 더 만듭니다.

14 Offset을 '100%'로 설정합니다.

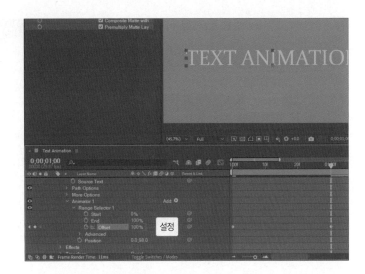

15 Offset의 키프레임을 드래그하여 전체 선택하고 F9를 눌러 Easy Ease를 적용합니다.

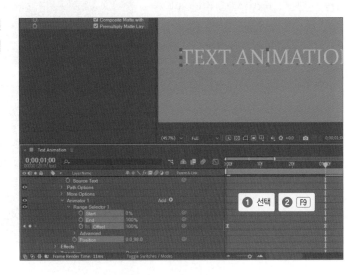

16 >를 클릭하여 Advanced 속성을 표시하고 Shape를 'Ramp Up'으로 지정합니다.

17 | 현재 시간 표시기를 첫 번째 키프레임이 있는 '0초'로 이동하고 Offset을 '-100%'로 설정합니다.

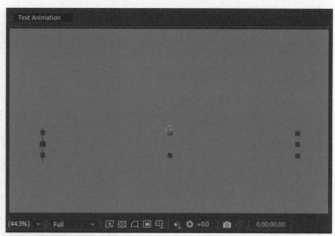

18 | 'TEXT ANIMATION' 레이어에서 Text 속성의 Animate 오른쪽 ▶를 클릭한 다음 **Rotation**을 실행합니다.

19 | Animator 2 속성의 Rotation을 '15'로 설정합니다.

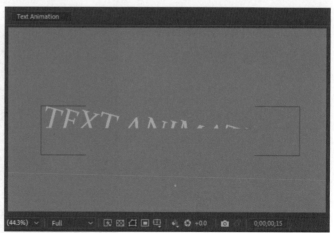

20 │ 현재 시간 표시기를 '13프레임'으로 이동하고 Animator 2 → Offset의 'Stop Watch' 아이콘(🕐)을 클릭하여 키프레임을 만듭니다.

21 │ 현재 시간 표시기를 '1초'로 이동하고 Offset을 '100%'로 설정합니다.

22 │ Spacebar를 눌러 텍스트 애니메이션을 재생합니다.

흐릿하게 나타나는
텍스트 애니메이션 만들기

AFTER EFFECTS
ANIMATION
15

텍스트 애니메이션을 응용해서 흐릿하게 나타나게 만들어 봅니다.

● **완성 파일** : 03\블러 텍스트 애니메이션_완성.aep

BLUR TITLE	BLUR TITLE	BLUR TITLE
BLUR TITLE	BLUR TITLE	BLUR TITLE

01 │ Ctrl+N을 눌러 Composition Settings 대화상자가 표시되면 Width를 '1280px', Height를 '720px'로 설정하고 Frame Rate를 '29.97'로 선택한 다음 Duration '0:00:10:00'으로 설정합니다. Background Color를 '하늘색'으로 지정하고 〈OK〉 버튼을 클릭합니다.

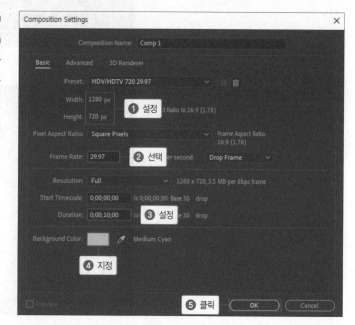

02 애니메이션을 적용할 텍스트를 만들기 위해 Tools 패널에서 문자 도구(T)를 선택하고 Composition 패널 화면을 클릭한 다음 'BLUR TITLE'을 입력합니다.

03 'Blur Title' 레이어의 Text 속성을 표시하고 Animate 오른쪽 ▶를 클릭한 다음 **Blur**를 실행합니다.

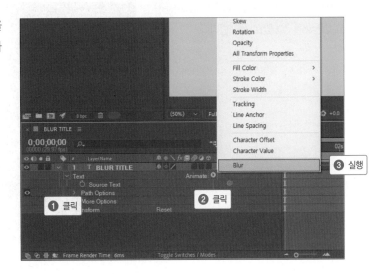

04 'Animator 1' 속성을 선택하고 Enter를 눌러 이름을 'Blur'로 변경한 다음 Blur를 '15'로 설정합니다.

05 | Range Selector 1 속성을 표시하고 Offset의 'Stop Watch' 아이콘(⏱)을 클릭하여 키프레임을 설정합니다.

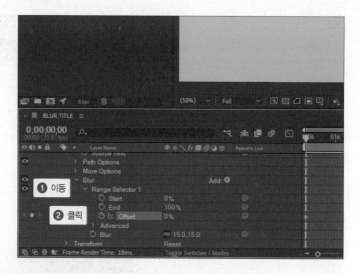

06 | 현재 시간 표시기를 '2초'로 이동하고 Offset을 '100%'로 설정합니다.

07 | >를 클릭하여 Advanced 속성을 표시하고 Shape를 'Ramp Up'으로 지정합니다.

08 │ 현재 시간 표시기를 '0초'로 이동하고 Offset을 '-100%'로 설정합니다.

09 │ 현재 시간 표시기를 '2초'로 이동하고 Advanced 속성의 Ease High, Ease Low를 '50%'로 설정합니다.

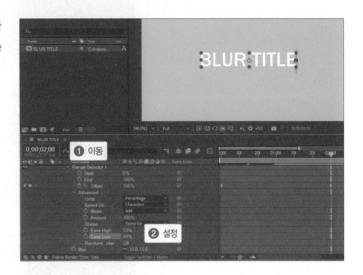

10 │ 'Blur Title' 레이어의 Animate 오른쪽 ◘를 클릭한 다음 **Opacity**를 실행합니다.

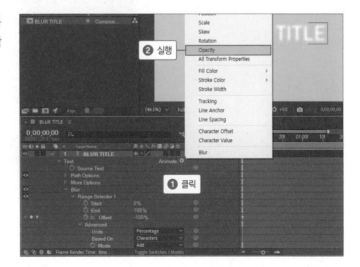

11 | Animator 1 속성을 선택하고 Enter를 눌러 이름을 'Opacity'로 변경합니다.

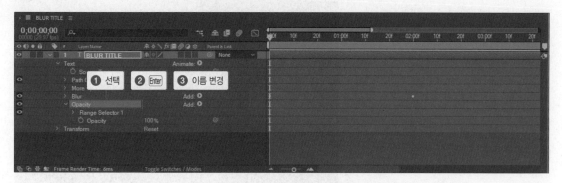

12 | Range Selector 1 속성을 표시하고 Offset의 'Stop Watch' 아이콘(⭕)을 클릭하여 키프레임을 만듭니다.

13 | 현재 시간 표시기를 '1초 21프레임'으로 이동하고 Offset을 '100%'로 설정합니다.

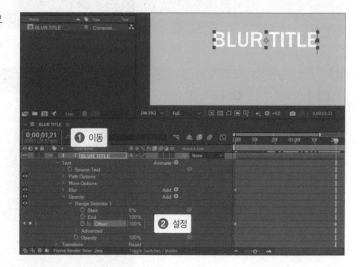

14 │ >를 클릭하여 Advanced 속성을
표시하고 Shape를 'Ramp Up'으로 지정
합니다.

15 │ 'BLUR TEXT' 레이어를 선택하고
R을 눌러 Scale 속성을 표시합니다.
Scale의 'Stop Watch' 아이콘(⏱)을 클릭
하여 키프레임을 만듭니다.

16 │ 현재 시간 표시기를 '2초'로 이동하고 Scale을 '130%'로 설정합니다. Scale의 키프레임을 드래그하여 전체 선택
하고 F9를 눌러 Easy Ease를 적용합니다.

17 │ Spacebar를 눌러 텍스트 애니메이션
을 재생합니다.

명도와 대비 조절하기

Curves로 화면의 명도와 대비를 조절해서 애니메이션의 마무리 단계에서 필요한 색 보정을 할 수 있습니다. Png 파일, 동영상 파일 컴포지션에 적용할 수 있습니다.

● **예제 파일** : 03\명도와 대비.png　● **완성 파일** : 03\명도와 대비_완성.aep

01 │ Project 패널에서 마우스 오른쪽 버튼을 클릭한 다음 **Import → File**을 실행하여 '명도와 대비.png' 파일을 불러옵니다.

02 │ '명도와 대비' 파일을 Timeline 패널로 드래그하여 불러옵니다.

03 색 보정을 적용하기 위해 메뉴에서 (**Effect**) → **Color Correction** → **Curves**를 실행합니다.

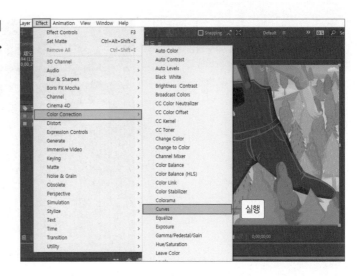

04 Effect Controls 패널에 Curves 항목을 확인합니다.

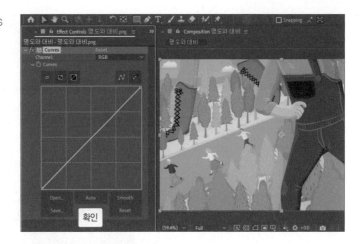

05 Effect Controls 패널에서 Curves 의 그래프를 그림과 같이 위로 드래그하면 화면이 밝아집니다.

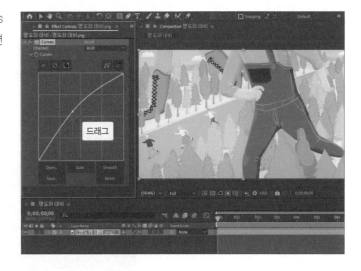

06 | Curves의 그래프를 그림과 같이 아래로 드래그하면 화면이 어두워집니다.

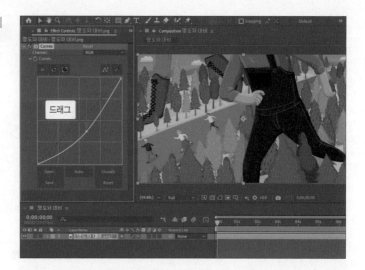

07 | 키프레임을 만들어 어두워졌다가 밝아지는 효과를 넣겠습니다. Curves의 'Stop Watch' 아이콘(⊙)을 클릭하여 키프레임을 만듭니다.

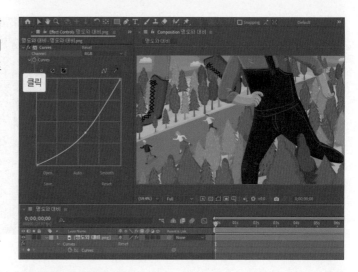

TIP Timeline 패널에서 레이어를 선택하고 U를 누르면 키프레임을 확인할 수 있습니다.

08 | 현재 시간 표시기를 '1초'로 이동하고 Curves의 그래프를 원래대로 조정합니다. Spacebar를 눌러 화면의 밝기가 조절되는 것을 확인합니다.

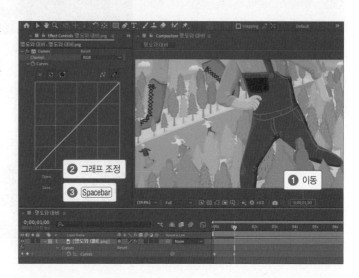

색상과 채도 변경하기

Hue/Saturation으로 색상과 채도를 변경할 수 있습니다. 마찬가지로 애니메이션 화면에 필요한 분위기를 만들 때 유용하게 사용됩니다.

● **예제 파일** : 03\색상과 채도.png　　● **완성 파일** : 03\색상과 채도_완성.aep

01 ｜ 03 폴더에서 '색상과 채도.png' 파일을 불러온 다음 Project 패널에서 '색상과 채도' 파일을 Timeline 패널로 드래그하여 불러옵니다.

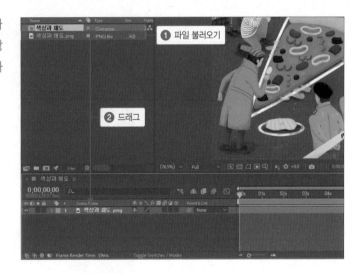

02 ｜ 색 보정을 적용하기 위해 메뉴에서 (Effect) → Color Correction → Hue/Saturation을 실행합니다.

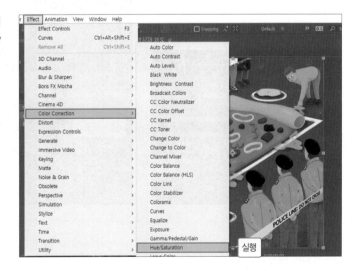

03 | Effect Controls 패널에서 Hue/
Saturation 항목의 Master Hue를 '180°',
Master Saturation을 '-50'으로 설정하여
색 변화를 만듭니다.

04 | Channel Range의 'Stop Watch'
아이콘( )을 클릭하여 키프레임을 만듭니다.

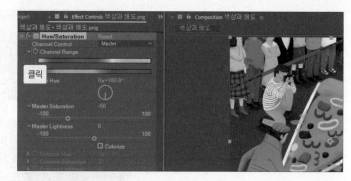

TIP Timeline 패널에서 레이어를 선택하고
U를 누르면 키프레임을 확인할 수 있습니다.

05 | 현재 시간 표시기를 '1초 1프레임'
으로 이동하고 Hue/Saturation 항목의
Master Hue를 '0°', Master Saturation을
'0'으로 설정하여 원래 색상으로 만듭니다.
Spacebar 를 눌러 색상 변화를 확인합니다.

렌더링 및 내보내기

애니메이션 작업을 마친 결과물을 동영상이나 이미지로 내보내서 편집하거나, 결과물을 확인하는 과정을 렌더링이라고 합니다. 이때 최적화된 영상 포맷을 사용하고 좋은 품질의 동영상이나 이미지를 내보내는 방법을 알아봅니다.

● 예제 파일 : 03\렌더링.aep

01 | Project 패널에서 마우스 오른쪽 버튼을 클릭한 다음 **Import → File**을 실행하여 03 폴더에서 '렌더링.aep' 파일을 불러옵니다.

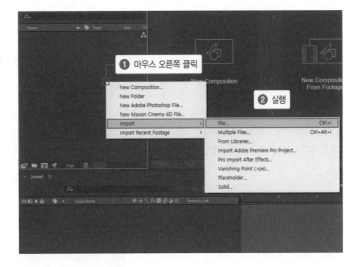

02 | 렌더링하려는 컴포지션을 선택하고 메뉴에서 (**File**) → **Export** → **Add to Adobe Media Encoder Queue**를 실행합니다.

03 | Adobe Media Encoder가 실행되면 대기열의 파란색 'H.264' 글씨를 클릭합니다.

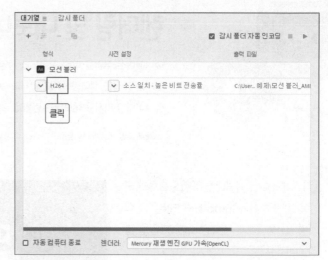

TIP 애니메이트나 애프터 이펙트를 설치할 때 자동으로 설치되는 프로그램입니다.

04 | 내보내기 설정 대화상자가 표시되면 다음과 같이 설정하고 〈확인〉 버튼을 클릭합니다.

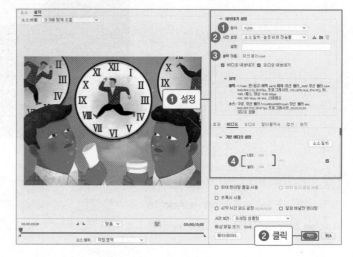

TIP 내보내기 설정 알아보기
❶ 형식 : 파일 형식을 지정할 수 있습니다.
❷ 사전 설정 : 파일 소스를 설정할 수 있습니다.
❸ 출력 이름 : 출력물의 이름을 저장하고 저장 경로를 선택합니다.
❹ 너비/높이 : 동영상의 크기를 변경할 수 있습니다.

05 | 대기열의 '시작' 아이콘(▶)을 클릭하여 동영상을 렌더링합니다.

Index

Foreign Copyright:
Joonwon Lee
Address: 3F, 127, Yanghwa-ro, Mapo-gu, Seoul, Republic of Korea
         3rd Floor
Telephone: 82-2-3142-4151, 82-10-4624-6629
E-mail: jwlee@cyber.co.kr

캐릭터 & 웹앱 모바일 콘텐츠를 위한
모션 그래픽 & 애니메이션

2023. 3. 31. 1판 1쇄 인쇄
2023. 4. 12. 1판 1쇄 발행

지은이 | 전소희
펴낸이 | 이종춘
펴낸곳 | [BM] ㈜도서출판 **성안당**
주소 | 04032 서울시 마포구 양화로 127 첨단빌딩 3층(출판기획 R&D 센터)
     | 10881 경기도 파주시 문발로 112 파주 출판 문화도시(제작 및 물류)
전화 | 02) 3142-0036
     | 031) 950-6300
팩스 | 031) 955-0510
등록 | 1973. 2. 1. 제406-2005-000046호
출판사 홈페이지 | **www.cyber.co.kr**
ISBN | 978-89-315-5982-8 (13000)
정가 | **29,000원**

이 책을 만든 사람들
책임 | 최옥현
진행 | 오영미
기획 · 진행 | 앤미디어
교정 · 교열 | 앤미디어
본문 · 표지 디자인 | 앤미디어
홍보 | 김계향, 유미나, 이준영, 정단비
국제부 | 이선민, 조혜란
마케팅 | 구본철, 차정욱, 오영일, 나진호, 강호묵
마케팅 지원 | 장상범
제작 | 김유석

■ 도서 A/S 안내

성안당에서 발행하는 모든 도서는 저자와 출판사, 그리고 독자가 함께 만들어 나갑니다.
좋은 책을 펴내기 위해 많은 노력을 기울이고 있습니다. 혹시라도 내용상의 오류나 오탈자 등이
발견되면 **"좋은 책은 나라의 보배"**로서 우리 모두가 함께 만들어 간다는 마음으로 연락주시기
바랍니다. 수정 보완하여 더 나은 책이 되도록 최선을 다하겠습니다.
성안당은 늘 독자 여러분들의 소중한 의견을 기다리고 있습니다. 좋은 의견을 보내주시는 분께는
성안당 쇼핑몰의 포인트(3,000포인트)를 적립해 드립니다.
잘못 만들어진 책이나 부록 등이 파손된 경우에는 교환해 드립니다.